U0069694

我們需要

什麼樣的

「中國」

理念

趙剛、汪暉 等——

著

人間

目錄

西方的太陽花，東方的紅太陽
（代序）
呂正惠

　　去年太陽花學運鬧得如火如荼的時候，我在大陸，很幸運能夠耳根清靜，但是還是有人把趙剛寫的批判文章傳給我。我佩服趙剛孤軍奮戰的勇氣，但還是惋惜他虛費光陰，跟那些只講感情、不講理性（而又自以為很講理）的台派辯論大道理。我也曾當面勸過他，不如做自己的事，不要理他們。但趙剛如果肯聽我的話，那就不是趙剛了，他堅持己見，一寫再寫，終於寫出「問題」來了，因此才引發我編這本書的念頭。

　　趙剛最具綱領性的批判文章〈風雨台灣的未來：對太陽花運動的觀察與反思〉發表在2014年6月號的《台灣社會研究季刊》上（刪節版同時發表於北京《文化縱橫》2014年6月）。不久，網路上開始流傳汪暉的另一篇長文〈當代中國歷史巨變中的台灣問題：從2014年的「太陽花運動」談起〉。汪暉自己在文內說明，本文是根據2014年6月底與台灣友人的談話記錄整理而成。我不能確定，汪暉寫他的文章時，是否已看過趙剛的文章，但可以肯定的是，這兩篇文章把太陽花運動所涉及的台灣內部問題及兩岸問題，提升到當代世界問題、甚至近代世界史問題的高度來認識，非常具有「理論」價值。這就證明，趙剛堅持己見、把自己對台獨派的批判進行到底是

5

正確的。

今年6月初，汪暉邀請趙剛到北京清華大學做兩場演講，其中一場「台派『烏托邦』」我也在場。這一次演講主要是對台派社會運動的理論與實踐進行心理分析，很多話鞭辟入裡，把台派的精神狀態描繪得活靈活現。6月底，我從重慶回台灣過暑假（我在重慶大學客座），學生告訴我，香港「破土網」刊載了兩篇批判趙剛清華演講的文章，並且還引發了爭論，頗為熱鬧。我的學生還說，批判趙剛的包括台灣交通大學的劉紀蕙教授，而趙剛後來的回應也只針對劉紀蕙教授。劉紀蕙我也很熟，印象中她好像很少參加論戰，所以不免好奇，就請學生把他們的文章印給我看。這一陣子我真是忙，單單閱讀趙剛的三篇文章、汪暉的一篇文章（重讀）、劉紀蕙的兩篇文章，就花掉我不少時間（我每次都很訝異，為什麼趙剛和汪暉的文章都寫得那麼長）。總而言之，我的結論是，把這些文章收集在一起，印成一本書，對台灣、對香港、對大陸讀者思考當前的台灣處境、香港處境、大陸處境，以及目前全中國的問題，以及中國與世界（特別是美國）的關係問題，都非常具有啟發性的意義。我分別寫信給三位，希望他們同意把這些文章收集在一起出版，他們都很爽快的答應了。因為知道我要編這本書，所以就有相關的資訊傳到我這裡，我又看上甯應斌（卡維波）、鄭鴻生、瞿宛文的相關文章，他們當然也不會拒絕我的要求，所以這本書很輕易就編成了。這裡要特別謝謝他們六位的大力支持。以下我將從兩個角度來說明這些文章的價值之所在。這些文章涉及兩個大問題：一、當今世界經濟情勢下的台灣問題；二、「中國理念」在當今世界的意義。

一

　　「太陽花學運」，全稱「太陽花學生運動」，這個名稱本身就具有蠱惑性，因為究其實而言，這不是學生運動，而是藉著學生來搞政治運動。民進黨和台派知識分子，面對台灣的政治、經濟困局，想要利用這種運動形式，來進行他們在正常的民主程序中無法完成的工作。2000年到2008年民進黨的陳水扁執政，貪腐無能，經濟嚴重下滑，所以2008年後才能換由國民黨的馬英九執政。馬英九除了和大陸改善經貿關係外，也想不出其他辦法，特別是在他執政的當年美國發生金融大海嘯，台灣對美國的出口銳減，他更加只能走這條路。馬英九嚴格遵守政經分離的原則，整體路線實在沒有什麼大錯。但是台派看在眼裡，心裡非常焦急，因為熱絡的經濟關係一定會改變兩岸的政治關係。但是，國民黨控制總統府和立法院，按民主程序他們無法阻擋這種情勢，他們不斷的「訴諸輿論」，攻擊馬英九的種種「劣政」，馬英九應對無方，民意支持度不斷下滑。最後當馬英九向立法院提出兩岸服貿協議時，民進黨既無法阻擋立法院通過協議，就只好出險招，組織學生攻進立法院。沒想到這一奇招收到意料之外的大成功，因為青年學生剛好藉機表達他們對自己前途無望的憤懣，而民進黨又藉這個形勢擴大了「反中」情緒。這一事件導致國民黨九合一選舉大敗，民進黨似乎已經確定要再度執掌政權了。太陽花運動（汪暉如此稱呼似乎比較妥當）把民進黨所擅長的街頭運動發揮到極致，他們一定會食髓知味，一搞再搞的（最近的反課綱聯盟就是明顯的例子）。只要這種模式有效，台灣政局就永無寧日，台灣老百姓只好長期生活在焦慮不安之中。

　　民進黨和台派知識分子為什麼要這樣操作呢？這樣操作有什麼危險呢？瞿宛文的文章為我們做了扼要而清晰的分析。她先用一個圖表證明台灣是外貿型經濟，沒有外貿出口，台灣經濟就會有問題，其次，她用第二個圖表說明，台灣外貿出口三個主要對象的變化趨勢。遠的不說，從一九五〇年代開始，五、六〇年代是台灣對美國輸出的高峰期，七〇年代以後就逐漸下滑。這時，日本取代美國，成為台灣最主要的出口國家，這一趨勢維持了二十年。八〇年代以後，對美、對日出口一直在往下滑，如今兩國都已降到10%以下。相反的，對大陸的出口從八〇年代以來一直在提升，九〇年左右已超過美國，2000年左右已超過日本，現在占全部出口的四成左右（包括對香港出口）。至於說到台灣的對外投資，1993年台灣對大陸的投資已占六成以上，2011年最高，已超過80%，此後稍有下降，但至今仍維持在六成上下。以早期台商對大陸一向戒慎恐懼的態度，這種情勢一定是純經濟因素，而不是哪一種政治力量操縱的結果。應該說，大陸經濟的崛起，日本、美國經濟的先後衰疲，是台灣出口經濟不得不轉變發展方向的根本原因。這種趨勢台派知識分子不可能不了解，但他們非硬擋不可，不然台灣遲早要被大陸「吃掉」。但是，除非大陸經濟突然出現大問題，這一趨勢是不可能阻擋的。

　　瞿宛文明確的說，太陽花運動真正的目的是「反中」，反對繼續發展對大陸的貿易。但他們卻不說反中，而說是「反全球化」、「反自由貿易」、「反新自由主義的自由貿易」。其實這些口號都來自於歐洲的先進國家。歐洲先進國目前經濟日漸困難，產業與資金外移，外來移民不斷，失業率增高，因此經濟保護主義和種族主義

（反移民）日漸興起。在這一點上，左派和極右派幾乎沒有差別。兩岸經濟交流是挽救台灣經濟最好的途徑，台灣很幸運，可以把出口和投資轉向大陸，但台派非反對不可，因為他們視大陸為「強權」，寧可不要大陸「讓利」，尊嚴更重要（即使餓死也要面子）。所以他們就挪用了歐洲新左翼的「反全球化」和「反自由貿易」理論，這一切都足以證明，台派是以新左翼的名目來掩飾他們的極右翼面目。為了他們的政治理念，他們完全不顧台灣民眾困苦的生活（台派知識分子和民進黨領導人的日子是不會有問題的）。

對於太陽花的運動模式，趙剛做了非常生動的描述。台派知識分子從西方社會科學界，特別是自由左派或是具有新左傾向的學界襲用了關於公民、公共、社運、民主的各種概念，把這些概念全部收進他們理論的「武器庫」裡，使用時全部「祭」了出來。所以他們以為他們的理論絕對是最正確的、無可辯駁的；他們就是公民的標準，誰要反對他們，誰就沒有資格成為公民。而公民最重要的行動，就是「反XX」，被他們所反的XX，就是不符合公民社會標準的壞事物，你要不反這些，你也就不是公民。趙剛在北京清華大學演講的時候，引述了太陽花運動時流行於台派學生的一首歌，其中一段是：

　　當我走上了街頭　世界就是我的　當我們懷抱信念
　　當我們親身扮演　英雄　電影　情節
　　你就是一種信念　你就是一句誓言
　　世界正在等你出現

反對XX的運動，成為無能應對社會現實的唯一實踐模式。最近的反課綱聯盟，有一位學生對他的父母說，他現在是要去革命，革政府的命。他反對政府沒有諮詢他的意見所訂的課綱，作為學生，他反對這個課綱，就是反對這個政府，就是革命，這是非常神聖的。雖然他還未成年，為了這個神聖的目標，他的父母沒有權力阻擋他。有一個學生代表對教育部長說，你講的話我們不一定要聽，民眾講的話，你一定要聽。他完全沒有反省到他只是民眾中的一個，沒有經過合法的程序，他不能代表民眾；即使經過選舉，他有資格代表某一部分民眾，他也不能號稱代表所有的民眾。輕易把自己無限膨脹，一方面把自己等同於民眾，一方面把自己從別人那裡接受的概念等同於真理或普世價值，這就是太陽花所發展出來的運動邏輯，在這一次的反課綱聯盟中又組織了高中生做了一次生動的演示。趙剛把這樣的模式稱之為「自由主義現代性神移甚至形變為法西斯」。實際上，這是以街頭法西斯運動形式來補助民進黨在合法的民主程序中力量的不足。我相信，在未來幾年內，這種街頭運動模式會不斷的上演，會成為台灣社會不穩定因素的觸媒。即使下一屆是民進黨執政，民進黨也不可能解決台灣社會內在的困境與矛盾，只要有心人善加利用，這種充滿法西斯精神的街頭運動形式就會成為民進黨或台獨運動的側翼。

以上只是就台灣內部分析台獨勢力以太陽花運動為代表的近期運作模式，如果擴大範圍觀察亞洲最近的整體情勢，就不由得會懷疑太陽花運動並不是一個孤立的現象。除了台灣的太陽花運動，香港稍後也發生了「占中」行動。「占中」這個名稱就富有象徵意義，它的反中傾向無可諱言。除此之外，還有日本、菲律賓、越南不斷

的抨擊中國在南海的「擴張」，與此相呼應的是美國的所謂重返亞洲行動。從種種的跡象來看，台灣的太陽花和香港的占中，好像都不是「在地」的自發行為。趙剛和汪暉都意識到了這樣的問題。趙剛說，「就美國而言，這次的太陽花學運是一場已經達目的的顏色革命，因為學運結晶並鞏固李登輝政權以來一直在經營的親美與反中。這個趨勢，繼續走下去，將使台灣與韓國、日本、菲律賓、越南等國，在新的圍堵政策中變成無問題性的一個親美反中的『盟邦』以及中國大陸的『敵國』。」汪暉也說，「美國重返亞洲與日本解禁自衛權都是以創造區域性的新冷戰為指向的」，「如果台灣的新社會運動，包括這些學生運動，最終達到的結果就是加入美日為中心霸權結構的話，那等同於自我取消其合理性。果真如此，他們雖然年輕，卻可能是過去時代的迴光返照，而非代表真正的未來。」汪暉加上了一個「如果」，話講得有保留，其實意思和趙剛是一樣的。他們都擔心，台灣年輕學生由於對現狀強烈不滿，反而可能被美、日及其在台灣的「盟友」的台獨勢力所利用，而成為美國舊霸權的馬前卒，為日落西山的美國帝國主義而做毫無意義的戰鬥。

如果注意到蔡英文在最近訪美時給《華爾街日報》的投書，以及她在戰略與安全研究中心的演講，就可以證明，趙剛與汪暉觀察問題的敏銳度。蔡英文投書的題目是"Taiwan Can Build on U.S. Ties"，意思就是台灣將和美國綁在一起，態度不是夠明白了嗎？而這很可能就是太陽花運動真正的動力來源（我把我的一篇短評附在兩人文章之後，以證明他們去年敏銳的感覺）。

二

　　根據上面所說，可以得出兩個結論：一、美、日經濟明顯衰退，台灣出口貿易很難再以美、日為對象，台灣經濟與大陸越來越密切，這是客觀情勢，很難改變。二、美、日經濟雖然衰退，但美國仍然不願意放棄亞洲霸權，正在努力與日本、菲律賓等構築新冷戰防線，企圖圍堵中國；在這種情勢下，美、日在香港製造麻煩，在台灣暗中支持台獨勢力，希望台灣（還有香港）成為新冷戰下的親密夥伴。所以，未來台灣的選擇只有三項，親美、親中、暫時保持中立。現在台派非常著急，因為如果不行動，放任兩岸經濟自然進行，統一勢不可免。所以他們想要藉著各種社會運動，孤注一擲的加入美、日的新同盟，他們認為只有這樣才能避免「被中國霸權併吞的命運」。

　　從這個觀點來看，台灣將成為中、美在亞洲爭奪霸權的焦點，這是我們考慮台灣未來前途最重要的出發點。1895年台灣成為日本的殖民地，二戰後雖然歸還給中國，但中國不久發生內戰，內戰失敗的國民黨政權逃到台灣。由於韓戰爆發，美國為了圍堵共產黨所建立的新中國，開始保護國民黨政權。這樣，台灣先是直接受到日本五十年的統治，其後不久，又間接受到美國長達六十五年的重大影響，一般的台灣人以日本、美國的生活方式和價值體系來衡量中國大陸，可以說是很自然的。最近三十五年來，美國又蓄意操控台灣的政局和輿論，防阻台灣和大陸親近，因此，在面臨現在中、美爭霸的局面下，台灣一面倒的傾向於美國，是完全可以理解的（這其中複雜的歷史因素，鄭鴻生以韓國和香港作為對比，做了極為精

彩的分析）。

　　台灣同胞必須理解，我們面對的不只是親美與親中的問題，我們面對的是，以美國為代表的西方近代文明所建立的霸權時代，已經到了日落西山的地步，而綿延已有三千年以上的中華文明，雖然經歷了上百年的沒落，如今卻又浴火重生了。所以我們所面對的，不是一時一地的中、美之爭，而是世界史上難得一見的「東風壓倒西風」的人類文明新舊階段的轉換關鍵。如果我們不能了解這個歷史意義，我們台灣人必定像汪暉所說的，成為「過去時代的迴光返照」，而不是面對東方初昇的朝陽。

　　台灣讀者可能會以為我是痴人說夢，其實這種文明的起落，很多西方學者已經說過，只是我們台灣人故步自封，還在把美國夢想為屹立不搖的「永恆帝國」罷了。2010年，我買到一本厚達六百五十頁的大書，里亞・格林菲爾德的《民族主義：走向現代的五條道路》。格林菲爾德為本書中譯本寫了前言，開頭就說：

　　我們正面臨著一場歷史巨變。我們敢於如此斷言，因為促成這一巨變的各種因素已經齊備，我們只須等待它們的意義充分顯露出來。除非那個至少能夠消滅人類三分之一的前所未有的浩劫降臨人間（按，指核戰爭），否則沒有什麼能夠阻擋這一巨變的發生。這一巨變就是偉大的亞洲文明崛起，成為世界的主導，其中最重要的是中華文明崛起，從而**結束了歷史上的「歐洲時代」以及「西方」的政治經濟霸權**。

　　這一變化只是在新千年到來後的最近幾年才開始變得明

顯……[1]（重點為呂正惠所標）

格林菲爾德是一個專業的社會學家和社會人類學家，但同時具有深厚的經濟學、政治學和歷史學的素養。從1987年到2001年，十四年間寫了兩本大書，在前面提到的那本書之後，還出版了另一本《資本主義精神：民族主義與經濟增長》[2]。她是一個具有歷史眼光的社會、經濟學家，我們只要隨意的讀她的兩本大作，就會發現她的學養非常深厚，不是隨意講話的人。比起華勒斯坦（世界體系的理論家）和德里克（中國學專家），她在台灣讀者眼中只能算無名小卒，而她所講過的意思，華勒斯坦和德里克已經說過好幾次了。

趙剛和汪暉都看到了這種世界史的大趨勢。趙剛說：

> 台灣的問題從來不是台灣的問題而已，而台獨的問題歸根究柢是中國的問題。中國在當代世界裡，除了經濟崛起、政治崛起之外，更要面對思想與文化的崛起。如果在將來，中國作為一個理念，涵蘊了一套有召喚力的價值與實踐，形成了一個能提供給人類新的安身立命，以及與萬物相處共榮的道路，或至少能提供給區域人民以正義、和平與尊嚴，那將是「台灣問題」解決之道的根本所在。這是有希望的，因為西方的發展模式、霸權模式、欲望模式已經圖窮匕現了。

1　里亞‧格林菲爾德著，王春華、祖國霞等譯：《民族主義：走向現代的五條道路》，上海三聯書店，2010。

2　里亞‧格林菲爾德著，張京生、劉新義譯：《資本主義精神：民族主義與經濟增長》，上海世界出版集團、上海人民出版社，2009。

這就是說，以西方價值觀為核心的資本主義體系已經無法維持下去了，我們應該思考中國能不能發展出另外一套價值與實踐，以便為人類提供一個安身立命、共榮相處的新道路。趙剛把這樣的思考模式稱之為「中國作為一種理念」。汪暉說：

> 現在是全球性的政治危機的時代，跟1989年以後的情況非常不一樣。1989年以後，社會主義失敗，「歷史終結」。然而，今天的現實是資本主義危機四伏，不僅邊緣區域如此，中心區域也一樣……我們需要在「歷史終結論」的範疇之外，共同探討新的道路。如果沿著這條道路嘗試開啟新的政治實踐，新的空間、新的可能性、新的力量就有可能湧現。

面對資本主義的危機，江暉也認為，以「中國作為一個政治範疇」來探求世界問題的全局性解決，是應該嘗試的。他們能夠在太陽花運動中，體認到歷史的偉大契機，不能不說是「特識」。

為什麼這麼說呢？因為即使在大陸知識界，也很少人具有這種為「萬世開太平」的氣魄。隨著中國經濟的崛起，中國人的自信心日漸回復，所以越來越重視自己的文化，越來越肯定中華文化的價值。但是，如何把中國文化的價值和中國的崛起，以及世界危機的解決連繫在一起，仍然是一個困難重重的探索工作。甚至極為肯定中國文化價值的學者，都不敢輕易的認為：中國有責任、也有能力為未來的世界找出一條新的道路。歐巴馬說，美國還要領導世界兩百年，但是到現在為止，還很少有中國政治家和學者毫不愧色的宣揚：中國將為世界開闢出新道路。當然，中國人比較謙抑，不好大

言，但也不能不說，「底氣」似乎還有些不足。我們從趙剛和汪暉的文章中，已經看到這種氣魄了，從這個角度來講，太陽花運動還是有貢獻的——壞事可以變好事嘛！

當然，他們兩人可以說是兩岸思想的先驅。現在兩岸的知識分子，許許多多的人還在相信西方的普世價值，而且堅持中國必須往這條路上走。劉紀蕙的文章，很清楚的表達了這種理念，她的貢獻是，極為尖銳的質疑「中國作為一個理念」（當然這也同時指涉到汪暉的「中國作為一個政治範疇」）的思想價值。為了這個目的，她引述美國、日本的某些中國學者，根本的懷疑是否真有一個「連續性」的中國。按照中國的歷史敘述，中國有漢朝，有唐朝（其前身是北魏拓跋政權），有宋朝，有元朝（由蒙古人建立），有明朝，有清朝（滿州人建立），這真的是具有同質性的中國嗎？而且，她還說：

> 歷代疆界發生過大大小小的變動，被南北不同族群以戰爭侵入，或是以戰爭擴張，每一個朝代更有高度發展的嚴刑峻法，凌遲、腰斬、車裂、剝皮，動輒上千人的誅九族，也都曾經因為土地集中以及苛稅暴政，而發生了數百次的人民起義。這是同一個中國或是同一個帝國嗎？

劉紀蕙不僅懷疑是否有「一個」中國，還懷疑這個疆域不斷變動、外族不斷入侵、嚴刑峻法不斷發展的所謂中國，具有最起碼的「文明能力」，怎麼能夠作為一種理念呢？

劉紀蕙的質疑是非常正常的，一點也不令人驚異，因為這是台灣以及大陸許多知識分子毫無保留的接受西方人的世界史觀點的必

然結果。這個地方我並不是要跟劉紀蕙「抬槓」，我只簡要提一下西方歷史常被忽略的一些常識，以見西方觀點的偏見入人之深。先說到刑罰。西方長期進行大規模的異端審判，被處刑者要焚燒至死，這種刑罰即使在同樣是一神教信仰的伊斯蘭世界也不容易見到（與一般人的印象相反，伊斯蘭世界對不信教的人遠比基督教寬容多了）。十六世紀德國農民起義失敗後，封建主把其領袖閔采爾用鐵鍊綁死在一棵大樹上，然後把旁邊的土慢慢加熱，讓他受盡折磨，烘炙至死，這大概是世界文明史少見的例子吧。另外，中世紀還有所謂貞操帶，用鐵銬把女人的下體封住，鑰匙由男人隨身攜帶，以防女人出軌。即使最強調守貞的中國禮教社會，作夢也想不出這種方法。說到種族滅絕，總不能否認屠殺幾百萬的猶太人是西方人幹的吧。這不是希特勒個人發瘋了，而是整個西方世界不斷的在迫害猶太人的高峰。波蘭人那麼痛恨德國人，但他們還是很願意配合德國人，把波蘭境內的猶太人全部送到集中營去。鋼琴家魯賓斯坦的家族在波蘭人數眾多，二戰後無一人存活下來，這讓魯賓斯坦非常難過，即使他非常想念他的家鄉，二戰後他還是長期不願意到波蘭去演奏[3]。至於近代西方人在征服世界時，如何屠殺和迫害各地的土著，我們就讓非常厭惡中華文明的杉山正明來說吧：

> 鎮壓挫敗各種美洲原住民們（native American）的社會及文化，盡可能地進行扼殺、磨碎及無限殺戮，進而強迫征服。事實上，在人類史方面，最大的征服應該就是這個時期西歐對於南

3　見H. Sachs著，陳軍譯：《魯賓斯坦傳》，台北：世界文物社，1998，頁119。

北美洲大陸的征服行動。這也同時是人類史上最為惡毒、殘暴及野蠻的征服行動。這是個直接單純的嚴肅事實。無論如何是無法用西歐風格之人道主義來掩飾。包含歐美人在內，我們必須要更直接地正視這個事實。[4]

這是對西方近代文明的殘暴性質最義正辭嚴的譴責，而且這只是講到美洲，還不包括澳洲和夏威夷，也不包括非洲黑人的掠賣和奴隸。無論西方人多麼善用人道主義來蠱惑人心，近代西方文明絕對可以稱得上是人類歷史上最殘暴的文明，近代西方的繁榮其實是建立在對其他土地上的人進行滅絕和殘酷奴隸和剝削之上的。想想最近美國對南斯拉夫、對阿富汗、對伊拉克不分軍事目標和平民住宅的無限制轟炸，我們對西方人的所謂「人道」就可以「思過半矣」。

再說到戰爭。日爾曼人衝進羅馬帝國境內的早期歷史姑且不說，就從十二、三世紀說起。先是神聖羅馬帝國的皇帝聲稱對義大利的土地擁有主權，因此不斷的進軍義大利，和義大利的城市及教皇長期混戰。然後是形成中的英、法兩個民族國家進行了百年的戰爭。法國把英國趕出歐陸後，又和哈布斯堡王室為了義大利的土地發生多次戰爭（馬基維利就是有感於義大利的孱弱，才寫作《君王論》的）。接著，神聖羅馬帝國和法國內部分別發生宗教戰爭。接著，德國的宗教戰爭引發瑞典和法國介入，著名的三十年戰爭把德國搞得殘破不堪。再接著，法國稱霸歐陸，路易十四夢想把法國的領土擴展到「天然國界」，與全歐洲為敵，爭戰不已，至其死亡而後

---

4   杉山正明著，黃美蓉譯：《遊牧民的世界史》，台北：廣場出版社，2013，頁
     373。

已。到了十八世紀，新興強國普魯士為了搶奪哈布斯堡王室的西利西亞，又把歐洲各國牽扯進戰爭中。再來就是法國大革命引發的歐洲各國對法國的入侵、法國的再度崛起，以及拿破崙時代不間斷的戰爭。十九世紀號稱是歐洲少見的和平的世紀（從1815年滑鐵盧之役到1870年普法戰爭，中間半世紀沒有大戰，歐洲人就說這是難得的和平，可見歐洲和平之不易），但也有義大利統一之戰和德國統一之戰。當德國成為強國後，歐洲劍拔弩張，終於導致歐洲最全面的、殺傷力最強的內戰，就是所謂的一戰，其實一戰只是歐戰，是歐洲自中世紀以來各國「競逐富強」的最高峰。一戰不能解決英、法和德國之間的霸業，所以又發生二戰，把全世界都牽連進去，這才是真正的世界大戰，而其起因就是歐洲各國之間的內戰[5]。歐洲戰爭史是全世界「最精彩」的戰爭史，他們在歐洲的內戰中把自己的國家鍛造成「軍事國家」（這是杉山正明的評語）[6]，所以他們有足夠豐富的經驗去征服全世界，而全世界都沒有這樣的經驗，所以誰也擋不住。說到戰爭之頻繁，中國是遠遠不如歐洲的。

5　湯恩比在《歷史研究》中對十六世紀以降的歐洲戰爭週期有過統計，按他的算法，歐洲自十六世紀至1914年，只有1559-1568、1648-1672、1763-1792、1971-1914四個短暫的全面和平時期。參看《歷史研究》，上海世紀出版集團，2010，頁859。

6　杉山正明的原話是，「在產業革命及近代社會之外也以強力槍炮及海軍力量進行軍事化的西歐國家，將亞洲眾多國家解體，並企圖在地球上各區域殘留的土地進行殖民化及擴張自己國家利益而展開大大小小的戰爭。雖然有許多說法，但總之近代西歐國家就是軍事國家。」（《遊牧民的世界史》，頁373）。如果從這個角度來閱讀威廉·H·麥尼爾的《競逐富強：公元1000年以來的技術、軍事與社會》（上海辭書出版社，2013），就能了解軍事及技術對西方近代國家形成的重要性了。

最後，我們再來檢視一下西方文明的連繫性與同一性的問題。按我們的常識，近代西方文化傳承了古代的希臘羅馬文明，其實這種講法太過於簡略、而且也非常不精確。羅馬帝國統一了整個地中海地區，形成了希臘羅馬文明。但是，在西元二世紀末羅馬帝國陷入長期內戰以後，這個文明就逐漸沒落了。等到四世紀君士坦丁大帝重新統一帝國、尊基督教為國教以後，希臘羅馬文明就變成了羅馬基督教文明。我們記得，羅馬皇帝朱利安曾經企圖恢復希臘羅馬文明，但很快就失敗，因此他被稱為「叛教者」，這就說明基督教已成為羅馬帝國最重要的文明力量。等到日耳曼各部落衝進西羅馬帝國境內，西羅馬帝國崩潰，日耳曼各部落紛紛歸皈基督教以後，至少有一千年時間，所謂西方文明其實就是基督教文明，不要說希臘文明，連羅馬文明幾乎也完全被忘記了。我們確實可以質疑，沒有基督教以前的希臘羅馬文明，以及只有基督教而希臘羅馬文明消失殆盡的西方中世紀文明，是同一個文明嗎？

就在西方完全籠罩在基督教的勢力之下的時候，東羅馬帝國（拜占庭帝國）還屹立了一千年之久。拜占庭帝國使用希臘語，繼續傳承古代的希臘文明，而且，還影響了後來興起的大食帝國的伊斯蘭文明。現在很少人知道，伊斯蘭文明不但傳承了古希臘文明，同時還傳承了古希伯來人文明。大食帝國的全盛時代不但翻譯了許多希臘經典、產生了不少詮譯希臘文明的大師，而且，他們同時也推崇《新‧舊約》。如果沒有拜占庭帝國和大食帝國，古希臘文明有多少能保存下來，是很值得懷疑的。近代的西方很少人願意承認這一點，好像希臘文明在西方一直綿延不斷，這是很少人揭破的歷史大謊言。一直要到薄伽丘和佩脫拉克（十四世紀）的時代，古希臘羅

馬文明才在義大利復興起來，並逐漸波及全西歐，這就是我們所謂的文藝復興。文藝復興以後，希臘羅馬文明和基督教文明並存於西方，成為近代西方文明的基礎。從這個角度來看，古代的希臘羅馬文明，和近代西方所傳承的希臘羅馬文明，很難說是同一個文明，因為後者已經加入了基督教的因素，而前者絲毫沒有基督教的影子。而且，我們不能說，傳承拜占庭文明的俄羅斯文明，以及繼承大食帝國遺產的伊斯蘭文明都不是古希臘文明的繼承人。古希臘文明的「後代」有好幾個分支，西方人憑什麼說，他們是古希臘文明唯一的繼承人？

再從文明的發生地來看，古希臘文明最早是繁榮於小亞細亞西岸的希臘城邦，再傳到雅典、西西里和南義大利。羅馬文明的重心是義大利半島的中部。日耳曼民族滅掉西羅馬帝國主導歐洲史以後，西方文明的中心開始往阿爾卑斯山以北轉移，最後變成以法國、德國和英國為核心區。文明地點從小亞西岸不斷的往西移、再往北移。民族從希臘人轉到拉丁人，再從拉丁人轉到日耳曼人。宗教從希臘羅馬的自然性質的多神教變為基督教的一神教。而中華文明的核心區始終在黃河流域（後來擴及到長江流域），經濟形態始終以農業為主，它的統治者好幾次由塞外入侵的遊牧民族來擔當，但主要民眾還是講各種漢語、寫同樣漢字的所謂漢族；思想以儒家為主導，兼容道、佛兩教（佛教東漢末年傳進中國）。如果中華文明不具有連繫性和同一性，那麼，各方面都比中華文明變動更大的所謂西方文明就更沒有資格具有同一性了（甯應斌的文章從理論上對文明的同一性與發展性的關係做了詳盡的分析）。我們有更多的理由懷疑，自古希臘到現在，真有所謂一線傳承的西方文明嗎？這

21

種變動不居的、在近代對外征服全世界時又表現得極為殘暴血腥的西方文明，他們真的擁有了普世價值嗎？我們中國人，何其不思之甚也。

當然，以上只是對劉紀蕙的問題的粗略回應。「中國派」（我把本書中的其他作者都歸為這一派）有責任更加詳盡的回答她的疑問。我們必須坦白說，由於歷史發展的趨勢，「中國理念」應運而生，因此也正在探索與發展中。我們不只是要說服劉紀蕙，而且要說服肯面對歷史、肯主動思考的兩岸三地（包括香港）的知識分子。本書中收進來的鄭鴻生、甯應斌、呂正惠的三篇文章，只是暫時作為劉紀蕙「有一個中國嗎」這一問題的暫時的對照，並不是最後的答案。歷史時機對我們提出了這麼重大的問題，如果我們每個人立刻就能從口袋裡拿出一個錦囊妙計，那也不可能是答案了。所以，最後我想說，太陽花運動能夠逼迫我們寫出這些文章，編成這本書，足以證明我們企圖回應現實與歷史，當然，這只是我們工作的開始。

2015.8.4完稿

8.9修訂

風雨台灣的未來
對太陽花運動的觀察與反思
趙剛

　　除了1947年2月底的那場事件之外，2014年大概見證了這個島嶼最騷動的一個春天吧，熠熠發光的臉龐、亢奮激昂的情緒、殊無節制的語言，以及四處衝撞的身體團塊，為這個春天的台北帶來滿城風雨。這邊剛占領了立法院，那邊又要占領行政院，這裡「反服貿」的太陽花學運一波未平，那裡「反核四」運動一波又起，綿密的浪潮無言地見證了運動的驚人能量。古人說：「飄風不終朝，驟雨不終日」，那曾經占領立法院二十四天的太陽花學運以及由林義雄的絕食所主導的反核四運動的高峰期固然已經過去了，但在可見的未來，由於包括經貿在內的兩岸關係的不確定、馬政權的正當性危機，以選舉政治作為催化劑，大大小小的間歇風雨勢將難以消停，可能至少要到2016年大選結束且民進黨執政，才可能有機會進到一個「盤整期」。

　　2014年台北的這個春天的歷史意義為何，固然現在言之過早，而聰明人似乎是應該要拉出一段時間距離，讓感情沉澱、反思深入，使對象化得以展開；但是，對於一些迫切問題的初步思考，例如，如何在不同層次上定位這個運動？對整個政治與文化地景，它帶來了什麼樣的影響與變化？……，吾人則有面對、分析與反省的

知識義務與實踐要求。用韋伯的話，這是無法逃避的「當下之要求」（demand of the day）。似乎無需指明的是，筆者的這個發言立場也必然意味此刻的分析具有一定的嘗試性、暫時性與開放性，等待日後局勢發展的補充、修正，乃至無情的推翻。

如何理解這個巨大能量呢？無論是「服貿」或是「核四」，就其議題本身而言，坦白說並沒有多少能量或熱度。「服貿」固無足論，就算是「核四」議題之所以發燒，也並非僅僅由於它自身──因為人們恐核／反核，而更是因為「核四」折射且聚焦了另一種巨大能量。「服貿」與「核四」都是高效吸熱裝置，而這個熱能即是台獨。當然，這不是說「服貿」或是「核四」的問題可以完全化約到統獨這一議題上，而是說，如果沒有統獨議題這根碩大燃料棒，無論是「反服貿」或「反核四」，都不會以今日的形式與強度出現。

體制外台獨砲打黨中央

「太陽花學運」的參與者眾，和「台獨」這一核心所指的關係難謂一致，但是運動的核心成員(也就是在立法院內的「黑箱」決策人員)，正如他們自己的公開表明，則都是認同或支持台獨的。雖然如此說，但還是要指出：學運領導核心的台獨立場並非某種「先鋒性」的體現，而恰恰反映了當今學運乃至社運的主流趨向。自從2008年以抗議大陸海協會陳雲林來台訪問而爆發的「野草莓學運」以來，全台的學生運動組織率多快速染綠，而且不少是深綠，以「中國因素」為最大興奮點。這有很多因素，除了某些民進黨菁英的奧援，以及學生透過各種在地的反對運動所進行的遍及全島的組織

串連，這些物質與組織因素之外，更重要的是：台灣經濟十多年來的持續低迷、馬英九政權在2008年的再度政黨輪替及之後一連串的爭議政策或體制失能對其正當性的巨大耗損、2008年出現的西方經濟危機以及約略同時的「中國崛起」（論述）與「中國因素」論述等環境結構條件。

2008年是一個分水嶺，顯著區別了之前與之後的權力之場。之前，包括「樂生」、「三鶯」、「溪洲」……等由學生強力介入的運動，特別是以2006至2007為高峰期的反抗迫遷痲瘋療養病院的「樂生」，基本上是帶有某種素樸的自贖意義的「社會性」或「階級性」運動，並在運動的進行中，展現了刻意置身藍綠之外、避免道德主義亢奮、自我壓抑菁英領導或英雄崇拜的出現、以及學運與當事者群體的雙元組織性，等特質。這些特質是否與它們畢竟是發生在民進黨執政時期這一條件有關，需要進一步考察，但似乎無可否認的是，他們的「去政治化」也許本身是無（或半）意識地建立在一些原本就並非中性，更在此間被高度政治化的範疇上，例如「人權」、「台灣」、「家園」、「文化」……概念。以此想來，紅衫軍的例子或許是有徵候性意義的，2006年以「反貪倒扁」為主訴的「紅衫軍」，是一個由各行各業的民眾因道德危機感而聚集，且企圖超越藍綠統獨再造進退取予等基本做人道理的一個大型群眾運動。在紅衫軍運動期間，廣泛大學生群體對那個運動的感受基本上是微溫的，而學運以及社運組織對那個運動的態度則基本上是狐疑觀望乃至略帶嘲弄的。因此，縱然我所謂的「2008年分界」是具有某種歷史延續性而非一絕對性分斷，但是這個分界仍然是非常清晰的，展現在2008年之前，社運（與學運）與台獨敘事有一緊張或至少是疏離關係，

橫亙其中的是一種「階級」語言，但2008年之後，「階級」語言退開路障位置，使社運與台獨合一。

另一方面，扁政權的腐敗，以及更重要的，它向「現實主義政治」的傾斜，使得老一輩的「信念台獨派」非常鬱悶挫折失語——畢竟阿扁是「台灣之子」。在2000年大選前擔任民進黨主席並戮力操盤助扁勝選的林義雄，在2006年退出了民進黨，這基本上象徵了老一輩台獨對於民進黨中生代政治人物的失望。這個失望並不因2008年以後民進黨的下野而緩和，反而持續升高，因為民進黨的中生代政客為了將來的勝選，延續了陳水扁執政後期關於兩岸的「務實政策」，以「台灣現實上已經獨立」等修辭避談台獨，並傾向在法統上支持甚至捍衛「中華民國」，說「中華民國是台灣」。相對於馬英九政權在執政後所提出的「不統、不獨、不武」的「獨台」主張，一時之間，在表面的修辭齟齬之下，藍綠在兩岸政策上都走向了現實的趨同。在馬英九第一任任內所推動的ECFA，固然遭到時任民進黨黨魁的蔡英文的激烈批評，但蔡在2012年競爭慘烈的大選中，也宣稱當選後，將對「前朝」已簽訂的兩岸合作機制「概括承受」。曾經，兩者在未來尋求出一個藍綠共同版的「獨台」並非不可能，尤其因為共同分享的基礎（例如親美、反共、友日）遠遠大於它們之間的差異，更因為民進黨比國民黨更有「資格」獨台。然而隨著中國經濟圈的崛起，以及區域經濟的再整合，台灣也面臨著是否更進一步加入亞洲區域經濟整合的RCEP，與中國經濟進入更深更廣的連帶關係。民進黨對自己的弱點並非沒有自覺，它清楚知道它的消極大陸政策無法讓更多的台灣民眾安心，因此出於政權競逐的考量，它必須更考量政治現實，而非對少數台獨激進派進行安撫。

　　從長歷史的視角看，這是台灣在經歷了日本殖民以及美國新殖民之後的再度與中國經濟體的互動結合。但是，這對於台獨基教派而言，恰恰是一不可逾越的紅線，是台獨生死存亡的最後關頭；「服貿」不只是服貿，它的終極所指是「一中」。

　　民進黨中生代政客，由於現實（無論是中國崛起的政經現實，或是選舉政治的現實）所催生的合理性考量，成為了政黨體制外的老台獨（例如林義雄、史明）以及主要是在學界的中生代台獨（例如吳介民、吳叡人）的難以言語的揪心之痛。一方面，他們對於民進黨中生代政客的「理想主義的喪失」由衷痛心，但另一方面他們除了民進黨也無所寄寓其政治希望與政治著力。於是，他們企圖從一種「自己人的外部」位置，找到一個牽制甚至推動民進黨的支撐點。奉林義雄為「精神領袖」的準政團「公民組合」即是在這樣的一種「砲打黨中央」的思考下，在今年初太陽花爆發前就開始積極籌畫，目的就是要「讓有理想性的政治人物有機會從事政治改革」，而這之所以需要，歸根結柢是因為民進黨「不見自發性的改革」。「公民組合」的核心分子，同時也是「太陽花學運」的核心分子的黃國昌教授就指出，「公民組合」成立的目的是要讓公民團體「發揮強力主導議題能力」，而之所以有這個需求又是因為「朝野兩大黨對各類政策的漠視讓公民團體失望」。「公民組合」想要「讓更多公民實際參與政治」。

　　是在民進黨體制外的老台獨與中生代台獨所共同感受到的幾乎是時不我予，必須背水一戰的這個危機時刻的同時，也基本上完成了以青年為主的包括了學運組織在內的各種社會運動的被台獨意識形態的收編，但只是無從預估青年台獨化的勢頭有多大。3月18日

對立法院的不預期的成功占領，以及之後野火般的迅速擴大蔓延，使得台獨力量因地緣政治而形成的一種深刻危機感，與因為台獨的青年化而形成一種驚喜的自信，構成了一個高度戲劇化且高度危險的（因不知終將走向何處）結合。

因此，所謂民進黨指使學生鬧事，整垮國民黨，好贏得年底的選舉以及後年的大選這一流行說法，其實並不成立。真實的狀況是體制外（非黨職、非公職）的老中青台獨，透過對國民黨政權的攻擊，取得正當性的高點，進而對民進黨中生代政客產生挾持作用，逼迫他們「恢復理想性」，進行往台獨方向的「革命」。鑑於台灣的政治地景上難以有第三黨的存在空間這一現實，無論是學運領袖或是準政黨組織「公民組合」，都在「組黨」這件事上展現了高度的戒慎警懼，深懼邊緣化。因此，也許除了走邊緣路線的台獨組織（例如公投盟），就算是「激越的」學運領袖甚至被視為「人格者」的林義雄，其實都還是在所謂的理想主義和政治利益之中進行現實主義的謀略算計。他們固然不乏另立門戶的野心，但更不乏以「另立門戶」作為權力籌碼，高調回歸政黨政治軌道的清醒。事實上，民進黨中央也在方寸甫定之餘，擺脫了完全被動的姿態，以現實主義的口吻指出「學生們最後仍需要民進黨」。這應該是大勢之所趨，因為就台灣內部而言，2016的大選將作為無上命令迫使綠營整合，就外部而言，台獨勢力的最終保證──美國──在面對綠營時，也只會以民進黨作為其意志代理或交往對口。

今年春天的這一連串動員與騷動，最終很可能只是一場混雜了悲劇與鬧劇的奇異劇種。中國大陸的崛起，以及區域經濟的形成，並不會因台灣的騷動而改變，激情之餘，台灣人民（包括了「沉默

大眾」)還是得面對是加入還是孤立這一無法迴避之哈姆雷特式選擇；中美兩大國地緣政治的博奕，也不會因今春爆發的孤憤而有結構性的調整。此外，包括台灣資本在內的全球資本也會在適合的時機找到它的政治代言人（不論是藍或是綠）表達它的利益訴求，而且在太陽花學運的退場上已經表達了。是的，台灣社會在經歷了今春的事件之後，是和之前有了一個重大而不可回復的改變，但不因台灣之變而變的部分依舊巨大，因此，這個春天的歷史意義為何，似乎也不容許過多的主觀詮釋空間。

學生為何走上激進台獨的道路？

進入到新世紀以來，台灣經濟不改低迷，大學生畢業後一職難求，薪資持續偏低，而同時物價（尤其是房價）一路卜揚。這些都是青年人憤懣的重要來源。馬政權因此很容易地就變成了青年抒憤懣吐怨氣的直接對象。而此時，又由於港台兩地在「兩岸關係」上的某種結構類比性，再加上港台兩地的「社運經驗」的相互串連，「香港化」的恐懼於是變成了一個很重要的催化劑。因此，雖然馬政權對中國大陸的政策向來是唯恐不足地謹小慎微，堅守政經分離與政冷經熱，但由於它「先天」的正當性脆弱，它很容易就被安排到一種想當然爾的故事框架：馬英九這個「中國特首」，違反民意，獨裁專制，支配國家機器，進行黑箱作業，出賣台灣利益，以逞其賣台狼子野心。於是，是可忍孰不可忍，「幹你這個政府」(Fuck the government)、「自己的國家自己救」等口號一一浮現。

一種「中國崛起論述」的崛起與馬英九政權在2008年的成立

約莫同步。於是，同時訴諸對「中國」的恐懼以及對「馬英九」的懷疑，使得台獨方便地隨時伸指於馬英九政權的軟肋。台獨對中國的心情是分裂的，在仰視的恐懼的同時，還有一種俯視的傲慢。這種對「中國」作為一個理念或歷史實體的傲慢，由來已久，而且一向是台獨／民進黨的一個核心意識形態武器。以「日本殖民現代性」為基底，以一種文明的優位自視並鄙視當年來台的國民黨軍隊、國民黨，乃至「中國」為「野蠻」、「不文明」。鄭鴻生的〈水龍頭的普世象徵：國民黨是如何失去「現代」光環的？〉一文很準確地追溯了這個文明主義的神話源頭，之後，這樣的一種殖民現代性文明觀又在五〇年代開始嫁接到冷戰時期的美國現代化意識形態。在正當性戰場上一路挨打的國民黨政權，於是最後淪落到只能以「拼經濟」作為其僅有的具有正面表述性質的正當性，而對於戰後以來的台灣歷史進程，只能在某種「帶罪立功」的屈辱身分下，持續失語。在意識形態領域裡，關於重要問題的表述它只能以負面形式為之，例如不獨、不統、不武。在歷史、傳統與國家認同這些重要戰場上全面棄守的國民黨，當然無法得到任何積極的支持，甚至只能遭到青年學生的冷漠與厭惡。

因此，要理解為何會有國家認同的問題，必須要回到歷史。1949年的兩岸分斷造成了兩岸人民在日殖時期都未曾有過的隔絕，而在這之後的幾十年，又因為在全球冷戰下兩岸分屬對峙陣營，而形成了長期的敵對與阻絕態勢。台灣在美國的冷戰戰略的翼扶與監控之下，自然無法反思清理殖民遺留。一九五〇年代的白色恐怖更是大規模地消滅了本土的反日、反帝、民族主義，與社會主義的社會力量，結果是：親日的、皇民化的大家巨室反而在新政權中繼續

顯榮，相對而言，凡是心向祖國的、反帝的硬頸好漢們，不是身遭
屠戮就是投入囹圄，作家楊逵就是一個例子。

太陽花學運昭示了一個現實：在一個很根本的意義上，我們今
天還在冷戰與分斷的遺留下思維與行動。歷史不能重來，但我們不
妨「反事實」地想像，如果日本殖民主義在知識與政治上曾有機會被
嚴肅反思，那麼今日的反中、反華未必會有如此彪然的勢頭。1945
年日本戰敗，台灣回歸中國，日本僑民回國了，但日本幽靈一直沒
有離開島嶼。在台灣的民主化過程中，「日本」（而非美國）一直被
拿來當做近身批判或不齒「野蠻的」國民黨、乃至「中國人」的一個
「文明的」參照點。這個一直存在的、強烈但又隱密的「對照」，恰
巧也在2014年透過導演魏德聖製作的關於台灣在殖民時期的一個
棒球隊成功故事的電影《KANO》被外部化、聚焦化與政治化了。
《KANO》之所以成為今春票房大熱門，而且是占領立院的太陽花學
生的一個高度儀式性的晚會高潮放映，正在於它企圖將「日本因素」
結合到「台灣人」的歷史意象中，而在這個結合中，台灣原住民再
度被政治消費。那麼，什麼是這看似無辜的懷舊片裡的日、原、台
三位一體的團結性的對立面，難道還需要具體指陳嗎？假如「楊逵
們」當初並沒有被屠戮、鎮壓、噤聲，也就是陳映真所說的「左眼」
（反帝的民族主義的社會主義的傳統）如果沒有被剜掉的話，那麼台
灣社會的發展會走上一條很不一樣的路途，應是一謙遜想像。

歷史的弔詭因此是：那民族主義的、提倡「復興中華文化」的
蔣介石政權，恰恰是今天台獨反中勢力的不知情奠基者。因為在零
和反共的前提下，在不敢反省國民黨何以失去大陸民心的前提下，
在不敢面對五四以來複雜萬端的近現代史的前提下，那個中華文化

的故事也說不全整，左支右絀，遁古走空。因此，「中華文化」並沒有辦法以它的美醜兼具善惡共存的真實面貌展現，而既然失真，就無從感人，因此注定成為了基本上無效的宣傳灌輸。在國民黨有意推行的正面，它失敗了，但在它所反對的負面，它成功了：國民黨的仇匪恨匪的教育，只要稍加轉換，就能夠變成仇中恐中。馬英九政權的最大「罪狀」，於是就是它的「通匪」，以及在通匪中，葬送掉了台灣「最寶貴的民主」。

這於是讓我們不得不想起冷戰時期此間對兩岸關係的五字箴言——「漢賊不兩立」，以及那時台灣的自我感覺——「自由的燈塔」。台灣其實並沒有脫離冷戰時期由美國所設定的東亞地緣政治的基本棋局。不論是統一甚或獨立，都不符合美國的最大利益；它最大的利益是繼續讓台灣站在美國這一邊，成為中國的問題。無法重估台灣對美國的扈從關係，是學生激進台獨化的另一結構條件。對於「服貿」，學生馬上要揪出後頭的黑手「中國因素」，但對於反核，學生完全對核電後頭的「美國因素」失語。

「太陽花學運」所爆發出的反中能量，有近期一系列事件作為其匯聚前導，其中特別重要的是那以反對「親中」資本旺旺集團在台的媒體併購案為名的「反媒體壟斷運動」（「反旺中」），目前學運的領導骨幹幾乎都是「反旺中」運動的要角。反旺中的一個著名的標語就是夾戲謔、諷刺與恐懼的「你好大，我好怕」。幾乎在「反旺中」的同時，台灣學界（特別是社會學界）創造出一個「你好大，我好怕」的學術版名詞——「中國因素」，對中國勢力透過政商產學媒滲透到台灣，支配腐蝕瓦解台灣的民主體制提出了麥卡錫式的恐怖預告，指認了台灣島內的「非台」（un-Taiwanese）因素。當然，這種恐

懼感並非純然蹈虛，而是建築在中國崛起，而台灣的經濟走下坡的（尤其是被放大了的感覺）對比之上。這個預告不能說沒有它的某種表層合理性，特別是參照於香港在一國兩制之下的某些真實的市民困境，但是這個預告的「實質不合理」在於它重複冷戰話語，把「中國」妖魔化，使得一切關於兩岸的合作交往的討論都被懷疑——除非是與大陸的公知或維權的合作。這裡隱藏了弱勢法西斯對於捍衛「生存空間」（或「家園」）的一種絕望政治（politics of despair）。

對這些近期的事件歷程，我們是不能不了解的，但是如果我們只把視野限制在最近這幾年，而失去了一個百年視野的話，那將無法掌握住這一波反中反華的「歷史源頭」。而要如何解除這個「反中反華」的叢結，也可以思考從盤根錯節的其他部分同時拆解，這首先意味著，擺在今天兩岸的共同思想課題就是如何將美國「文明」霸權相對化，如何將建立在「公民」、「自由」、「平等」、「社運」、「多元」⋯⋯等詞彙上的普世話語歷史化、脈絡化，重新建立中國文明在當代的進步的有召喚力的訴求。

公民話語的所指錯位

台灣的知識界由於長期以來不曾面對反中、親美與日本殖民的這一叢結問題，因此這個叢結便成為籠罩在政治心態與話語之上的無意識巨傘。在這個巨傘籠罩下的各種「進步概念」，從而取得了特定的詮釋學意義，而與原初西方脈絡下的所指有了巨大差異。「公民」即是其中最顯著的一個例子。

在太陽花運動所揭示的現實中，「公民」，既非傳統自由主義

之下的程序性概念，也非市民社會論或是公共領域論下的規範性概念，而是一個動員與排除的暗喻。「公民」一詞的真正具體所指，是置於「公民」這一名詞之後的動詞，而「公民」也者則被那個特定動詞所界定。例如，公民反媒體壟斷、公民反黑箱、公民反服貿、公民反核四、公民反死刑……。這也就是說，在台灣，一個人（成年人）只要他反這些被規定的事物，他才是公民，也同時才是「運動」的合格召喚對象；在召喚的另一面則是排斥：你若不反這些，你就不是公民，或你的公民身分可疑。

以上這些裝上「反」這個字頭的複合動詞，又無例外地可以歸結為「反中國因素」。「中國因素」是一把大黑傘，罩著「服貿」、「核電」、「媒體壟斷」、「儒家倫理」、「死刑」……，凡此，都具有暗地（黑箱）操作的、與中共私相授受的、道德上見不得人的「私」的特質。因此，所謂「公民運動」所召喚的並不是什麼「公共論辯」、「審議民主」或「基進民主」，就如同反服貿所召喚的其實並非反新自由主義全球化一樣，而是直接或間接的恐中與鄙中的心理。要說明「公民」這個概念與「審議民主」或是「公共論述」這類概念無關，其實並不費勁，只需指出林義雄以絕食禁語為手段達到政治目的的「死亡政治」恰恰是審議民主的邏輯對反就可以了，但在當代台灣，這就如同指出國王沒有穿新衣一樣的困難。

「公民」因此是反中運動的動員與排斥話語的核心構造，具有文明主義、族類主義以及二元對立階序觀等內涵。在這個階序觀裡，凡是因對那些「反」表態支持的人們都可以立即獲得沛然無比的正當性感覺，同時以此感覺傲慢地對他們的抗爭對象及其支持民眾（被否定「公民身分」的公民）進行毫無克制的鄙夷，因為相對於

吾等公民,爾等是「私民」、「賤民」,或是「外來賤種」。恰恰是因為「公民」必然預設了一種公私二元對立的內部構造,因此這整個反中運動採用了「公民」而非「人民」,因為公民更有效地表達出一種道德階序:公與私、陽與陰、善與惡、義與利、文明與野蠻,而後者都是這個共同體的極危險因子,合當排除。因此,「公民」在太陽花的語用學裡,已經成為了一種高度排他主義的國族統合暗喻,在這個暗喻下,各種「人民內部矛盾」都需要重新統整在國族統合的光明大傘下頭。台灣從一九八〇年代以來的社會運動史於是矛盾地成為它自己的取消者。階級的、(原漢)族群的、南北城鄉的、性別的不平等或差異政治……這些原先多少企圖在自身的社會性邏輯(而非國族邏輯)下的操作,如今皆要收編在「公民」這個最大的保護(指導)傘下──是體制外老中青台獨的最大共識,也可稱為「太陽花共識」。於是,真正的「賤民」是拒絕被統整到這個「公民共識」(即「太陽花共識」)之下的異議者,例如統運,或與統運有組織或思想聯繫的社會運動。

2014年的「台北之春」,讓一個經典的政治理論問題重新得到現實意義:在何種條件下,以何種方式,自由主義現代性(liberal modernity)會神移甚至形變為法西斯?

不少人指出,此次太陽花學運的核心菁英不少是來自社會學系。這並不意外,因為長期以來,倡議「公民」、「民主」以及「社運」這些概念的就是台灣的社會學界。但是歷史地看這個倡議,也是有一個不均質的、起伏巨大的過程。在一九八〇年代下半葉,台灣的社會學界在反對國民黨、支持社會運動,與支持李登輝的本土政權上都曾風光一時,時謂顯學。但是在李登輝政權在總統直選之

後快速鞏固，以及之後長達八年的扁政權時期，原先生龍活虎的台灣社會學界卻進入到一種伏流狀態，要等到2008年馬英九政權成立，台灣社會學界的政治活力才再度冒出地表，並以同年的野草莓運動為它的標誌性現身事件。今天，社會學再度成為顯學，但很明顯的是，它是否是顯學取決於外在的形勢：當「本土」政權在位時，它悶不吭聲；當「外來」政權在位時，它以「公共」、「社運」、「民主」之名活力四射。

公民、公共、社運、民主……這些概念是台灣社會學界在一九八〇年代從西方社會科學界（尤其是有自由左派或是新左傾向的學界）所套襲過來的；筆者本人也是一個套襲者。這一套概念的核心是一組非歷史的、在西方實踐無效大致屬於校園左派的政治正確姿態，其核心是近乎教條地反國家機器、反階級壓迫，以及反父權，所謂「三反」。但這個姿態並非「普適的」，而是，如前所論，有選擇性的，也就是它們並不適用於對民進黨的批判，或至少，並不熱烈地如適用於國民黨般地適用於民進黨。而且，在需要的時候，這個「三反」意味著反中。這個「反中」其實是直接承襲於西方現代性立場的（不管是自由派或是新左），因為在西方左右現代派的思維結構中，「三反」是建立在不需論證的自由主義現代性的前提上，也就是說，你首先必須是在一個立憲的民主的民族國家體制中，然後你才有資格進入到「三反」。這裡頭不言而喻的是一把西方篩子，把他們所認定的「東方專制主義」、「東方社會主義」或「東方傳統主義」，一致視為是前現代的體現。對他們而言，資本主義現代性是需要一些這裡或那裡的修補，但總體而言，它只需在一些局部方面，以社會運動或公共領域，節制國家機器、克制男性霸權，以及追求社會

正義。因此，既然西方自由派或新左的理論意識中已經包括了這個未言明的西方中心主義以及對第三世界非西方文明的體制的敵視與鄙視，那麼台灣的社會學界克紹箕裘，以此為職志，把西方的隱前提轉化為此地的顯針對，即是，把三反擴充到「六反」，成為了青年台獨的理論武器庫，而這個武器庫，既不妨說是「佩里安德森」牌的，也不妨說是「柄谷行人」牌的。社會科學的學生菁英在這樣的理論空間中，舒服地進入到一種高等的反叛自覺，且常常不厚道地看著那些走不出當年國府迫害陰影的老一輩的，有著不可化解的省籍情結的，吟哦著「黃昏的故鄉」的台獨邊緣人，只因年輕的他們如今是有理論、有世界觀、有地緣政治謀略的台獨了，於是他們自稱「台派」，有以區別於老耄之「獨派」。但是無論台派或是獨派，不變的核心仍是反中、親美，用理論的術語把「中國」等同於「東方專制主義」、「文革非理性」與「六四鎮壓」。這樣一個「中國」，是台灣的民主、經濟與文化的最大陰影，是必須要走出的陰影。

頑存在「新」裡頭的舊

　　台派自詡比獨派高明進步包容，雖然他們未必超越了省籍意識，但他們企圖宣稱他們的「共同體」概念不再是以族群或是以省籍意識為基準，而是以空間與文化為基準，也就是說，以台灣為邊界，在此境內的所有人（抱歉，各類移民移工不在此列）都可以是共同體成員。其次，所謂「台灣」，其標竿識別是它的以公民文化和民主政治為核心的進步文明性。但我要指出的恰恰是台派的學運其實並沒有超越統獨藍綠，仍然是在這個架構下的操作。我

們可以提問：這個學運到底是如何理解政府與國家？這裡有一個深刻的矛盾，展現在經常穿在學運領袖身上的黑色T恤上的上下行文字之間：上行中文：「自己的國家自己救」；下行英文：「Fuck the government」。救國家如此虔敬，幹政府如此粗暴，這之間沒有矛盾嗎？而且這個政府是民選的政府，你幹它，不也間接幹到民嗎？是什麼讓學生如此理直氣壯的要幹它？

其實，「Fuck the government」這個口號是故意不精準的，因為它真正要幹的是國民黨馬英九政權而已，但學運又要刻意裝作它擺脫了藍綠窠臼，因此有意無意地把馬政權或國民黨以「government」之名代之。但這樣一個過於輕易的概念短路，其實又不是偶然的或是權宜的，而是符合台灣的一政治深度核心，即，在這個島嶼上並不存在「一個共同體」，這是一個必須直面的基本事實。在分裂的國度中，有兩個「政治家族」相互對峙。本土化運動以來，主流的論述是國民黨是一個外來政治家族，它並沒有真正的正當性，它或許能根據某種「程序合法性」組織一個暫時性的、工具性的、世俗性的，乃至高度可疑的「政府」，但它絕對不能與具有神聖性的國家（the State）混為一談。現在，這個國家只是暫時還沒有找到她自己，還在某種異化的狀態之中，而有一天，當這個代表著本土（即「台灣」）的政治共同體真正建立起它的政治代表體制，完整地收回行政權與立法權之後，這個國家才真正找到她自己。台灣國將只是「台灣人」這個神聖家族的「自己的國家」。

恰恰因為馬英九政權被視為只具有程序合法性，而沒有實質正當性，因此，這個「政府」與「國家」的關係，就是斷裂的、二分的，在某種意義上，是「竊據」了國家。所以，學運領袖才會以「人

民」之名，否定馬政權的正當性，並要求「公民」「幹」它。「公民」
因此是造「反」的行動主體，為的是建立屬於台灣人（「人民」）的「自
己的國家」。太陽花學運的終極指向就是在消滅國民黨的獨台，砲
打民進黨黨中央，警告其耽溺於藍綠雙人舞以及對中國大陸的現實
主義趨向，並形成一個「太陽花共識」，也就是一個新的、純淨化
的、徹底脫中的、「正常化的」，只有一個政治大家族的民族國家政
治體系。這即是學運常常訴諸的「革命」話語的核心所指。

獨台「出局」與社運「入局」

過去幾年裡，一個很流行的見解是：國民黨與民進黨在國家定
位與認同上正在趨同中，它們都認為「獨立」是沒有必要或不可行，
而這又是因為「事實上」已經獨立了，即「中華民國在台灣」，這即
是一般所稱的「獨台」。如果法理獨立是好看的花，那麼事實獨立則
是可吃的果，在不取其華、寧取其實的「理性思維」下，有一種兩
黨暗地裡大和解的傾向。以向來最敏感反映政治變動的文學領域而
言，台獨派與獨台派早已達成了大和解，而和解的基石即是反共、
親美，與「中華民國是台灣」或「台灣就是中華民國」。於是我們看
到文學史作者陳芳明對余光中等「中華民國派」的褒揚；於是我們
看到龍應台與齊邦媛根據「中華民國」史觀所做的準歷史性或自傳
性的書寫，竟然能得到超越藍綠的一致褒揚頌讚，一時洛陽紙貴。
但是，要注意的是，即便在這個以「多元」、「和解」或是「包容」為
名的潮流中，並非沒有作為潮流的隱形支撐的異類、卑賤與排斥；
被這個大和解所激烈排斥的台灣作家至少有一人，即是陳映真，只

因為他堅持反帝、民族統一，以及某種社會主義的理想。

　　但這次的太陽花運動即是將吳介民的「中國因素警告」以群眾運動的方式提出，將馬英九政權以「全民公審」的方式定罪為賣台集團，而這個宣告無異於間接宣布了「獨台」路線的不正當性。而在政治上宣布馬英九／龍應台的「獨台」政治路線的死亡，不啻宣告重組台灣政治光譜的意志。在太陽花學運青年台獨菁英的策略想像中，民進黨將是未來要形成的以獨立為終極目標的運動中的「右獨」，而太陽花學運的菁英以及整個社會運動部門為「左獨」，並在將來形成「台獨左右共治」的局面，而所謂的左，即是在太陽花大右翼前提下限定在「分配正義」格局內的「左」。因此，相應於國民黨獨台的出局的是「社運」的入局。雖然我們也察覺到了某種堅持階級政治優先的微弱反抗，但在今年五一勞動節的工運遊行的確已看到了這樣的一種太陽花共識的浮現。饒富指標意義的是，類似於陳映真在文學界的「賤民位置」，統派的、支持服貿的勞動黨在遊行前就以「程序正義」之名被排除於遊行參加隊伍之外，而由於這個排除是由自稱賤民的工運團體所進行的，因此也難免讓人產生「投名狀」的苛刻聯想。在太陽花秩序中，連「賤民」位置都要前置性地占領，可見收編規模之龐大！無論如何，太陽花學運造成的一個重要影響就是「社運左翼」幾乎全員被收編統整到這個霸權的、公民的「太陽花共識」中。

　　獨台雖然被太陽花學運宣告路線死亡，但這畢竟只是台獨的意願與意志，至於國民黨是否能禁得住這個學運以全民為名的對其正當性的否定，仍屬未定。此外，台灣人民的「民族認同」是否就如此走向了不歸路，也仍屬未定。這裡需要思考的至少有三方面：美

國因素、沉默大眾，與中國理念。

美國因素

以太陽花學運的澎湃喧嘩，也無法掩蓋台灣在各方面受美國操縱的靜默現實。目前並沒有證據說美國操縱了這個學運的出現——如同美國在很多「顏色革命」中的位置與角色，但我們的確很清楚地看到美國在關鍵時刻具有決定性的表態，決定性地影響了很多支持「反服貿」的有力人士的適時表態喊停，從而決定了太陽花的退場。

美國對馬政權在關鍵時刻的支持，顯示了美國仍然把馬政權視為目前而言較可預測、較可控制的羽翼對象；而民進黨在這次學運中的被動與投機，再度讓美國對它不放心，加之以學生運動本來就不是一個可以究責的政團，美國在這樣的一種情況下，當然只有選擇對既存政權的繼續支持。那麼，這和美國「重返東亞」，意欲重新圍堵中國的戰略思維有無矛盾呢？照理說，美國不是應該要支持甚至籌劃一場類「顏色革命」以對馬政權據說的「親中」、「賣台」進行懲戒嗎？這只能說，從美國的眼睛看出，馬政權並沒有親中與賣台的疑慮，美國深深地理解並相信，馬政權是它在東亞島鏈中的一個可靠的小夥伴，因為馬政權奉行的是符合美國利益的經濟與政治分離的兩岸政策，即政治上親美反共，經濟上自由開放——包括對中國大陸，此外，馬政權也不可能踩到兩岸關係紅線，從而引發區域和平危機。作為一個強大的帝國，美國與台灣的關係，也是一種「羈縻」，鬆弛地、有迴旋餘地地將繩索韁繩套在台灣的政治動態上，允許一些小打小鬧的「自由」與「自主」，但這是在某一點之

內，逾越此點，繩索將會勒頸。向來，最有效也最有力的控制，不是只能收，而是「收放自如」。透過這次的太陽花學運，美國有效地證明了這一點：美國沒有非得親藍反綠的必要，但在馴服的馬政權還有兩年任期的現實前提上，它選擇支持馬政權。

就美國而言，這次的太陽花學運是一場已經達到目的的顏色革命，因為學運結晶並鞏固了李登輝政權以來一直在經營的親美與反中。這個趨勢，繼續走下去，將使台灣與韓國、日本、菲律賓、越南等國，在新的圍堵政策中變成更無問題性的一個親美反中的「盟邦」以及中國大陸的「敵國」。這個「無問題性」，可能猶且超過韓國，因為韓日之間還有台日之間所沒有的歷史矛盾，而這使美國對韓日的「羈縻」產生了一個不可預測的變數。《KANO》這部片子會在學運期間在現場盛大放映，似乎有著超過大多數學生所能理解、願意理解的地緣政治意義。

太陽花學運也為台灣未來的政治走向提出了一個教條性的議案：與中國的任何形式的接觸都是有毒的，都要受到「公民」嚴密監督。換句話說，兩岸的任何形式的「統一」，哪怕是存在於極遙遠未來的，作為民主政治理論邏輯合理選項之一的「統一」，乃至馬政權現實主義的「不統不獨不武」的獨台主張，已經被學運宣布死亡。這個死亡宣告得極為徹底，因為學運菁英所鼓動出來的蔑中、恐中、仇中，已經逾越了對於政權的批判，而進入到歧視性極為強烈的種族主義與文明主義了。由於被蔑、被恐、被仇的對象是一般中國人民，而當人民間的仇恨被點燃，那麼最後也必然限縮了兩岸政權之間達成任何協議（包括和平協議）的自由度。台獨基本教義派所達不到的目標，如今被學運達成了。廣大的外圍參與學生，雖然對

「中國」的態度更多的只是對「國家認同遭受打壓」的心情委屈與對大國崛起的朦朧恐懼，但也只能被半裹脅到這個浮起的政治中。

由於把「中國」，乃至中國平民百姓，當成了敵對對象，太陽花學運的先鋒黨在追求「自主」、「獨立」的同時，把一個「小國」在兩個大國之間的可以多多少少經營開拓出來的戰略迴旋餘地給自我解除了，而這又無異於自己拉緊了美國套在自己脖子上的絞索。這難道不是一個極端危險的趨向？在追求台獨的路上，或許有一些人會以「抱美國大腿」為擺脫中國的不得不的代價，但是如果這個代價是高到把台灣推向地緣政治的危險水域，以滅頂的危機（或「有尊嚴的死亡」）（吳叡人語）為台獨的「合理代價」，那就必須要將這個可能的代價對人民百姓老老實實地提出來，而非將之隱藏在無害的修辭之中。台獨無法對此進行手段與目的的必要辯證，是它外強中乾的一個無法掩藏的徵候。

沉默大眾

太陽花學運時，據以表明運動自身代表「全民」的，竟是一個「反證」——馬英九只有9%的支持率。學生嗆馬英九民調治國，但學生自身不也在「民調革命」嗎？運動期間，媒體上有質疑太陽花學運的聲音，常提出「沉默的大眾」這個說法，但到底有沒有沉默大眾？這個沉默大眾等同於馬英九的支持率嗎？

是有沉默的大眾。但大眾何以沉默？一方面固然是由於大眾本來就是沒有菁英發言管道的，而網路世界也是區隔斷裂的，大眾的不同的雜音往往進不到「公共」（或菁英的耳朵）中。另一方面，這

些聲音也許很斷碎，不連續，有心情，沒說法。大眾並非有意克制他們的話語，而是根本失去了話語權，失去了正當性論述，只能空泛無效地吐出一些為學運或知識分子恥笑的詞彙，例如「理性」、「法治」、「不要太超過」等。當正當性話語權掌握在「公民」（即台獨）手中，那麼任何的行動（儘管看來是多麼的無理、失禮）都可以以一種「大正義」正當化：因為我們要追求的是一種更高階的正義，所以我們必須如此行動，而這個行動正是「公民不服從」的展現……云云。從而，反對的話語就被迫首先得自我檢證是否「不文明」、「不公民」、「不愛台」。這，造成了人們的失語。相對而言，太陽花學運之所以吸引那麼多人，正是因為它是一個語言的狂歡節，沉醉於高階正義語言的傲慢與自我催眠。

當然，大眾的失語也是因為批判知識分子的長期闇弱失語。在西化教育中培養的台灣批判知識分子也都是長期只會在「公民」、「多元」、「自由」、「公共」、「社運」、「正義」、「自主」、「批判」……等詞彙所編纂的故事中說話。當他們發覺他們沒有這一套詞庫就說不出話來時，他們就只能失語地看著挪用這套話語進行能指所指錯位魔術的進行，並感覺到極端的無能為力。國民黨的失語徵候性地展現在它幾乎無法培養出一個具有論述能力的青年軍；「拼經濟」又如何能夠抵抗「台灣魂」呢？新黨藉由對孫中山的中華民國的召喚、對五四的新黨特色的召喚，也只培養了一個王炳忠。

不那麼「現代」、不那麼「文明」、不那麼「西方」、不那麼「公民」的台灣人到底有沒有？我的答案是肯定的，而且到處都是。絕大多數的台灣老百姓是認同錯亂下的事實中國人。雖然台獨要他們自恨，但他們依舊以中國的傳統道德進退取予，行事做人，賞善罰

惡；就算是「不統不獨」也都是很中國式、太中國式的態度！這裡
有一種很現世的、現實的人生態度，不為已甚，好好說，慢慢來。
其實，太陽花學運也都是很中國式的，占領立法院當自己的家，不
就是一種「公私不分」嗎？

　　真正的激進台獨其實是一種自恨者，恨中國則類似一種近親
憎恨（陳映真語）。他恨自己為什麼有這樣一種「傳統」，他要當現
代的公民、世界的公民，他想像台灣是東方的瑞士、東方的香格里
拉，是太平洋上的海島一樂園。因此，他超前西方地認同西方，只
要是西方有的，我們都有，而且我們比西方還西方。西方占領華爾
街，我們占領立法院；西方開始反對二手菸，台灣馬上就禁得徹徹
底底；西方人家庭垃圾分類，我們街頭運動也要垃圾分類；西方有
國家廢死，我們也要跟上。

　　「廢死」是我想拿來說明「沉默大眾」的一個有力註腳。在台
灣，廢死的呼聲在過去這十多年來越來越成為一個霸權的聲音，這
後頭當然有「脫中入歐」的潛在動力，要把死刑論述成一個文明世
界絕對不能容忍的野蠻行徑，因此，支持廢死的聲音幾乎占據了絕
大部分的公共媒體以及知識分子論述。但這裡恰恰好有一個「沉默
大眾」的存在。根據法務部所做的民調，有76.7％的受訪民眾不贊
成廢死，也有約略相同的數字，對已經判決確定、無法再提非常上
訴的死刑案件，贊成要執行。這個數字並沒有灌水，因為很多研究
都有類似的甚至更高的數字支持死刑，但問題是，這些支持的聲音
很少展現出來，都只在「私領域」中流動，原因很多，但其中一定
包括：他們所相信的中國傳統的「天理」（殺人償命，欠債還錢），
並無力與文明的、西方的、自由主義的、根源於基督教義的「公理」

（國家機器無權剝奪公民的生命權）相抗衡。

　　同樣的，對於太陽花／反核四運動的訴求以及表現的形式，台灣社會應該也存在數量頗可觀的、持不同意見的「沉默大眾」。他們被這個自詡為「多元社會」所去正當化、所壓抑的聲音，將要如何表達呢？目前而言，他們唯一的表達方式可能就是年底的「七合一選舉」或是後年的大選。他們將投票，然後一如既往，閉上他們的嘴。但這樣的一種政治機制又將複製，而非消彌，島內的無窮鬥爭，乃至歹戲拖棚，一直進行著一場語言狂歡者與沉默失語者的間接對抗，而藍也綠也，從某一個角度看，不過是這兩種「聲音」的代理而已。失語固然痛苦，狂歡也可能是痛苦的另一種形式，因為這畢竟是用借來的語言來說一個無法說的故事，用借來的姿勢來跳一場無法跳的舞。因此，我們看到學生們在白天或在公共空間說完了他們冠冕堂皇的一大串「太陽花」公民話語後，晚上或關起門來必須要說更大一串的「大腸花」髒言穢語，才能平衡他們沒有真實感的「公共」演出。白天是異化勞動，晚上是粗口休閒。運動的學生竟然類似資本主義體制下被剝奪勞動力的工人在規訓勞動之後，有強大爆粗口的宣洩需要！我們於是不訝異地看到髒話被戴上美學甚至道德的冠冕。

「中國」

　　台灣的問題從來不是台灣的問題而已，而台獨的問題歸根究柢是中國的問題。中國在當代世界裡，除了經濟崛起、政治崛起之外，更要面對思想與文化的崛起。如果在將來，中國作為一個理

念，涵蘊了一套有召喚力的價值與實踐，形成了一個能提供給人類新的安身立命，以及與萬物相處共榮的道路，或至少能提供給區域人民以正義、和平與尊嚴，那將是「台灣問題」解決之道的根本所在。這是有希望的，因為西方的發展模式、霸權模式、欲望模式已經圖窮匕現了。這個世界不能再繼續被美式的生活及其制度所挾持了，所有人，包括西方人，都需要創新思維。台獨未嘗不是在一個世界不知要向哪裡繼續走下去的焦慮下的一種退縮性的、封閉性的、孤立性的、自了漢的立場，而這個立場的激進化又不得不說是因為美國的衰落與中國的興起這兩個因素的共構。「中國」是什麼，也許竟是當今世界的一個最重要問題。而這麼說來，什麼是「中國人」？如何當一個「中國人」？就不僅僅是生活在台灣有著國族認同焦慮的台灣人民與知識分子的問題，而更也是中國大陸人民與知識分子的問題。如何將這個思想責任扛起，尤其是兩岸覺醒的知識分子的責任，這是「當下之要求」。風雨如晦，雞鳴不已，其共勉之。

（原刊於《台灣社會研究季刊》第95期，2014年6月。）

當代中國歷史巨變中的台灣問題
從2014年的「太陽花運動」談起[1]
汪暉

　　台灣政治紛繁變化，從政治領導人到社會運動，其興也勃，如風雲凝聚，其亡也忽，如水銀瀉地，看得多了，有時會失去敏感。2014年這場「太陽花運動」，看似與之前的運動前後相聯，但又有所不同。年輕一代的姿態確實對上一代的思考產生了衝擊，一個新的時期似乎正在到來。但事實上，分析當代台灣問題不可能離開大陸自身的變化與發展；兩岸關係也不只是兩岸之間的關係，而且是兩岸各自內部關係重構並相互塑造的結果。對於台灣而言，大陸的每一次重大變化，均會在島內產生不同程度的政治後果——反之亦然，雖然規模不同。但是，複雜的是，現在的台灣問題與兩岸關係問題又不能侷限於台灣與兩岸：它要置於在資本主義世界體系重心轉移過程中的「中心」與「邊緣」關係再調整、歐亞經濟中心東移帶來的陸地與海洋關係的複雜變遷之中來考察。

一、兩岸政治關係的危機與統派的式微

1　說明：本文係根據汪暉於2014年6月底與台灣友人的談話記錄整理而成，作
　　者在發表前審訂並修改了文稿。

反服貿運動顯示出兩個重要問題：一是兩岸關係的平台，即國共兩黨關係，面臨嚴峻挑戰；二是台灣「統派」作為一個重要的政治力量已經式微了。這兩個轉變均非突發現象，也都與大陸「去政治化的政治」和「代表性斷裂」相關。當代中國政治危機的核心源於政治制度的代表性被不斷地否定。表面看起來，這些問題跟台灣無關，但事實上有密切關係。我們可以從幾個方面來分析這個問題。

（一）「中國」意義的變化

在冷戰的時候，毛澤東說：我們一定要解放台灣；蔣介石說：我們要反攻大陸。一邊是社會主義和民族解放，另一邊是三民主義和民族統一。「中國」作為一個爭奪的政治範疇，在對立雙方都是明確的存在；在國際上也是這樣，左翼都支持大陸解放台灣，美國及其盟友都支持台灣，但在戰略上美國用協防條約的形式限制台灣反攻大陸。朝鮮戰爭期間美國曾考慮讓台灣出兵，蔣介石也做了準備，但最終擔心此舉引發中國大陸解放台灣的反應而放棄了。兩岸雙方對「中國」的「正統」的爭奪非常清楚，美國卻一直是遏制兩岸「接近」（無論是武力形式，還是和談形式）的力量。現在情況不一樣了。現在中國大陸不再提「解放台灣」這個口號，台灣也不提「光復大陸」，兩邊不再爭奪「中國」了。「中國」作為一個政治的範疇，已經退化成為一個地理的範疇了。——台灣不爭了，它的口號已經從「中華民國到台灣」、「中華民國在台灣」發展為「中華民國是台灣」，「中國」作為政治的空間、政治認同的根據都不需要爭奪了。從中國大陸的角度說，這個政治轉變是中國自己的政治觀發生重大變化的結果。大而言之，這個問題可以溯源於社會主義實踐的失

敗,即試圖用社會主義運動來解決政治認同問題的努力失敗了。在
這個問題上,如果社會主義運動還在,即便兩岸仍然不能達成既定
的政治統一,也不存在現在的台灣危機,兩岸問題至少會是另外一
個以爭奪「中國」範疇為中心的問題。

　　從中國大陸內部來講,社會主義政治運動所寄託的是一個解放
的理念,這個解放是通過階級、工人階級、工農聯盟、統一戰線、
民族解放這一系列的政治構成來實現的。所以中國的所謂「代表性
斷裂」,第一表現為工人階級政治的衰落,工人國家的衰落,即不
存在十九至二十世紀意義上的社會主義國家了;第二是作為領導階
級的工人階級的衰落和工農聯盟的徹底瓦解,即不存在這兩個範疇
了,以工人階級領導工農聯盟為基礎形成的廣泛統一戰線的人民範
疇也不存在了。在這個意義上展開的民族解放事業也失去它的效能
了。由於其隱含的階級範疇不存在了,少數民族作為一個被壓迫
民族的概念,就轉化為了族群、族裔的範疇,或以族裔性為中心的
民族範疇,其認同政治只能圍繞族群身分展開了。從國際視野看,
社會主義中國在國際領域的代表性表現在中國跟第三世界的反對聯
盟,與第三世界和第二世界的統一戰線,跟第一世界的博奕關係,
正是由於這一遺產,中國與亞非拉的關係──尤其是與非洲國家和
拉丁美洲國家──在全球化條件下獲得了新的機遇,這是影響當代
世界格局的大事。毫無疑問,這一關係正在經歷深刻的重構過程,
以資本輸出、商品輸出和資源貿易為中心的跨國流動已經取代曾經
的國際主義,成為中國與第三世界國家間關係的更為實質的部分。
在今天,重提萬隆會議精神,或許是再恰當不過的時刻了──重提
不是為了重返一九五○至一九六○年代,而是探索二十一世紀的國

際主義的可能性。

　　總之，所有這一切統統都改變了。換句話說，原來的政治實踐的所有層面，從階級聯盟，到人民、民族、國際，統統都轉變了——隨著政治實踐的轉變，與前述政治實踐相關的政治結構與政治範疇也都瓦解了。而所謂「解放台灣」，在原來的政治結構中是建立在以上這些政治範疇之上的。對於大陸而言，台灣問題當然是一個嚴重問題，但大部分人只是在主權問題上理解它，並沒有認識到這一問題是上述政治問題的衍生物。統一問題一旦被貶低為一個族裔性問題或者說一個族裔民族主義及其主權形式的問題，就喪失了其真正的嚴重性。台灣問題被包裹在一個日漸失去效能的舊的主權概念中，就會失去其政治內涵。

　　中國內部的離心力，很大程度上是與上述轉變相互關聯的。中國菁英甚至部分大眾性的潮流，對於中國政治體制、對於社會主義體制的懷疑和拒絕，略有政治性的表達是自由主義憲政，在民族問題上則表現為具有離心傾向的族群矛盾。台灣的「獨台」和「台獨」其實是分離主義，原因是離開二十世紀「國家要獨立、民族要解放、人民要革命」的三位一體的政治潮流，離開反帝反殖的歷史語境，所謂「獨立」這個範疇是無從界定的。分離主義的重心從「台獨」向「獨台」的轉化，即從政治分離向承認現狀轉化，也顯示「獨立」這個命題實際上並不具有實質意義。台灣問題是一個什麼樣的問題呢？中國大陸喪失了從四〇年代末期到五〇年代開始的解放台灣的動力——那個動力是中國革命的持續進程的產物，這個過程不存在了，動力也就不存在了；台灣的狀況則是——在台灣除了少數人物之外，基本上不存在「統派」了。

52

(二)「統派」的式微

「統派」、「台獨」或「獨台」等等通俗說法包含了許多情感和意識形態內容，也預設了一定的價值判斷，我們應該做進一步的分析。但不用這些概念，換成分析性的範疇，恐怕人們會覺得過於陌生。我們姑且在描述的意義上這麼用。台灣「統派」的概念形成於與「獨派」的鬥爭之中，但其歷史地基卻廣闊深厚得多。從1895年淪為日本殖民地至1945年台灣光復，對民族解放的探尋從未停息；冷戰時代，兩岸分治的局面同時帶動著兩岸對於統一的探索；後冷戰時代，這一探索從以武力解放／光復（不排斥和談）為主導向以和平統一（不排除武力統一）為主導轉變是一個重要的進展。因此，我們可以區分出「統派」的廣狹二義。狹義而言，所謂「統派」就是在台灣島內主張祖國統一的政治力量；就廣義而言，「統派」是二十世紀中國反對帝國主義和殖民主義統治、追求中華民族解放的大潮流的餘脈，其在島內政治格局中的力量雖弱，卻與兩岸及世界各地支持中國民族獨立與解放的人們聲氣相通。在這個意義上，「統派」雖然構成複雜，卻可以視為二十世紀世界民族民主運動的有機部分。我們不能像現在一些流行說法那樣，將「統派」的式微解釋為現有政治格局中某種派別的衰落，而應將其視為一種總體格局發生巨變的徵候。也正由於此，如果「統派」在台灣政治光譜中消失，兩岸也就沒有能力在二十世紀中國的地基之上，創造源自兩岸社會內部的、趨向於統一或統合的互動過程。

台灣「統派」式微是一個長期過程，提出這一點並不是說如今沒有支持統一的人了，而是說這些人及其活動如同孤軍奮戰：先是從一種政治共識蛻變為一個政治派別；現在即使是作為一個政治派

別，它在台灣政治格局中已經連不成軍了。台灣問題的核心不在於它有沒有「獨派」即分離派，台灣問題的核心在於既不存在反共的統派，也幾乎不存在支持共產黨的、作為政治有生力量的統派（沿著早期左派的脈絡堅持下來的少數力量如勞動黨等始終堅持祖國統一，但在台灣政治光譜中，始終處於極為邊緣地位），占據政治的中心地位的是在統獨名義下格鬥的泛藍「獨台」派和泛綠「獨台」派。「統派」落潮其實也是一種標誌，它表示從二十世紀中國革命和民族解放運動中產生的民族意識逐漸失去了政治能量。唯一還可以勾連的是所謂「文化」。文化到底在什麼意義上能夠上升為政治認同是完全未定的，這一點許多持分離立場的人早就這麼說了。如何將古代優秀傳統與為現代中國人的生存而奮鬥的文化結合起來，在中國大陸也並不清晰，這一點對於兩岸之間言說文化的方式也產生了影響。

1992年，民進黨還處在黨外運動向政黨運動的過渡期，那個時候他們在台灣留學生中也算少數派。那年我初到哈佛，恰逢呂秀蓮來哈佛演講。台灣的留學生問她：「你要台獨，那你算不算中國人？」她回答說："Ethnically, I'm Chinese, politically, I'm Taiwanese." 將族群與政治區分開來說。她沒有提文化。今天，許多人談中華文化，與過去支持統一的人談中國文化不一樣。伴隨「統派」的式微和「獨台」的主流化，新的趨勢是在「獨台」的前提下談論中國文化。這其實很自然。由於台灣的歷史、地緣和文化傳統，不講中國文化，台灣的內部認同危機就沒辦法解決，因此在獨台框架或承認現狀框架下來承認中華文化的合法性，與統一──包括「文化統一」──沒有任何關係。有趣的是：當台灣「統派」式微之時，為了

在「獨台」基礎上進行重新整合,「基本教義派」的「台獨」主張成為台灣社會內部經常被批判和指控的東西,以至於造成一種幻覺,似乎反對「台獨基本教義派」就等於「統派」。在知識領域裡,這種現象更甚,很少有人——包括「獨派」知識分子——願意把自己說成是「基本教義派」。這不過是「獨台」理念占據中心地位的後果。在這種政治理念中,並不存在「統」的位置。

什麼是「統」?「統一」還是「統合」,哲學上涉及一與多的關係,政治上則是統一與制度多樣性的關係。「一」內在地包含了「多」,「一」就是「多」在互動中形成的狀態,「一」因而也是一種關係狀態。所謂「多元一體」、「一體多元」,或者,「跨體系社會」、「跨社會體系」,都以不同的形式和內涵表達一與多的關係。無論在歷史上,還是現代中國,對於制度多樣性的實驗從未停止。但就兩岸關係而言,所謂「統派」,不管其內部差異有多大,均承認以一個中國為原則框架來解決兩岸問題,而由於「一」內在地呈現為「多」,對於「一」的言說必然包含了多重性,但這種「多」在態勢上不是趨向於「分」,這就是互動與和談的基礎。說「統派」式微了,並不是說兩岸缺乏民間的、歷史的、親緣和地緣的血肉聯繫,而只是說這些聯繫無法上升為推進這一進程的政治力量,也就失去了大眾政治的領導權。

或許有人會問:沒有「統派」又怎麼樣?我的回答是:「統派」的誕生是對「獨派」潮流的回應,其衰落只是社會潮流發生轉化的標誌而已;所謂「統派」式微並不代表其徹底消失,毋寧處於消長起伏的消與伏的歷史階段而已。在這個階段中,由於體現在日常生活世界中的歷史聯繫和情感聯繫被人為壓抑和政治扭曲,台灣

島內難以形成真正的社會團結，裂隙和情感傷痕將長久存在；沒有「一」，所謂「多」將因缺乏共同平台而陷入孤立、疏離和持續隔絕的境地，兩岸關係也會因為缺少能夠相互溝通的橋梁，難以形成改變區域霸權構造的共同力量。由於地緣、歷史和現實的原因，台灣與大陸存在著難以分割的經濟、政治、文化聯繫，試圖脫離大陸解決其內外危機是不可能的。試圖將兩岸關係懸置起來談論台灣認同，台灣內部和區域內部的政治斷裂就是不可避免的。換句話說，「統派」的式微不僅是兩岸問題中必須面對的根本問題，而且是台灣內部政治危機的一個部分，也是亞洲區域改變冷戰和後冷戰格局的關鍵所在。中共用連戰、宋楚瑜這些國民黨二代作為代表。他們屬於逐漸退出歷史舞台的一代，但還綿延著內戰和冷戰時代的一部分印記（也就是「右統」的印記），加上改革時期他們在兩岸交流中的新角色，將他們作為聯絡對象是自然的，但把他們當做「統」的象徵，內容已經是空洞的，因為他們對美日的支配結構習以為常，對年輕一代也毫無影響。這個遊戲已經到了快結束的時候了。兩岸關係和台灣內部關係都處於由於「統派」消失或者說「獨台」成為主流而產生的困局之中。

1993年4月27日至29日汪道涵和辜振甫在新加坡舉行會談並簽訂共同協議在台灣島內，比較明確意識到這一點的其實是辜振甫及其周邊人物——這裡不談他們的複雜的歷史背景。我順便講個小故事，李登輝提出「兩國論」的1999年，我去參加辜公亮文教基金會為《嚴復合集》出版而組織的一個嚴復學術討論會。我那時在社科院工作，申請入台證手續複雜，邀請方來電話表示要去幫我疏通關係。放下電話後不到一小時，國台辦就給我打電話，要我直接

去拿入台證。到了台灣，辜振甫祕書來機場接我，方才知道他們使用了直通電話。辜振甫的祕書在路上跟我說：辜先生這一代人的使命已經完成了，再也走不下去了。我問為什麼。他說：導彈危機之後，辜振甫於1998年10月訪問上海和北京，10月15日在上海新錦江飯店白玉蘭廳，汪辜在一種「家庭式的氛圍」中會談，達成四點協議。談判其實是一個非常艱難的過程。汪道涵在歡迎宴會上就說：促進兩岸政治談判是現階段全面推進兩岸關係的關鍵。汪道涵和辜振甫單獨一桌，品茗而談，隨員位置相距較遠。午飯吃完了，形成了四點共識，緩解了那一次台海軍演之後的緊張局勢。但辜振甫回台後，台灣方面並未沿著四點共識的精神向前推進，反而不斷放話，設置政治談判的障礙。辜振甫的祕書說，那次四點協議之後，辜振甫自己說，從現在開始，我們能做的都做過了，到頭了，再也不可能了；要有新花樣，就要換人了。當然，李登輝之後的變化恐怕也超出他的預估。其實，從國民黨官方來看，《國統綱領》正式的完結是在1996年前後，李登輝已經在為「兩國論」出台做好鋪墊了；所謂「特殊的國與國的關係」也可以說是「獨台」的理論表述。在「獨台」──即以承認現狀為特徵的分離派──成為主流的氛圍中，你也可以說，現在的台灣政治仍然處於李登輝時代或李登輝時代的漫長陰影之下。

政治領域發生認同危機要更早，這確實跟中國大陸的變化關係很大。1989年政治風波對台灣和香港乃至整個世界的衝擊是不能低估的。陳映真在九〇年代初來大陸的時候，非常焦慮的一個問題是中共黨內的變化。從二十世紀的政治視野來看，如果大陸不再有社會主義理念，統一的政治基礎就動搖了，統一不僅僅是形式主

權的問題，而且是民族解放的問題。1997年，我去中研院參加學術會議，陳光興拉我去參加台社的活動，那是我第一次感受到我的「大陸身分」。那一次訪台期間，我也見到陳映真，看得出來他很孤獨，被「獨派」攻擊，被年輕一輩的左派疏離，甚至追隨者也在分崩離析。陳映真被孤立最初是因為1989，那時他公開發表文章為大陸辯護；這件事情變成所有人攻擊他的一個藉口。他挺中國大陸不是基於一般中華主義立場，而是基於他從政治的角度對美國霸權、冷戰格局及中國的社會主義運動的歷史位置所做出的分析。大陸的政治家關心統一，卻不明白存在完全不同的對於統一的理解，他們的統一觀也是「去政治化的」。陳映真就說，他被邀請參加人民大會堂的宴會，與那些當年參與迫害他們的人同桌共飲，就像被拉郎配一樣。而實際上，官方更加重視那些擁有政經權力的右翼。1996至1997年，我在香港中文大學訪問，適逢香港回歸時刻，大陸的主管方面漸漸疏離了長期為中國的解放事業而鬥爭的左翼，轉而將香港的幾個企業大老作為最重要的合作者和依靠對象。今天香港的危機與這個路線的轉變是相互關聯的。

時代發生了變化，固守冷戰時代的敵我定位已經不合時宜，統一戰線需要打破原有的階級邊界，團結各種能夠團結的力量，形成新的政治。但這個打破邊界的過程如果不是基於對矛盾及其轉化的分析，而是否定或遮蔽矛盾，就不可避免地陷入機會主義的陷阱。這個陷阱也就是接受「歷史終結論」，放棄對新的社會道路的探尋。真正讓陳映真感到孤獨的，是他到了大陸以後發現他跟所有見到的大陸作家完全不能交流了。阿城有一篇文章講到他們在愛荷華，他調侃中國革命的發言惹得陳映真大怒。不記得是哪一年了，反正是

一九九〇年代，王蒙等在青島開一個環境與文學的會，陳映真基於他對資本主義生產與環境的關係的唯物主義解釋，對環境問題做了理論分析，結果遭到所有人的反對；張賢亮在會上說：寧夏最歡迎大家去「汙染」（投資即有汙染）了。從青島回到北京後，陳映真約我見面，感慨良久。作為左翼統派的代表，他的憤怒不僅產生於政治立場的隔膜——在這方面，反而是自以為脫離了「政治立場」的大陸作家或知識分子更加重視「政治立場」，更習慣於黨同伐異。他的憤怒中包含了一種對政治地基變動的感覺。陳映真對歷史變遷的敏感遠非他的大陸同行能夠理解。他看到這個地基一天一天地被瓦解掉了，他帶著憂患之心反思自己經歷的時代，而他的大陸同行卻歡天喜地。

（三）新的文化、新的政治、新的我們

　　考慮台灣問題我們也可以將新疆問題置於視野中。抗戰期間，茅盾受杜重遠邀請去新疆，擔任新疆文化學會會長。當時去新疆的不是他一個人，而是一批人，陳潭秋、毛澤民等後來犧牲在那裡了。茅盾和趙丹屬於死裡逃生者。當年茅盾這些人把新文化運動的很多成果介紹到新疆，很多維吾爾菁英是非常認同的，他們覺得這是一種值得追求的新文化。這對於新疆的中國認同有很大的作用。這裡說的「中國認同」是一個政治的概念，包含著政治的和日常生活範疇的價值，而不僅是族裔的或主權的概念。那時候新疆的菁英不會覺得新文化是漢人的文化，而是一個新的、代表了真正進步的目標的文化，這也是維吾爾民族應該認同的文化。茅盾這些人冒著生命危險做這件事情，對中華民族的現代形成過程也是一筆貢獻，

可是沒多少人記得他這些事，中國的知識領域、文化領域的人也沒有充分認識其意義。他們的貢獻，現在談得很少，一般的漢族知識分子根本就不知道他們在那做了什麼，更不用說，幾乎沒有多少人知道那時候有哪些維吾爾菁英分子也投身了這個運動。這不是一個漢人的運動，而是一個新文化運動。新疆喀什師範學院的古麗娜爾老師在討論中，曾把現在的新疆跟三〇年代做了一個對比。現在許多當地年輕人正在向宗教──也包括比較保守的教派和教義──回歸，而菁英階層──無論是漢族、維族或其他民族的菁英階層──並不代表任何新的價值。的確，我們很難在當前的文化生態中看到一種能夠推動各族人民互助團結的文化運動，以及發自內心普遍認同並努力追求的文化價值。

茅盾等人做的工作就是創造文化政治。那麼，有沒有新的文化政治在海峽之間產生？這很重要。如果沒有文化政治，要不就是統，要不就是分──不是互相遏制，就是武力威脅。文化政治並不等同於文化統戰，統戰通常以既定的目標和理念為前提，力圖擴展其實踐範圍。文化政治的實質是構建理想，文化統戰只是實現這一理想的手段之一。文化政治關心的是內容、是終極價值，而文化統戰注重的是形式與戰略。兩者的關係是有機統一的，若只有統戰策略，而提不出新的政治目標和理念，就只能是汪洋中的無舵之舟。因此，文化政治是產生理念的過程，並通過踐行新的理念或更新舊的理念，修改舊的政治路徑，創造新的社會力量。因此，文化政治的目標不是為了創造作為一個政治派別的「統派」，而是創造一種局勢，這種局勢能夠喚起兩岸人民的共同連帶感，並由此帶動超越僵化的社會關係(藍／綠、外省人／本省人、中國／台灣)的政治能量，

形成新的社會力量。這種文化政治不是對既定的力量分野的確認，而是對這種分野本身的改造。在二十世紀，真正促成社會團結的力量是一個代表著普遍的解放進程的新的文化運動。維吾爾菁英分子窮其畢生心力翻譯魯迅的著作，使得魯迅也成為維吾爾現代文化史上的豐碑，我們可以從這個事實中學到什麼呢？如果魯迅的作品被定位為漢人的作品，魯迅的文化政治被定位為漢人的文化政治，就不成其為新政治了，而褪變成十九世紀的舊政治了。茅盾這些人在新疆的案例是很有意思的，如果他們只是代表漢人而不是代表一種進步的文化，我們怎麼能設想魯迅會成為幾代維吾爾知識分子心目中的文化英雄呢？討論文化政治的問題不僅是一個策略問題，而且是真誠地考慮中國各族人民的根本利益的問題。但是，這樣的一個政治怎麼產生出來？這是一個重要的但沒有清晰答案的問題。

　　二十世紀中國的文化政治不是孤立的過程，而是社會改造運動的一個有機部分，其中軍事鬥爭、政治制度的創新與土地改革就是這一社會改造運動的有機部分。我們不妨將台灣的情況與西藏、新疆、內蒙古等地區做個比較。國民政府對新疆持續推行中國化過程，包含著政治上對蘇聯的抵禦。清代以來，俄國介入是新疆問題的一部分。十月革命後，蘇聯對這個地區的文化和政治影響很大，並與中國革命的浪潮相互呼應。對此，楊增新時期有抵抗，盛世才時期有抵抗，四〇年代國民黨政府時期有抵抗，他們的抵抗都訴諸中國化的策略。抗日戰爭時期，國民黨的主張是「中華民族是一個」，這在反抗帝國主義侵略方面是積極的、重要的主張，但在外部入侵問題解決之後，這個主張如果不與民族平等的新政治相結合，就可能被視為漢族中心論的主張。在反帝反侵略的語境中，在

存在世界霸權的條件下，「中華民族是一個」的口號是政治性的，即內在於國家要獨立、民族要解放的政治潮流的；脫離了這一政治語境，若無新的政治介入，它也可能蛻變為去政治化的口號。

1949年後，中共以民族平等為原則推行民族區域自治。西藏政治結構、宗教結構很清楚，而且解放西藏是由上而下，完全從外面進去。1950年解放軍進藏，沒有觸動西藏社會的政治、經濟和宗教結構，毛澤東對達賴喇嘛、班禪喇嘛說是給他們「幫忙」，結果1959年爆發了危機。只是在平叛的過程中，農會才組織起來；事實上，只有讓普通農民或農奴通過土地改革加入新的社會進程，新中國的認同才能真正建立起來。從政治的角度說，中國大陸土地改革的暴力性程度高，這是二十世紀革命與反革命之間鬥爭的特點，但是它在創造政治能動性方面要成功得多，即通過翻身政治，創造出新的政治主體，政治認同跟隨著土改過程而轉變。創生新的政治主體並不一定需要暴力，但對暴力的反思卻不應遮蓋政治創生的歷史。可以肯定地說：在一九八〇年代以前，由於土地改革，中共政權由上至下地推動了一個由下而上的運動，兩者匯合重構了西藏社會，奠定了共產黨統治的合法性。西藏土改過程中，有政策失誤，也有因幹部水平和作風所導致的嚴重問題，但在一九八〇年代末期之前，這些問題並未動搖藏人對於新中國的政治認同。

為什麼國民黨會被認為是外來政權？這是一個複雜的問題，因為除了山地部落之外，所謂台灣人也都是在不同時期移民台灣的大陸人。即便在台灣語境中，從大陸去並不等於就是外來的。高金素梅從本土族裔的角度譏諷排斥「外省人」的人也是「外省人」，算是點到了痛處。1945年日本投降後，陳儀剛被任命為台灣行政長

官時，並沒有人認為這是外來政權；1949年陳誠接任省主席，國民黨退守台灣，也沒有被認為是外來政權。那時日本戰敗與回歸祖國還是敘述的主要框架。按照陳明忠的說法，台獨第一波，牽頭的是林獻堂這些人，什麼原因呢？他們代表的是台灣地主的利益。林獻堂在日據時期的台灣自治運動中是偏右的，他們擔心土地改革會損害他們的利益。一般來說，台灣的土地改革今天被認為是比較成功的。相對於大陸的土地改革，台灣的土地贖買，暴力性很低，這是其好的一面，但贖買過程缺少台灣當地人民自主參與改革的能動性，也就缺少了從草根裡面產生出的政治主體性。台灣土改沒有自下而上的過程，也就沒有真正的政治動員，認同的根基是淺的。這是不是就是「台獨」萌芽的最初因素呢？我了解不夠，不能下結論。

　　經過內戰、民族戰爭和漫長的革命，中國的社會動員所達到的深度是過去從來沒有過的，也是帝國歷史上從沒發生過的。但這個進程沒有結束，認同危機也並未過去。以清朝為例，第一代遺民還在，反抗此起彼伏；第二代遺民已經入仕了，反抗逐漸消歇；到第三代，不但認同問題大致解決，周邊王朝也承認其作為中國王朝的合法地位了。也就是說，三代過後就是中國了。共產主義革命在創造新認同方面的成就確實驚人，但它不持久的狀況也是明擺著的。在有些少數民族地區，七十歲以上的老一代人認同中國，對現狀擔憂；五十歲上下的中年一代人牢騷滿腹，大體上承認歷史，但要求改變現狀；第三代人，也就是二十至三十歲的一代，不但趨向於宗教認同，而且有些傾向於暴力。台灣的分離傾向上升為巨大的政治潮流其實也是在1989至1991年的巨變之後，情況不同，但氛圍是相互交叉的。

　　討論兩岸問題，離開新的政治論述是不可能的，僅僅靠著回到保守主義的文化政治也是不可能的。二十世紀提供了促進兩岸統一的最為深厚的政治傳統，一種超越兩黨政治的認同政治也恰恰是在兩黨帶動的政治鬥爭中形成的，但這個模式已經難以重複。有人換一種想法，認為只要認同共同祖先就可以了，似乎認同只是尋找共同性，而不需要博弈和鬥爭，這如果不是天真，便是太簡單化了。中國政治保守派的誤區，就是以為只要還談中國文化就可以，但他們不了解政治上「統派」的消失的涵義是什麼。在台灣問題上，在統一問題上，今天最困難也最重要的挑戰就是如何重新讓「中國」變成一個政治範疇，而現在中國什麼都有，就缺這個東西。有人會說：地理、人口和主權，這還不夠嗎？中國已經是一個歷史文明，為什麼還必須是一個政治範疇？我們看歐洲統一的進展與曲折，或許就可以找到一點啟發。十多年前，《讀書》雜誌就曾發表過哈貝馬斯和格林等人有關歐盟憲法問題的討論，除了究竟是憲法還是憲法草案或憲法協議等程序性問題之外，他們共同確認的是社會市場經濟、福利國家和民主等政治價值。這些政治價值不僅代表著歐洲的歷史傳統，而且也是針對新自由主義浪潮而產生的、立足於歐洲現代傳統的政治論述。在這些政治論述強而有力之時，歐洲統一的進程就比較順利，相反，伴隨歐洲國家向新自由主義政策傾斜，社會民主體制面臨危機之時，歐洲統一就面臨危機和分離的局面。我並不是說我們需要搬用歐洲的價值，而是藉此說明：沒有有力的政治論述，內部搞不好，外部也搞不定，不知道誰是敵人，也不知道誰是朋友，不知道該去聯合誰、依賴誰、反對誰，最後就是不知道自己是誰，離心力的產生就是必然的。這一切就是政治危機的癥結。

　　新的文化政治需要創造新的「我們」。這個「我們」並不限於台灣的「統派」，而是在兩岸互動中產生的超越上述僵化邊界的新格局、新力量。兩岸的政治談判本身可以為深化交流提供機會和空間，但能夠促進這一政治談判的，恰恰是逐漸形成的新的社會態勢和社會力量。兩岸關係中還有一個明顯的不對稱，一邊轟轟烈烈，而另一邊卻如隔岸觀火，這不但造成了一種輿論上的不對稱，而且也阻止了兩岸之間的公共空間的形成，而這種公共空間是社會團結的基礎。因為兩岸關係和中國大陸問題是台灣社會的中心問題之一，無論了解多少，是否真實和全面，台灣對於大陸的意識帶有全民動員的特徵。相較之下，台灣問題，連同香港、西藏、新疆等等區域性問題，在中國大陸的社會心態和媒體環境中，始終處於邊緣位置。如果說「台獨」、「獨台」是政治動員的產物，那麼，大陸社會對於台灣的政治變遷卻缺乏敏感，更不要說政治動員了。在公共輿論中，台灣只是作為台灣問題而存在；只有台灣問題專家才去討論台灣問題。在中國歷史、中國文學和其他領域，除了港台專業的學者，似乎是無須討論台灣問題的。這不是認識論上的「獨台」是什麼？知識壁壘早已產生了。因此，雖然大陸社會反對台獨，但在若干方面已經默認了「獨台」的構造——我說的默認不是政治上的承認，而是基於知識和記憶的政治無意識。「統派」在台灣的式微與上述不對稱其實是相互呼應的。這種輿論上的不對稱意味著真正的政治交流的匱乏，勢必導致政治幻覺。

　　輿論上的不對稱反映著另一個更深刻的問題，這就是高度的政治動員與極度匱乏社會政治動員的對比。台灣有政治動員，香港有政治動員，新疆存在著潛在的政治動員，西藏也同樣孕育著某

種政治動員，這些動員回應著不同的社會政治議題，但又常常與較為凝固的身分政治糾纏在一起。這是政治動員中的去政治化要素。因此，至少在分析的層面，我們需要對政治動員的不同要素進行分析，並動態地觀察，所謂一分為二，就是說明矛盾的構成及其轉化，而不是將族群身分、宗教信仰、政治分立設定為凝固的尺度，並作為政治動員的籌碼。中國大陸的總體社會政治氛圍是以穩定為中心的，政治動員的狀態不同於這些區域。很難一般地去褒貶這些不同的狀態，我們可以說「去政治化的政治」以不同的形式支撐著這種不對稱：一種以族群的、宗教的身分政治替換更為深刻的社會問題，另一種以取消政治辯論和社會動員換取穩定。

　　兩岸問題是整個中國問題的一部分，就像香港、西藏、新疆發生的問題一樣，並不只是所謂周邊問題。台灣問題不同於其他地區的問題，有自己的歷史脈絡，尤其是有完整的政治結構，但我們不能不追問：發生在大致相同的時期內的某種分離性的趨勢難道沒有相關性嗎？除了全球化和亞洲區域的變遷外，中國自身的變遷也是產生這些趨勢的動因。不久之前，大陸遊客與香港居民的矛盾激發起那麼多的口水和情緒，從某個意義上說不是壞事，把內地和香港的毛病和矛盾都展示出來，而不只是將這些問題都遮蔽在「一國兩制」的套話之下，促進思考香港問題的癥結所在。然而，如果這樣的相互介入只是停留在口水戰的層面，政治熱情會逐漸消失的。同樣，我們看有多少人真正關心中國的民族問題？如果不是出現幾次暴力恐怖事件，沒多少人關心新疆問題；藏區的自焚事件，起初有些報導，此後就消歇了，也沒什麼觸動。相比之下，北京、上海或沿海地區，一點小事網上就吵成一片；但一談到新疆、西藏問題似

乎就是新聞中報導的那些燒車、殺人或「暴恐」了。這個心態到底
是怎麼來的？如果沒有對於這些危機的深刻分析，如果沒有對於這
些衝突的嚴重性的充分認識，我們對「中國」就沒有真正的理解，
也談不上重建作為政治範疇的「中國」。

（四）冷戰格局的轉變與兩岸關係

　　討論作為政治範疇的「中國」及其演變不可能離開對二十世紀
歷史、尤其是社會主義歷史的重新估價。從社會主義運動來看，中
國從六〇年代開始到七〇年代跟蘇聯的公開決裂以至於兵戎相見這
段歷史，在世界社會主義運動裡面怎麼去估價，是個複雜的問題。
一方面，從中國的角度正面地說，它為中國的自主性提供了一個政
治前提，這個我過去也講過；但從另外一方面講，中國跟蘇聯的關
係如果不是以決裂的方式，而是以別樣的政治的方式，在鬥爭中維
護社會主義內部的團結，促進社會主義的改造和改革，那世界格局
會是怎樣的？這個假設或許完全不成立，如果成立，後果也是完全
不清楚的。如今研究西方福利國家的危機的學者，大多承認冷戰時
期的東西競爭對於社會福利體制的完善起了正面作用，那麼假設一
下這個問題，想像一下是否可能，也沒有什麼不好。我所以說到這
一點，是因為社會主義體系的變遷直接導致了中美關係的變化，而
後者對台灣的影響太大了，所謂「獨台」是從這個時期開始的。國民
黨政權的本土化，是從它尋找國際承認的失敗開始的。一九七〇年
代中美關係的變化，第一波振動是1971年聯合國大會通過「恢復中
華人民共和國在聯合國的一切合法權利」法案，第二波振動是1979
年中美正式建交。我最近寫的〈兩岸歷史中的失蹤者〉，對這個問

題略有論述，在正文裡是從正面說，再加了一個注釋是從負面說，但處理的是同一件事情。正面說的意思是：如果沒有中美關係的變化，1987年《台灣戒嚴令》的解除不會是以這樣的方式進行，台灣大部分知識分子覺得解嚴是他們奮鬥的結果，這一點我當然是承認的。從負面說的意思是：中美關係的改變使得國民黨的政治合法性大幅度流失，沒有這一變化，很難想像國民黨會自動發生變化。國民黨政權非常依賴於跟美國的關係，而聯合國的承認是台灣對內統治合法性的根源，反攻大陸的政治理據基本上就建立在此。隨著國際承認的合法性消失，國民黨不得不去尋找內部合法性，這就是它的大規模本土化的動力。在這個條件下，李登輝等國民黨內本土派在蔣經國時代崛起就是必然的了。蔣經國有他的開明之處，這個不必否認，但是，國民黨在鎮壓敵對分子方面的歷史如此昭彰，開明也是相對而言的吧；如果離開前面所說的政治條件，很難理解他的這些行動。國民黨體制的本土化不同於先前的「台獨」運動，蔣經國是反台獨的，改變國民黨統治台灣時期在後來者與先來者之間的不平等地位也是合理的，但改變不平等的社會關係的努力演變為本土化的潮流已經是新形勢的界標，後者為此後的「獨台」模式鋪設了前提，所謂「借殼上市」，就是藉中華民國這一政治外殼形成所謂「特殊國與國關係」。

　　兩岸分裂不僅是國共內戰的延伸，也是美國全球霸權格局成型的後果。隨著中美關係改變，台灣在冷戰格局當中作為美國籌碼的意義不是不重要了，而是改變了，所以美國可以要求台灣更大程度地民主化，並在這個條件下控制台灣政權，而不需要像過去那樣，讓蔣介石政權的那種獨裁統治模式持續下去。亞洲地區的民主化，

例如韓國、印尼等等，都離不開這個冷戰格局的轉變來理解。台灣
的留美學生在這個過程中獲得了在台灣政治中施展的角色是與美
國及其對東亞政策的變化密切相關的——我這麼說並無貶低其作用
的意思。這從內部瓦解了國民黨內反共的「統」的基礎。與此相對
應，大陸的內部轉變，使得左派的「統」的基礎也逐漸地消失了。
冷戰格局的改變為兩岸在各個層面相互交流提供了條件，經濟更是
相互糾纏，文化層面的共同性也獲得了前所未有的承認，由傳統的
「台獨」所代表的分離主義變得越來越不可能，但趨向於統一的政
治基礎反而逐漸式微。在這個大潮中，表面看「台獨」運動波濤滾
滾，但這只是現象。根本性的問題是，作為政治力量的「左統」和
「右統」同時衰落了，「獨台」或各種「兩國論」的變體實際上上升為
島內主要的意識形態和政治力量，它在越過藍綠的明確分野之際，
卻將兩岸關係置於困境和危機之中。在這個意義上，即便藍綠關係
發生了變化，台灣社會內部的裂痕卻難以消失。

二、反服貿運動與反TPP

反服貿運動觸動了台灣的社會、經濟與政治的多重困境，產生
了某種綜合效果。與當年紅衫軍反政府貪腐、白衫軍反國家暴力不
同，這次黑衫軍以反經濟不公為旗幟，但最終又以占領立法院的行
動點題，其政治姿態頗有對二十多年來支配台灣社會變遷的政治平
台本身進行總清算的態勢，影響將是長遠的。經濟衰退、貧富不均
擴大、對內地依賴加深是台灣社會共同認可的困境，而對政治平台
的衝擊卻顯示了新生代對於政治框架本身的懷疑。放在全球社會運

動的脈絡中,「太陽花運動」也有新意:突尼斯、埃及打的是反專制和民主的舊旗幟,占領華爾街運動也只是對大資本金融統治進行象徵性的抵抗。他們都沒有公開地將對社會不公的抗議與對政黨政治和民主體制本身的質疑結合起來並訴諸政治行動。台灣年輕一代不僅對這些困境的體會更加真切,他們對政治的質疑也觸動了根本性問題。我同意這樣的判斷,即反服貿運動的主要矛頭是無能政府和貧富分化,至多也只是反大陸的某些資本。但在政治前景不明、缺乏明確的社會目標的條件下,學生運動觸發的政治動員極易(或已經)被二十多年來形成的慣性力量和政治勢力引至對「中國」的恐懼和怨恨之中。「占領運動」表達了不滿,但由於提不出切合實際的政治目標,為舊政黨政治所填充、利用是不可避免的。在此起彼伏的議論中,我們不難發現其間的推論邏輯:台灣經濟之所以衰退是由於大陸的崛起、貧富不均是因為兩岸貿易得利的是大商人、對內地的依賴是因為大陸企圖以經促政,併吞台灣。這樣的提問難道沒有掩蓋兩岸之間不平等的勞動分工,沒有遮蔽台灣經濟在這個不平等的勞動分工中從中國大量的勞動者那裡獲得的超額利益麼?若要談論反對某些大陸資本,為什麼不是討論勞動者的聯合,共同爭取一個更加公平的社會?

　　「太陽花運動」的平等訴求的確與對新自由主義的批判有關。在中國大陸,二十多年新自由主義思潮衝擊,其影響之廣泛和深刻,難以評估,大陸的對台政策雖曾一再聲稱政治談判的關鍵意義,但實際上卻越來越依賴於經濟邏輯,或者更準確地說,是讓利邏輯。由於台灣社會貧富分化日趨嚴重,這一讓利邏輯如同一柄雙刃劍,既支持了台灣經濟的發展,又與台灣內部的分化相互糾纏。在經濟

衰退的條件下，大陸資本的流向、移民和遊客的擴張，一再成為怨恨對象。因此，「太陽花運動」觸發的台灣政治的新發展勢必對大陸的對台方略產生巨大衝擊。其實，台灣兩派政治勢力均認為正是由於不獨不統的狀況，台灣才在經濟上獲取最大利益；民進黨也才多少遏制其內部的「急獨」勢力，試圖與大陸發展經貿關係；台灣領導人並沒有意願與大陸統合，在處理兩岸關係方面，考慮的完全是台灣經濟發展的短期需要，而不是兩岸經貿關係發展對兩岸政治關係發展的促進作用。台灣島內沒有因為兩岸經貿和人員交流的擴大而產生對大陸的親近感，恰恰相反，台灣經濟地位的衰落正在促進台灣的分離傾向。馬英九努力推動兩岸服貿協定，不僅是想獲取大陸的經濟利益，而且是想藉此加入周邊區域經濟組織，如RCEP與TPP，特別是後者，目的是與美國在經濟上再次結盟。也正由於此，美國才會一反常態地公開出面支持馬英九的服貿政策，批評民進黨並通過其影響力制止學運的蔓延。

如果說反服貿運動對以經促政的邏輯產生了衝擊，那麼占領立法院運動的政治寓意就更強了。就台灣政治而言，占領立法院的行動並未擺脫藍綠格鬥的痕跡，毋寧是沿著民進黨台獨路線對於「中華民國」合法性的衝擊。但這一行動也提示了新的內容：第一，運動以反服貿、反黑箱運作相號召，而不是像過往民進黨主導的群眾運動那樣以反國民黨相號召；第二，儘管黨派勢力在運動中若隱若現，但「太陽花運動」以學生為主體，而不是政黨衝鋒在前。至少可以說：這是台灣政黨（包括國民黨和民進黨）本身失去召喚力的徵候。就兩岸關係而言，無論是對立法院的占領，還是台灣政黨政治的轉型，都間接地質疑了主導兩岸關係的、一直被視為理所當然

的政治平台。今天兩岸政治對話的所有平台都依賴政黨，是黨對黨的平台，無論是鬥爭，還是和談，都以這個平台為中心，若往上追溯，國共以政黨關係主導國內政治上是從北伐開始的。但反服貿運動發展到占領立法院，等同於對以政黨政治為中心的政治平台的否定。從二十世紀開始，以政黨為中心的政治進程是政治活動的核心內容，但到了這兒，好像很難走下去了，至少光靠兩黨政治，甚至民進黨上來搞三黨政治大概都不行了。因此，占領運動預示著必須重新洗牌才能形成一個新的政治過程。現在政治家和學者還很少認真討論這一點。他們沒有意識到這個事情最終走下去，按照舊的方式，將是無從著手的困局。你可以找宋楚瑜或者其他什麼人來訪問一下，但這麼做，只是宣傳上可以說一說，添加這些政治人物在大陸和台灣政治中的砝碼而已，對於改變兩岸關係的基本格局是沒有用的。這些政黨領袖對年輕學生沒有任何召喚力，也缺乏任何政治想像力。

傳統政治平台的危機凸顯了尋求新的平台以促進更為廣泛的交流的必要性。也是在這個意義上，過去三十年兩岸經濟、政治和文化關係的改變也提供了很多空間和潛力。批評單純的經濟邏輯並非否定兩岸通過經濟活動而形成日益廣泛和深刻的日常生活聯繫。從一個較長的視野看，台灣的黨外運動、「台獨」運動、新社會運動與黨派運動的關係都不單純。黨外運動的歷史比較複雜，走向「台獨」是比較靠後的事情。從保釣運動到黨外運動，黨外運動與「台獨」運動之間有交叉、有差異、有複雜組合。一九九〇年代，台灣社會運動迅速向「台獨」方向走，是一個雙重的重疊的結果——解嚴的歷史與全球冷戰終結的重疊。全球冷戰的終結，是以社會主義陣營失

敗為中心的，在中國大陸，是以「文革」的失敗為某種標誌的。本來黨外運動和保釣運動裡面都有比較強烈的具有社會主義主張的力量，都有在資本主義範疇外來尋找台灣出路的想法。「中國」作為一個政治範疇是有吸引力的。因為反對國民黨專制，大家也知道國民黨是跟資本主義的體制完全連體的，所以本來存在著在此之外尋找可能性的政治力量。保釣運動並非針對統獨議題，但由於裡面存在親國民黨的勢力（如「反共愛國同盟」）及某些以台灣獨立相標榜的要素，追求祖國統一的主流也就被追認為「統派」了。其實，他們的「統」是和嚮往社會主義中國密切相關的，那是主流而非「統派」。但由於上述雙重重疊，原來在台灣內部針對國民黨的批判運動和尋找另類出路的努力，幾乎沒有空間了。在一九九〇年代以降，台灣的社區營造與國族主義動員有著不可避免的關係，但在新自由主義的浪潮中，這種重建社區的努力是與社會保護運動相互重疊的。事實上今天已經很難用統獨等概念去描述這些保護運動了。

在一九八〇年代，陳映真這些人與黨外運動的關係是重疊的，他們屬於同一個民主運動的一部分。黨外運動本來存在著探討台灣社會的政治未來的多重可能性。但是到1989年之後，蘇東巨變，新自由主義潮流對中國的改革產生愈益深刻的影響；而在台灣，試圖在資本主義體制之外尋找另類出路的可能性徹底消失了。黨外運動逐漸地凝聚，原來比較複雜的、包含不同政治指向的民主力量逐漸被一種有些奇特的族裔民族主義浪潮所裹挾。從中國大陸來說，二十世紀到文化大革命結束就差不多結束了，一九八〇年代對於中國大陸來說只不過是二十世紀的尾聲；從歐美的視角觀察，到1989至1991年，二十世紀伴隨著冷戰體制的轉型而結束了。換句話說，

充滿潛力的二十世紀所能提供的直接政治方案，幾乎都不能解決兩岸問題。所以說，台灣解嚴與冷戰終結以一種獨特方式重疊——所謂獨特方式就是社會主義失敗的方式——使得台灣島內運動內部的政治分化被凝聚到新自由主義方向。經過李登輝、陳水扁時期，所謂統獨之爭其實已經是「獨台」和「台獨」之爭，民主的政治性在這一過程中被耗盡了。「台獨」、「獨台」的政治基本上是「去政治化的政治」，即以既定霸權格局為前提，訴諸虛構的身分認同，將所謂台灣自主性的標題置於形式主權框架內，以不同的名義確認台灣在這一格局中的地位。兩者的爭論不涉及台灣的基本社會－政治體制的變革，不觸及當代世界不平等的關係——不平等只是政黨角逐的砝碼。圍繞著族群政治，台獨和獨台以空洞的政治正確相互競爭或自我標榜，實際上，除了由兩岸經濟關係的變動而觸發的真實的妒恨、對「共產主義」或「極權主義」的虛擬的仇恨之外，這樣的競爭已經徹底空洞化；因其空洞化，又喚起人們用中產階級的平庸政治或右翼民粹主義的無力的激進姿態進行政治填充的熱情。這樣的民粹政治與大陸的去政治化的政治正好相互呼應。

在反服貿運動當中，「統派」為了維護統一的大目標，與許多中產階級一道，站在維護兩岸貿易的立場上。在運動中，也有一些力量處於不同的動力和立場，試圖用左翼的言辭將矛頭指向「新自由主義」。對於支持兩岸發展經貿關係的力量而言，這也提出了一個難以回答的問題。「統派」的本意是說：新自由主義有問題，應該批判，但兩岸溝通和互惠有益於台灣。這個論述不但對於年輕一代毫無吸引力，還使得原來有著充足的歷史資源的左翼統一力量的當代面目變得非常模糊，很難凝聚實質力量。那麼，到底應該如何

估價中國在全球貿易和兩岸貿易中的角色呢？在西方輿論中，中國
國有企業仍然被當做計畫經濟和國家壟斷的象徵加以鞭撻，但在全
球範圍內，中國大陸的角色正好相反，毋寧更像是打破貿易壁壘、
追求自由貿易的忠實信徒。中國的這種努力是全方位的，除了加入
WTO和其他國際市場體制之外，中國以同樣的原則進入亞洲、非
洲、拉丁美洲，也按照同一邏輯批評美國和歐洲的貿易保護。在與
第三世界的交道中，中國保留了一些早期國際主義的因素，但毋庸
諱言，其行為主要出於經濟利益的驅動。

　　如何解釋這一現象？我們需要從這一輪資本主義世界體系的重
心轉移的獨特方式出發進行觀察。資本主義的體系擴張通常以貿易
和生產規模的過度擴張引發的危機而告中斷，但這些中斷也會促成
恢復生機的體系重組。用阿銳基(Giovanni Arrighi)的話說，這個體
系重組的基礎是強勢政府和企業的綜合體，而每一次重組的結果就
是其軍事力量和財政力量比先前的綜合體更加強大。他敏銳地觀察
到：與過去的經驗相比，新一輪金融擴張（這是對過度積累的典型
反應）有其獨特之處，這就是「出現越來越強大的政府和企業的綜
合體這一長期趨勢走進了死胡同。蘇聯解體後，世界性軍事力量更
集中在美國和它最親密的盟國手裡，資本積累的世界性過程的中心
卻從美國逐漸轉移到東亞地區。政治、軍事力量和經濟、金融力量
的分家是史無前例的。」[2]阿銳基在一九九〇年代上半葉所做的分析
還主要基於日本和東亞四小龍的經濟奇蹟，而不是中國的崛起，但
他所預見的政治、軍事力量和經濟、金融力量的史無前例的分家正

2　　杰奧瓦尼‧阿銳基：《漫長的20世紀》，南京：江蘇人民出版社，2001，頁1。

是東亞地區的新現實。這一分家導致了兩種秩序之間的博奕：一個是以美國為首的國家聯盟為基礎的、通過政治力量和軍事力量稱霸的全球性秩序，而另一個則是以東亞地區強勁的經濟力量和金融力量為基礎的全球性秩序，其中第二個秩序「比第一個較為平等」。[3] 由於政治、軍事中心與經濟、金融中心的分離，東亞、尤其中國的崛起並不可能代替美國成為世界資本主義霸權，恰恰相反，其經濟擴張和軍事上的脆弱恰好與美國通過其政治、軍事霸權維持其舊秩序的努力相互矛盾和衝突。因此，東亞地區（包括東北亞和東南亞）存在著雙重的趨勢：一重趨勢是以10＋1或10＋3為中心的、以經濟和金融為中心的區域整合，另一重趨勢是以美國所謂「重返亞洲」為標誌的向某種冷戰格局回歸的趨勢，其經濟上的對應物則是以排除中國大陸為動機的、以美國及其冷戰時期的舊盟國為基礎的TPP計畫。中國通過貿易和金融推進區域整合的努力其實正是這一輪資本主義重組的雙重趨勢的必然產物。若不能對這一雙重趨勢本身展開歷史的和政治的分析，而只是單向地批評兩岸關係中的經濟主義趨勢，就不可避免地落入盲視的陷阱。在兩岸關係中，真正的問題不在於是否應該發展經貿關係，而在於必須改變經貿關係中的「讓利邏輯」。說到底，「讓利邏輯」恰恰是以兩岸分隔為前提的。

　　如果美日同盟顯示出愈益清晰的向舊秩序的回歸態勢，兩岸關係勢必面臨巨大挑戰。台灣問題與美國的關係是顯而易見的，而與日本的關係卻易被忽略。往前追溯，皇民化是另外一個被調動的歷史資源。台灣的殖民跟東北的滿洲國很不同。滿洲國雖然是日本殖

3　杰奧瓦尼・阿銳基：《漫長的20世紀》，南京：江蘇人民出版社，2001，頁2。

民地，但還是要建立一個新的國家和滿人政權，儘管是傀儡，但還要承認為一個獨立國家。滿洲國自身需要一個當地認同的再生的過程。這與台灣的皇民化過程有重要差別，用日本人的話說，它在台灣實行的是所謂「內地延長主義」，這裡所謂「內地」指日本本土，所謂「延長」是指將台灣作為日本本土的延伸。大東亞戰爭讓台灣成為它的後備基地，皇民化則是配合其殖民和戰爭政策的認同政治。

關於台灣問題與日本的關係，我再說個小故事。1999年我去台灣那一次，辜振甫在他家裡設宴邀請余英時、日本慶應大學法學院的院長和我，《聯合報》的老總（忘記名字了）、聯經總編輯林載爵也在座。就在前一天晚上，李登輝發表「兩國論」，次日恰好是《嚴復合集》新書發布會，辜振甫早上起來，上了轎車，祕書才跟他說了「兩國論」的事情。李登輝沒跟他打招呼。我到會場時見很多記者圍著他，郝柏村、林洋港等人都在前排坐著。辜的「兩國論」補台講話就是在新書發布會現場講的。當天晚上，喝了不少酒，上好的花雕，他感慨萬千。辜振甫講他自己和家族的故事，講他所經歷的兩蔣（主要是老蔣）與日本打交道的歷史，以及李登輝的對日交往。他說李登輝的日語雖然可以，但書面語不行，對日的文告和通信都是他親自寫的。聊天中，他強調說：很多人都關注美國在兩岸關係中的角色，但很少有人了解台灣的政治跟日本之間的更深的關係。《聯合報》的老總說，能不能給《聯合報》寫文章，他說現在不能寫，但是將來一切都退出了就會寫；他笑著說：標題都想好了，就是〈兩岸關係中的日本因素〉。

美國鼓勵日本解禁自衛權，默認其重新軍事化，實際上是以日美聯盟為軸心，向遏制中國的冷戰秩序回歸。如果日美在這個方面

很明確，兩岸又無法形成政治對話，台灣下一步面臨的抉擇就是：加入以日美主導的軍事－經濟體系，還是以發展較為順利的兩岸經貿關係和日漸廣闊的兩岸人員交往為基礎，重建兩岸的政治關係？重造冷戰格局不符合人民的意願，不符合區域的利益，也不符合全球關係變化的總趨勢。更重要的是：中國已經不可能像過去那樣被封鎖。台灣加入以美日同盟為軸心的區域勢力，對中國大陸不好，對台灣也未見得好，一定也對中日兩國關係不好。「太陽花運動」橫空出世，打斷了服貿。這一事件本身就說明大陸方面在設想和簽署服貿協議時缺少對台灣社會狀況的總體評估，只是著眼於經濟。兩岸關係既然不可能是單純的經濟關係，推動服貿、貨貿又怎麼可能不去考慮更廣闊的問題？從政治談判到台灣加入TPP都應該是發展兩岸經貿關係需要考慮的議題。真正的問題是：兩岸政治關係的重啟究竟以何為基礎？在未來的時期裡，怎樣的力量，或者創造怎樣的政治勢能，才能推動兩岸的和平統一？

　　「太陽花運動」提出了真實的平等訴求，但它反兩岸服貿，卻不反霸；運動對程序民主表示了不滿，公開占領立法院，但又沒有新的政治綱領。由於實際上支持加入TPP，運動對於新自由主義的態度骨子裡很曖昧。有人說：占領議會有什麼不好？那就占吧。也有很多人說：反服貿有盲目性，就算有道理，也應該連TPP一道反吧。若是他們一道反，我們就該支持他們。如果「太陽花運動」敢於將對新自由主義的批評擴展到對TPP的拒絕，敢於將對占領立法會的運動發展成為對於當代民主政治危機的反思，為什麼不支持呢？但是，看似激進的「太陽花運動」並沒有走向這個方向，它的動員仍然依賴於統獨的議題。不過，「太陽花運動」占領立法院是過去沒

有的行動。這至少表示，1989年後，特別是九〇年代之後，台灣民主化的過程終結了，對於年輕一代而言，只有批判這個過程才算得上進步。「太陽花運動」比別的運動都直截了當，它用非法的形式清楚地向台灣的政黨政治──當然主要是國民黨的政治──指出：你們的民主程序純屬政治遊戲，誤盡蒼生。「太陽花運動」也確實打旗號說反對新自由主義，但重音落在服貿上，也就是落在中國大陸和兩岸關係上，而沒有落到綜合了新自由主義和傳統霸權結構的TPP上。如果「太陽花運動」將其反新自由主義的綱領落到TPP上去，那麼占領運動就會變成另一種運動了。在今天，反思民主的危機是必要的，但如果批判民主與民粹主義的身分政治結合、與霸權性的區域體制結合，其政治的走向就讓人擔憂。

「太陽花運動」是繼2009年「野草莓」運動之後新生代直接參與政治的標誌性事件，預示著較長時間內台灣政治的脈絡。對新生代來講，核心的問題就是，如果台灣的新社會運動，包括這些學生運動，最終達到的結果就是加入美日為中心的霸權結構的話，那等同於自我取消其合理性。果真如此，他們雖然年輕，卻可能是過去時代的迴光返照，而非代表真正的未來。美國重返亞洲與日本解禁自衛權都是以創造區域性的新冷戰為指向的，也都是以經濟中心與軍事中心的分離趨勢為前提的。在這個意義上，台灣的新社會運動面臨一個政治抉擇：他們是要作為霸權的附庸造成一個新冷戰格局，還是重新思考「中國」、探討爭取台灣社會的自主與平等的鬥爭與大陸探尋新的社會道路的努力之間的重疊關係？新社會運動必須思考這一輪資本主義全球秩序重構的獨特性，也正是在這裡，隱藏著運動的未來。在兩岸關係中，這一反思集中於「中國」的政治－經濟

內涵，但其實質恰恰是一種批判性的世界主義。

　　若要將這樣的全球視野納入對台灣的定位，就不得不重審「中國」的政治意義。重審「中國」的政治意義，對於兩岸交流來說，也是無法迴避的課題。重啟政治談判是這一政治過程的步驟之一。在高度不平等的全球化進程中，在政治、軍事中心與經濟、金融中心相互分離條件下，全球秩序的混亂和矛盾將是無法避免的；在這一條件下，繼承和發展兩岸爭取自由和解放的偉大傳統，避免區域秩序向新冷戰回歸，突破新自由主義的發展路徑，創造一種基於全新的經濟、科技、政治和文化的新社會前景，是兩岸年輕一代的共同使命。這一對於政治—軍事霸權和新自由主義秩序的雙重突破，不正預示著一種不同以往的社會主義未來嗎？對「中國」的再敘述是不可能脫離這一進程的。

三、政治認同的至關重要性與兩種規則的衝突

　　談到區域整合，離不開內陸與海洋的關係，當然也離不開怎樣將兩岸關係置於內陸與海洋的關係中去解釋。日本的亞洲論其實是從歐洲的海洋論發展而來，現在的台獨論也是一脈相承。用海洋來貶低內陸是資本主義時代一個主要的特點。海洋和內陸的問題，確實需要一個世界史敘述才行，不能夠只講兩岸關係。台灣海洋貿易史的研究把台灣編織到海洋歷史的敘述裡面去，卻省略海洋歷史跟大陸歷史之間的關聯。這的確值得解釋，從中國大陸的歷史角度值得解釋，從世界史的角度也值得解釋。

　　大陸觸及這個問題的是張承志，但他沒有談論台灣問題。張

承志講西班牙的伊斯蘭化和天主教的排斥性，將那個時代視為世界歷史的一個轉折點，背景是奧斯曼帝國的崛起和衰落。張承志從蒙古高原到穆斯林世界，從中國內外到兩河流域，建立起了一種不同於中國知識界主流的世界史譜系。這個譜系是在抵抗歐洲殖民主義的脈絡中展開的。奧斯曼帝國在十五、十六世紀的崛起是世界歷史的大事件，哥倫布探險、美洲發現和印度問題均與此有關，但這些事件大多被組織在歐洲中心的視野中。這一事件對於中國和內陸亞洲的影響如何？荷蘭人入侵台灣（1624-1662）也正是這一浪潮的一波，只是適逢明清易代之際，中原王朝無暇旁顧這一海疆邊陲，直到鄭成功於1661至1662年進攻台灣，建立第一個漢人政權。在台南，訪問赤嵌樓，那個地方原是荷蘭人所建的「普羅民遮城」，也恰是鄭成功軍隊占領台灣的第一個立腳點。占領那裡有幾個主要的原因，其中一個是補給，當地有不少漢民可以提供補給，還有一個原因即那是一個可以控制西班牙航線的戰略要地。台灣跟東南亞是連在一起的，攻占台南可以開闢連接東南亞和東亞地區的新路線。台灣在歐洲殖民史上的重要性是與因奧斯曼帝國崛起、沿大陸絲綢之路的東西貿易中斷相互關聯的。

奧斯曼帝國崛起對於中國的經濟和貿易的影響並不像對歐洲的影響那麼大。除了還有海上絲綢之路的貿易路線之外，不但中國大陸內部幅員遼闊，經濟互補性強，而且朝貢圈內的貿易關係也非常發達。第二次鴉片戰爭時，馬克思批評英國議會欺騙人民，因為議會討論掩蓋了以恰克圖為樞紐的中俄貿易規模遠超英國用槍砲換來的沿海貿易額這一事實。我三次去伊斯坦布爾，最近的一次還去了以弗所。這個地區的歐亞互動之豐富是驚人的。奧斯曼王宮裡面

有珍寶展,展品與大英皇宮相比也並不遜色。大陸基本找不到元青花,元青花基本上全集中到那裡,量和種類都很繁多。除了元青花之外,還有許多西域民族的物品。奧斯曼蘇丹搜羅了許多成套的瓷器,是做日常之用的,這些東西是市場上買的,不是贈品。換句話說,這不只是朝貢關係,而且是貿易關係。對於歐洲來說,奧斯曼帝國的崛起是促使所謂大航海時代到來的一個主要原因,因為絲綢之路中斷,原來的貿易路線不再通暢,逼迫著開闢了另外一個航線。但從奧斯曼帝國的角度,與東方之間通過絲綢之路而展開的貿易並沒有中斷。中國早在哥倫布之前就擁有了遠航的技術,卻沒有那麼大的動力去拓展;鄭和下西洋,表明航海技術不成問題;清朝雖然是從北方來,繼承這個技術也不是大問題,關鍵的問題是他們沒有那麼強的動力。這是不是原因之一呢?我沒有研究過,姑且先提出來思考吧。

　　清朝對台灣的占領是出於政治一統的要求,而不是貿易的要求,在經濟上也並不需要台灣提供多少東西。在鄭氏攻占台灣之前,中原王朝沒有經略台灣的動力。但鄭氏在台灣建立政權之後,台灣對於大清政治一統來講就變得不可或缺了。甲午戰爭後,台灣的割讓是民族的恥辱,抗戰勝利後必須收回台灣,也是這個道理。1943年開羅會議時,原本計畫討論二戰時期被日本占領領土的歸屬問題,但為什麼最終確定1895年即淪為殖民地的台灣必須回歸中國?台灣對於中國的政治統一而言是不可或缺的。清朝對台的治理,區分「生番」與民人,這應該是由經略西北和西南的經驗而來。一八七〇年代,台灣山地人與琉球漁民發生衝突,日本人乘隙而入,他們質問清朝政府為什麼不處置當地人。總理衙門的回答

是：「生番」不在大清律治內，結果給日本留下了進攻山地人並非進攻大清的藉口。其實，這種將「生番」與民人相互區分的做法，與清朝治理西北和西南的方式很相似。例如對於西南少數民族，清朝用土司制度進行治理，並不直接運用大清律。

一八六〇年代，美國第一次攻擊台灣；一八七〇年代，日本第二次攻擊台灣，就是以新的模式來衝擊清朝的秩序觀。我寫關於琉球的文章時也說過，日本人第一次攻擊台灣用的是美國人的建議，不是日本人的獨創。美國人第一次進攻沒有得逞，美國駐廈門的總領事李仙得給日本的最重要的建議，就是把清朝經略邊疆時對番民關係的區分置於西方主權概念的框架下，重新確定內外關係。在清朝治下，以大清律和地方習慣法治理邊疆區域，形成了兩元結構的統治模式，也可以稱之為法律多元主義，其內外觀與西方國際法及其以主權為中心的內外區分完全不同。日本攻擊台灣時的藉口是：既然當地「生番」不在大清律治內，那麼對於「生番」的攻擊就不是對大清的攻擊。在這個意義上，日本對台灣的進攻不僅是日本與清朝之間的衝突，也是兩種秩序觀之間的衝突。現代中國，無論哪個政權，都不得不沿用西方的統一規則來經略邊疆，傳統的秩序觀瓦解了。事實上，所有具有豐富帝國傳統的國家在沿用這種模式經略邊疆的時候都會出現問題。共產黨早期處理得好，是因為它由下至上地推動社會變遷，但是當這一過程終結，上下關係固化的時候，對這個體制的抵抗不可避免地要爆發出來。大陸民族問題的爆發跟台灣問題的情況不同，但是根源又有部分的一致性，這個根源都來自於西方在十九世紀奠定的有關國家和國際關係的基本規則。我在寫《現代中國思想的興起》的過程中，尤其是在寫第二卷《帝國與國

家》時，就在思考是否存在不同於這一規則的、更為靈活的制度安排？歷史地看，統一或統合是存在多重可能形式的；統一或統合是一與多的辯證，也必定是一個多重參與的過程。

回到前面的話題，伴隨經濟中心從歐美轉向亞洲，大陸與海洋的關係正在發生變化。1993年，東起連雲港、西至鹿特丹的歐亞鐵路已經貫通，現在提出的「一帶一路」實際上包括了絲綢之路經濟帶、二十一世紀海上絲綢之路、中印中巴兩走廊、歐亞大陸橋等眾多範疇，大陸聯繫的重要性顯著提高了。如果說美日海上同盟是對冷戰格局的延伸，那麼，「一帶一路」卻是對歷史路徑的回歸。新的經濟計畫是對世界歷史路徑的重新修正，困難和挑戰都是顯然的，有人說連新疆都搞不定，還怎麼去談「一帶一路」？但是，新疆問題或其他區域問題恐怕也正是在展開「一帶一路」的過程中才能解決。我們從「一帶一路」面臨的困境可以看出：世界經濟的重心向亞洲的偏移將帶來一系列政治、社會、文化、宗教、語言等方面的問題，而絕不只是經濟問題。反過來，資本主義經濟危機的核心就在於其經濟與政治、文化、習俗、宗教等等的脫離，在於其經濟過程對社會關係的破壞和摧毀。因此，「一帶一路」必將是一個針對資本主義經濟模式進行改革的漫長過程，也必然是將歷史文明與未來的社會主義相互連接的進程。說歷史文明，是因為這一新計畫的四個關鍵概念，即路、帶、廊、橋，正是亞洲跨社會體系或歷史文明的紐帶；說這一計畫不可避免地具有社會主義色彩，是因為如果不能克服任由資本主義經濟邏輯主宰這一廣闊而複雜的網絡的局面，這一計畫必然遭致失敗和報復。「一帶一路」不是單一國家的計畫，不是一個以領土及其擴展為目標的帝國再造計畫，而是一個以「互聯

互通」為中心概念的、以多重複合的參與為基本內容的動態過程。面對這一史無前例的世界實驗，任何缺乏深刻和長遠認識的經濟計畫、金融擴張和軍事冒險，都將產生適得其反的效果。現在談論「一路一帶」的人大多只涉及兩個中心問題，一個是解決國內生產過剩，一個是金融擴張，這兩個問題都是資本主義經濟體系反覆出現的問題。若只重複資本主義的老路，「一帶一路」不但不可能成功，還可能觸發巨大的風險和反彈。新疆問題是一個信號，2014年的台灣也是一個信號。但無論如何，隨著經濟關係的變化，十七世紀之後台灣在全球和區域經濟中的特殊地位也不可避免地發生變化。中國大陸沿海經濟的發展和歐亞大陸關係的變化正在撬動全球性的歷史變遷，大陸與海洋的關係如果不是發生逆轉，也會產生巨變。

現在是全球性的政治危機的時代，跟1989年以後的情況非常不一樣。1989年以後，社會主義失敗，「歷史終結」。然而，今天的現實是資本主義危機四伏，不僅邊緣區域如此，中心區域也一樣。1989年後作為唯一政治合法性的那些東西，在今天無一例外，都處於深刻危機之中了。如果中國能夠順利地擺脫困境，重新思考政治實踐的問題，兩岸關係會不太一樣。我們需要在「歷史終結論」的範疇之外，共同探討新的道路。如果沿著這條道路嘗試開啟新的政治實踐，新的空間、新的可能性、新的力量就有可能湧現。這是全球性的政治危機，不是局部危機，所以探討中國政治的新形態，也有全局性的意義，不是個別的和局部的意義。

2012年，我在台灣訪問牡丹社，沿著山道，一路摸爬進去。當年，像這樣的一個台灣部落社會，其內部組織已經很完善，要想從外部攻進去很難。原來大陸許多地方也是這樣的，經過土地改革

和社會變遷，就像台灣社會一樣，現在已經很難找到「化外之地」了。但是，在交通如此便捷、流動如此廣泛的時代，統治者卻不知道地方性族群內部在發生什麼，這表明斷裂已經達到了一個非常深的程度。現在需要重新擬定方向，綱舉目張。這兒抹一塊，那兒抹一塊，沒用。還是要知道核心問題是什麼，才可能明確方向，逐漸地使得這個局勢逆轉。比如說我在文中一再提到的「中國」作為一個政治範疇到底是什麼意思？這是應該重新來討論的，如果沒有這種概念，沒有這樣的意識，這個探索還沒有展開，問題可能就終結了。現在需要說明新的方向，雖然不容易，但也有幾點是明確的：第一，這是在全球化的進程中思考出路，不可能脫離這個進程談論新道路；第二，這是在東亞地區談論這個問題，也就是說，不可避免地需要討論全球勞動分工和全球關係的發展和變動，尤其是政治、軍事中心與經濟、金融中心的分離趨勢及其後果；第三，這是一條超越冷戰格局、克服新自由主義的未來之路，一條突破近代以來形成的霸權體系及其新形式的解放之路，一條以深厚的歷史文明及其近代歷程為背景的、綜合當代各種先進經驗的繼承創新之路。至少在我看來，這也是一條不可避免地具有二十一世紀社會主義特徵的共同道路。

（原刊於北京《文化縱橫》雜誌 2015 年第 1 期，2015 年 1 月。）

呼喚統派

閱讀汪暉的〈當代中國歷史巨變中的台灣問題：從2014年「太陽花運動」談起〉

趙剛

2015年4月1日，我在東海大學通識中心的支持下，主持了一個謂之「課外講堂」的半公開讀書會；半公開也者，來參加讀書會的人都得要先讀過汪暉的〈當代中國歷史巨變中的台灣問題：從2014年「太陽花運動」談起〉一文。因此，這個活動的海報也就定位為「『閱讀汪暉：討論汪暉論太陽花一文』——趙剛導讀」。本來真的也沒想要以文字發表，但後來有朋友知道我有這場說話，想要聽，那我想就乾脆整理出來好了；謝謝陳浩乾同學的錄音，以及田睿瑤同學的非常好的逐字稿整理。活動時間兩小時，前一小時是我的開場白以及大約二十餘參與者對這篇文章的心得感言。以下是當天的第二小時我作為「導讀者」的發言，至於參與者的發言我就不越權代為整理了。根據十分口語的逐字稿，我做了些為了書面緣故的必要潤改，補充了一些，加上了幾個次標，但基本上還是保留了那天的口語以及隨興感覺。如下：

和大家講講這次活動的緣起，有一次我和我的研究生說：「你們讀過汪暉的這篇論太陽花沒有？」一個說讀過，一個說沒讀過，

那我就說，下次我們討論這篇文章好了。之後就有別的同學跑來問，可不可以一起來參加這個活動。那我說就多找些人一起來讀讀吧，於是有了今天的這場會。

汪暉這篇文章發表以來，還挺有意思的是，在台灣還頗多人讀，常聽到有人這麼問「你覺得汪暉這篇怎麼樣啊？」。不但是台灣這邊有人關心，大陸的朋友好像也頗當回事。前幾天參加了一個聚會，其中來了幾個大陸人，其中就有人「試探地」問「你們覺得汪暉這篇文章怎麼樣啊？我還沒有讀，想聽聽你們的看法」。經由臉書，我也看到不少人的隨意評論，酸甜苦辣都有。汪暉的這篇文章我認為有一定的重要性，碰觸到很多重要問題，所以今天發起這樣一個討論，就是讓大家各抒己見。

（參與者發言略）

一、給思想一個機會

謝謝大家。大家對這篇文章的解讀有重疊的地方，也有很大差異，這很自然。我和大家閱讀的感覺在很多基本面上是有一致的地方，當然不少參與者也對這篇文章提出了批評，但我的閱讀還是比較更為「同情」些。如果要提出批評的話，那麼不妨說，汪暉這篇文章裡最核心的觀點和想法反而往往都是它最脆弱的地方，例如當他說要重新建立「中國」作為政治範疇。但我說「同情地閱讀」的意思，是把它當做大家都可以參與的知識計畫，而不是把它當做汪暉一個人的責任，於是冷眼從旁批評。他還沒有講明白，還沒有把

這個問題發展出來，是正常的，是知識運動的必然過程，我們都在某種不清楚不明瞭不確定的狀態裡往前走——希望如此。關鍵在於他提出的問題對我們是否重要，比如當他說要建立一個新的「我們」，這個「我們」的意涵是什麼？和「中國」作為一個新的政治範疇的建立是否密切關聯？對於這個「我們」問題，「我們」為何要感興趣？為何要不感興趣？……同學也提出了一些很直接的懷疑，比如最近很紅火的「一帶一路」提法，到底它在哪些意義上能超越原先美日海洋資本主義的那種格局？我覺得這也可以是一個很好的批評。但問題也同時是你在這個批評中的位置為何？「一帶一路」才剛開始，這個歷史還是開放的，知識分子在這樣一個還沒有形成的架構之下去提出論述介入，提出一種「希望政治」，說這樣的「一帶一路」應該怎樣，應有什麼樣的可能性……，這不是很好嗎？我們這裡的「批判知識分子」不好老是事情一碰到中國，就很批判，一碰到美國就不說話。何況汪暉也提到了好比新疆、台灣的太陽花，說它們似乎是現身說法地反映了這是「一帶一路」還沒有很好的論述的一個危機信號。所以他對於「一帶一路」也沒有說，看哪，這就是一個新的社會主義的天堂開始了。大家的很多批評其實都可以是成立的，但問題是我們要怎樣對待一個思想工作者對某種正在萌發中的趨勢的指認，或對早就存在但被打壓或掩蓋的歷史規則的揭示？我認為這樣的一種同情是必要的，不然我們就不必來談這篇文章了。但這個「同情」與其說是投向汪暉或他的論述，不如說是投向我們自身——給我們自己的思想可能性一點機會吧。長期以來，我們理解現代性或敘述現代世界史的架構、詞彙與資源，不都是來自汪暉所說的「海洋」世界觀、規則與秩序觀嗎？作為亞洲人，我

們何曾給「內陸」世界觀、規則與秩序觀一點點理解的機會呢？汪暉在最後一節很精彩地指出，如果沒有一種「內陸」的世界史敘述方式，我們連台灣史都說不清的——荷蘭人為何東來，這段台灣史是要和奧斯曼帝國的興起連在一起說，才說得通的。

二、交流的態度

其次是剛才我的同事崇憲也提到的，而且講得也很「精準」的，他說他覺得汪暉這篇文章的「態度蠻好的」。我對崇憲這樣一個從美麗島一路走過來的老資格的「綠色」知識分子的這個頗形象化的描述的感覺是，他大概感受到了汪暉這篇文章裡的一些不具敵意的深意。「態度很好」首先應是指，汪暉把「統一」看成是一個困難的文化政治，而其責任主要是落在中國大陸這邊，在於中國大陸是不是能夠建立一種新的統一的正當性基礎，而不是透過「我們是一家人」這種血緣、語言或文化政治，或者是最後透過武力。汪暉認為那樣的統一路徑都是非常糟糕的歷史可能性。他從中國大陸的知識分子角度探討怎樣在這個時代裡繼續談統一的問題，而且他是在這樣的一個脈絡下談太陽花。另外，大家覺得汪暉「態度不錯」的原因或許是，作為境外的知識分子，他對太陽花的評價也不太具有黨派性，甚至某種程度上是「自我反思性的」，是要拉出對大陸當局這一、二十年裡對台政策的自我批判。我覺得在這個徵候性意義上，他是支持太陽花運動的。其實我也支持（大家笑），而我支持的意義和汪暉支持的意義可能是一樣的，就是太陽花這個運動會發生的一個深層原因是正當的，就是青年以及底層民眾面對台灣社會日

益嚴峻的經濟問題和政治上的無能，以及大家對台灣前途的茫然沒有出路的感覺。我覺得太陽花在某一個根本意義上反映了這些真實問題。但我對它的批評分為兩個層次，首先，它在面對這些問題的手段上出了問題，就是說你要怎麼樣經營出一個「橋梁政治」，要達到那個目的，你要採用怎麼樣的手段，手段的批判是怎麼樣的。其次，從一個比較高的層次出發，則是對目的的批判出了問題。你只提出「貧富不均」、「年輕人沒有前景」，甚至「中國因素」，這些「現實問題」，它們本身當然可以是有意義的，但也只在一個程度之內是有意義的，因為如果把問題只限定在這個格局內，那就是一種汪暉所謂的「去政治化的政治」的展現，因為接受歷史終結論的你，已經把「台灣走向哪裡？」（即，「世界走向哪裡？」）這個問題給無效化了。取消了「方向」問題，我們看到社運、「左翼」與台獨的結合，反映在太陽花之後所出現的以面對「分配正義」為主要訴求的「左翼」政黨的出現。是在這個意義上，太陽花（以及「左獨」）具有一種屬於當代的深刻而普遍的「思想的貧困」，而在這方面，汪暉文章所能給予的啟發是重要的。

　　汪暉對於台灣狀況的敏銳在於他認識到大陸的台辦系統、對台事務系統，長期以來走與台灣的黨政高層以及台灣的經濟菁英，進行高層結合這條路子是不通的，你不能以為通過這種高層結合就能尋找到代理人，就能挽住台灣的民心。對汪暉這篇文章，從最狹義的政治面來說，我的解讀──當然這個解讀是太政治化了──是說汪暉其實是對中共當局發出一個訊息：「你們過去的對台政策都錯了」；因為所謂的「讓利」，這種準市場經濟的操作，實際上是沒有辦法讓一般民眾感受到中國大陸的任何政策所釋出的善意，反而是

所有「讓利」的好處，到頭來都到了老世代政客以及環繞在他們身旁的政經家族身上。這也就是說，從大陸的視角看，太陽花運動的意義可以是召喚一個新時代，也就是汪暉在文章一開始講的，過去國共交流的那個平台透過太陽花宣告失效了。大陸以後要怎麼樣去面對台灣，不能夠採用以前的路徑了，必須要真實面對台灣中下階層人民實際上碰到的困境──雖然這個困境有客觀的也有主觀的，有現實的也有歷史造成的。太陽花是以一個本身就是困境的狀態指出困境。

剛才有幾位大陸同學指出汪暉這篇文章的一些在具體歷史陳述上的爭議點，但以我這樣一個對中國大陸的歷史與現狀缺少一種內在感覺的人，這個問題，就算是存在，對我也並不是特別嚴重，因為這些年我都還在學習與理解的狀態，而且，作為境外知識分子，不在某種好惡情緒緊張狀態內也是有好處的。所以接下來我就和大家分享一下，就我所看到的汪暉這篇文章所採取的理論的、歷史的分析架構是什麼樣子。我認為這個架構對我們是很有意義的──不管你同不同意汪暉的實質論點。我自己覺得在這幾十年來，在探討兩岸問題上，汪暉的這篇文章在架構上是最有野心的──雖然我讀得少，這個論斷不見得靠得住。它不是一種類似西方理論家喜歡經營的那種純粹理論架構，而是架構在汪暉對於中國社會主義革命歷程的理解之上的，他的這個理解，對於剛剛某些同學來說可能在這裡或那裡「不符合歷史」，甚或是「把意識形態當成現實」，或許有這樣的問題吧，但這裡我們就不進入到細節的爭論裡，只看看他提供的這個視野對我們來說有沒有意義。我們前面已經肯定了汪暉在這篇文章裡的一個基本態度，他不喜歡因為「都是中國人」所以要

統一，他不喜歡經由「讓利」來統一，而且他應該更不喜歡通過武力來統一。我覺得是在這個「三不」之下，他要去談該怎麼看待台灣問題，我設想這應該是大家都能接受的——特別是對台灣這邊的知識分子來說。我覺得汪暉建立了一個可以被論證的可以被批評的，因此是為了交流而建構的論述架構。下面我們就來談一談這個架構的一些特點。

三、汪暉論述架構的特點與內容

首先，我覺得這個架構很重要的一點就是在認識與方法上保留了「一與多的辯證」，在這個意義上，它和韓國的一個重要知識分子白樂晴所說的「分斷體制」的精神是相當符合的。白樂晴提出「分斷體制」概念的目的，是要說明怎樣去看待韓國和朝鮮兩個政權看似對立但實際上又相互影響的錯綜複雜局面，也就是在這個「多」之中還是有一個「一」的。好多年前，一些朋友和我也借用了「分斷體制」這個概念，想把它用在「兩岸關係」的解釋上，因為大家一談到「兩岸關係」不是講統就是獨，這是純粹在政治運動和意識形態層次上說話，而且摻雜了太多情感因素。而假如用「分斷體制」這個概念的話，我們就比較可以把兩岸關係擺在一個「體系」的架構裡去理解。雖然汪暉不曾使用這個概念，但是我覺得他的視野和「分斷體制」的視野並沒有根本矛盾，就是把兩岸視為一個 system，那麼在 system 內部的構造都會相互影響、相互決定。中國大陸和台灣，如汪暉所說，並不是「兩岸關係」。「兩岸關係」意味兩個實體，你對我，我對你，一個大球，一個小球，不是這樣的，而是要看到各

自的歷史變化如何影響了對方。在座有從事社運的,一個社運參與者,在分斷體制下思考,意味著要把自己本來以為的「台灣的社會運動」置放在一個更歷史性的「體系」之中,而不是說一下子就跳接到「資本主義全球化」這樣的一種「體系」。我覺得汪暉在這裡間接提出了一種忠告:對於台灣很多政治與社會現實的理解,大家要避免一種「純意志論」──也就是說把很多台灣的歷史進程都理解為完全出自我們自己的打拼,純粹是從台灣內部可以獲得解釋的。我覺得汪暉非常清楚地批判了這樣一種內生論或者說純意志論的想法;當然他也不是說要簡單否定台灣民主運動先進們的打拼。我認為在知識上必然成立的是:台灣的問題假如不把它擺在一個區域的乃至世界史的脈絡,特別是擺在和對岸中國大陸的關係之中去理解的話,將會是知識構造上的一大缺失。當然,大陸因為它的規模,它影響台灣當然超過台灣影響大陸,但是汪暉基本上認為這個影響還是雙向的。如果說大陸的知識分子習慣於忽視甚或遺忘「小」,那麼我們在台灣的知識分子在知識上、在政治上反而是絕對不能忽視大陸對於台灣的影響。假如你忽視了這一塊東西,那就是所謂的「方法論台獨」,而這實際上是「掩耳盜鈴」式的、強迫症式的忽視,他強迫他自己忽視他的被決定,而這樣的「自欺」必然是要付出巨大代價的。但是,像吳介民他們對所謂「中國因素」的窮於指認,雖然形式上似乎是超越了掩耳盜鈴,要把台灣的變化擺在和中國大陸的互動關係裡來解釋,但還是受困於一種冷戰感覺,只把中國大陸對台灣社會的現實的或想像的負面影響指認出來。這個工作當然也不完全是不好的,但是當你對照汪暉的努力,你就會發現這樣的工作在知識上還是有深刻限制的,因為說到底,那還是以一種過去國

民黨「匪情研究」時期的態度，對中國大陸的影響進行掌握。汪暉
的架構沒有這件小夾克做前提；因為這個架構的基礎是關係性的視
野，而非原子式的立場。這是很重要的一點，可以說是汪暉這篇文
章整個論證的起始點。

　　從這樣一種關係性視野出發，讓汪暉從對太陽花運動的觀察
中，與其說是讓他看到了獨派的昂揚，不如說是讓他看到了另一個
現象——「統派」的式微。「統派」在台灣的島嶼上「沒有一個現實
的有生的政治力量的現身」，它不是不存在，而是被擠壓到邊緣，
難以成為政治上的有效力量。這個判斷讓人有些難過，但也難以說
不符合事實。台灣「統派的式微」，對於大陸的知識分子如汪暉來
說，是一個很讓人焦慮的事情，假如你要論述兩岸統一，而你一起
形成論述的對象那邊完全沒有統派的聲音，那你這樣一種論述和情
感，或者實際的社會交流，要怎麼投擲出去呢？因此，「統派」在台
灣的式微這一問題，對汪暉來說，比起指出「獨派」的得勢可能是
更重要的。汪暉的這一點，我感覺到被針對了，而且針對得有力，
像我一直以來，總是把精力投置在對於獨派的批判，這其實未嘗不
是一種「負面的政治」，而真正能在政治現實上起群眾作用的，其實
只能是如何打出一條昂揚的、開闊的，可以召喚更多數人的「積極
的政治」的道路。

　　像汪暉這樣的一個政治知識分子以及他這篇文章，所關心的就
是如何把「統派」的再打造，當成一個知識以及政治的計畫。當然
在台灣的文化霸權裡，包括所謂的「左獨」，會對這樣一種問題意
識嗤之以鼻——省省，談什麼統派的打造？但是，如果一方面，這
個「統派」，根據汪暉，已經不是血緣主義的、不是文化主義的、更

不是槍桿主義的「三不」的話，而且另一方面，我們也能以一種「左派」的非原子式的認識論看待自身與世界的話，那麼我們為何不能開始談談以這些前提為出發點的「統一」呢？那你的拒斥是否反而意外地說明了你自身的知識與情感狀況呢？

我知道汪暉的「統派的式微」提法，稍稍讓我的一些朋友有所不安。但「同情地」理解這篇文章，我覺得汪暉不是在「責人」而是在「責己」，因為他基本上是從中國大陸的變化來解釋「統派的式微」。他核心的論點就是中國社會主義革命所建立的一個曾經讓中國的政體建立於一種正當性之上的，讓「中國」作為一種政治範疇的理念支撐，在文革結束後基本上消失了，所以他說對中國大陸而言，文化大革命結束以後，大概二十世紀的歷史就結束了，這叫做「短二十世紀」。但汪暉也不是中國中心論者，因為他也以「世界史」的視角指出了大陸何以如此，例如美中蘇三國之間的縱橫關係、社會主義陣營的分裂、以及越戰，等等。

所以，這篇文章可說是企圖在新自由主義的霸權下，提出不同的看待歷史的觀點。九〇年代以來大陸「自由派」對汪暉的最大質疑或敵意就在怎麼看待1949年中共建政到文革結束這一段社會主義革命的歷程。當然對自由派來說，這是中國歷史不幸的歪路，是要去告別和清算的，同時未來的路徑也非常清楚，中國未來的道路就是它只能採取和西方國家同模同款的政治、經濟甚至文化想像——即「全球化」，而全球化也意味中國要西方化，在政治上與經濟上要完全按照西方的遊戲規則進行。汪暉的立場恰恰不同，是要重估包括文革的社會主義革命傳統的價值，儘管它有各式各樣的困境和問題，但是它也有它不可輕率否定的文化意義，例如他在文

章裡指出，中國社會主義革命進程中的土改和台灣的土改兩者的差別在於，前者牽涉到一個主體打造的過程，底層民眾的主體性建立的問題，汪暉說這和台灣的土改完全是由上而下，不牽涉到主體狀態、主體性鍛造問題，是不一樣的，而兩者所得到的歷史後果也是不一樣的——雖然汪暉也困難地指出這種主體性打造也有「不能持久」的問題。所以，汪暉對於社會主義的這樣一種革命經驗既有肯定也有反省。但更重要的是，今天的中國如果不以一種面對歷史的清醒意識去面對今日自身的淵源，而只是單純地透過否定過往去尋找一個未來，那其實是一種有害的「空想」，而不是一種歷史的、科學的面對自身與未來的方式。歷史是無法逃離的。

我小時候大家一聽到「解放台灣」就感覺可怕，因為我們馬上想到的就是「血洗台灣」，「解放」和「血洗」這兩個詞在人們的耳朵裡，其實是一而二，二而一的，讓人感覺到一種恐懼、一種暴力、以及一種「猖狂」。「解放台灣」再加上「朱毛匪幫」這些字詞，就形成了一種被無法講理的匪寇迫害的感覺。對中國社會主義革命歷程的這樣一種已經超乎論述的集體感覺，是從五〇年代蔣政權開啟反共宣傳一直到現在的我們，都沒有真正把它召喚出來到我們跟前並嚴肅面對的一種感覺，就像我們一直還不曾認真面對日本殖民對我們的主體所加諸的影響和烙印一樣⋯⋯。而這些恰恰都是在我們所謂的激進政治或批判思想或社會運動中，一直很少被翻掘的暗黑角落，難道不是因為它們同時構成了他們「激進政治」的政治無意識嗎？這讓我無法不想起陳映真，他畢生努力以赴的正是這幾塊歷史大問題。

在汪暉的視野裡，社會主義革命的經驗不管有什麼樣的缺點，

它至少有一個即便如今還是無可爭議的理想：想要為「中國」尋找一個政治意義上的立國基礎，而不是說透過文化或血緣或歷史或宗教。你怎樣理解「中國」？你要建立一個國家叫「中國」，那麼這個國家所以立的思想基礎是什麼？它要如何看待這個「現代秩序」？它怎麼看待中國與世界？汪暉認為，那樣一個實驗，儘管時代不一樣了，無法複製到今天，但是我們不能因此就認為那樣一段經驗是完完全全沒有歷史參照意義的，那個意義就在於它曾經想要去超越特定文化超越國族認同，以一種己立立人的精神去建立起一個政治範疇的「中國」，而這「作為政治範疇的中國」的核心訴求就是「解放」，既是馬克思主義的國際主義下的所有受壓迫者的解放，也是反殖反帝運動下的第三世界的解放。這個解放的核心概念是階級，而不是民族國家、種族或文化。汪暉說，過去社會主義的實踐，是以「階級」為核心的政治，所以其中有工農聯盟有統一戰線，統一戰線有一個突出的概念叫做「人民」。「人民」並不是一個民粹的或數量的「people」，「人民」是一種在第三世界或中國革命的特定情勢中發展出來的階級性概念，代表了被壓迫者的廣泛聯合。

　　汪暉所講的階級，和現在新左派傳統下的或社會學範式裡的「階級」不一樣，社會學裡的階級和性別、種族處在一種同階的分析位置，是我們去理解一個社會如何造成各種不平等與差異的切割機制之一，所以「階級」事實上是一個後解放時代把社會分過來析過去的認識工具，但是在一個更古典的馬克思主義或毛主義傳統裡的「階級」，它是嘗試在鬥爭之中又尋求進行最廣泛的聯合(unite)而非區分(divide)的這樣一種政治範疇，於是有了「人民」這個範疇，以及「統一戰線」以及「民族解放」的一系列提法。於是在國際層次

上，中共政權才有它的超越僅僅是民族國家體系一員的代表性，這個政權不僅僅是為了我的人民的福祉，我還有個更大的屬於全人類的理想。當然這個理想或企圖，歷史學家一拿來分析都有各種可能性，也許只是毛的統治術或地緣政治術語而已，但是我們在台灣的知識分子反而因為我們的一種幸或不幸的「外在性」，應該可以扮演一種超越歷史虛無主義的角色，把某種進步的詮釋可能性開放出來，在一種實踐的介入的態度上，把它當做好比(as if)是真實的，你必須要有膽量相信歷史中曾經有的好，那麼未來才有可能好。更何況，從清末民初以來的「啟蒙思想運動」到二十世紀的革命浪漫主義，之間是有無數的人（從大知識分子到一般人）真誠地相信，走出一條中國道路，不應只是為了中國人自己而已。是在這個漫長的傳統下，有了這個提問：中國這個國家如何是正當的呢？而這種問題日本人是不會問的。這個政權是否應該在全球的範圍內扮演出一種解放的力量，它自己如果站起來，它的人民如果站起來，那它是否還要幫助其他受帝國主義、殖民主義所壓迫的民眾和少數民族獲得解放？中國式的答案經常是肯定的。而這也就是1956年萬隆會議的精神，這個精神是有系譜的，不是單單用地緣政治的鬥爭可以解釋的。所以汪暉說現在要去紀念，或是重新論述萬隆會議，此其時矣。當然，在今天的二十一世紀，「人民」的意義已經不一樣了。但恰恰如此，才需要對進步思想工作進行召喚，不是嗎？

所以汪暉說作為政治範疇的中國，在「短二十世紀」結束之前，是曾經存在的。它有國內的和國際的兩重代表性。在國內它代表了「人民」，代表了少數民族的解放、代表了工農聯盟，當然一九九〇年代江澤民的「三個代表」對它是個嚴重的侵蝕，但是這對

汪暉來說已經是另外一個時代了。在國際上它也有代表性，表現在它的三個世界論。而汪暉所謂的「代表性斷裂」，就是說過去社會主義革命裡所建立起來的這兩層代表性現在都斷裂掉了，在這種情況下，什麼叫「人民」，什麼叫「民族」，什麼叫「國際」，這些範疇的意義和1950起的那二十多年間的意義是完全不一樣的，也就是說，在今天中國大陸的語用學裡，為什麼叫做「人民法院」、「人民解放軍」，幾乎已經失去了原先的意義脈絡了。而「民族」就不再是一個具有階級意涵的、反帝反殖的、追求解放的概念，而幾乎已經退化為一個與國家權力有同樣邊界的血緣共同體或文化共同體。所以，在「中國」作為一個政治範疇已然式微之下，八九之後的中國，在新自由主義政治和知識的大框架下，等於也接受了「民族國家」體系的框架，而既然現在中國認識自己、認識世界，都是把自己擺在民族國家體系內，那麼中國也就無可避免地要去「告別革命」了，那麼什麼是「民族」，就得按照「民族國家」體系對於民族的看法，民族是血緣的、文化的、歷史的共同體而已，而「人民」也就變成了無面目的大眾，變成了新自由主義的民粹主義術語。所以，在這種狀況之下的「統一論述」，就只能深深陷在民族國家意識形態的泥淖之中。

　　汪暉把台灣的問題和新疆的問題、西藏的問題放在一起談，雖然大家可能覺得不太妥當，但是對汪暉而言，台灣、新疆、西藏其實都是一個共通現象，反映了當代中國政治已經失去了過去那透過「中國作為政治範疇」所取得的包容性、吸納性和向心力。這也是事實，例如西藏，從一九五〇年代一直到改革開放前，西藏與內地的關係在歷史上來說是相對好的，但是汪暉也指出，這個秩序無法持

久；革命話語要如何變成一個讓民族問題這麼複雜、國家規模如此
龐大的中國，能夠找到長久安頓的正當性，似乎歷史並沒有提供一
勞永逸的解答。今天的中國找不到一個具有向心力的統一敘事，從
而讓它不得不陷入到「民族國家」的問題，於是「民族」變成了「族群
民族主義」定義下的民族。而如果你變成一個漢人中心的中華人民
共和國，那當然不可避免的會出現新疆問題、西藏問題，甚至台灣
問題，搞不好內蒙也會有問題。所以汪暉說台、港、西藏、新疆在
這個意義上都是同一個現象，是中國大陸沒有辦法解決好它政治的
正當性基礎，用古話來說就是還做不到「近悅遠來」。你不能只是怪
新疆、西藏、台灣、香港，那不是面對問題的積極態度。我的同事
黃崇憲說他覺得汪暉「態度很好」，最重要的應就是在這一反身性層
面，他覺得汪暉站在中國大陸知識分子的立場，對於自身的批判力
是很強的。汪暉對這些所謂的分離主義現象，我猜他當然也會感覺
不好，但是他在知性的分析上會把這些分離現象、離心現象歸因到
中國大陸自己提不出一個「王道」的東西，你陷入到冷戰時期或者新
自由主義時期的民族觀、國家觀、民族國家觀，你當然就沒有辦法
面對周邊的這些本來就有歷史問題的區域的分離傾向。在這個意義
上，汪暉提出重建中國作為一個政治範疇，這個工程非常巨大，他
要怎麼怎麼繼續我不知道，除了在知識上回到「帝國」的傳統外，
必然還有一個出發點，那就是重新認識那改革開放前三十年裡，曾
經是一個超越現在民族國家體系意識形態的政治範疇的「中國」，
它在中國內部具有代表性，在全世界範圍內也曾初步建立起了代表
性。這樣的一種社會主義實踐，我們應該把它當做「我們」去把「中
國」重新建立為一個政治範疇的歷史出發點。因為你連自己的經驗

遺產（在那裡邊有好的也有不好的，但都有思想價值），棄之不顧，然後把政治想像建立在抽象的、普世的、現成的準則公理上，那將是非常不現實，而且在方法上有嚴重問題的政治想像。汪暉企圖建立一種「我們」，我想這個「我們」的基礎一定包含一個共同的思想計畫的共同開展。

　　汪暉指出當今中國的政治有兩大危機，一個是「代表性斷裂」，一個是「去政治化的政治」。「去政治化的政治」意思就是，這個政治依賴了太多屬於「身分政治」、「政治正確的」或「準神學的」，大多屬於直觀性範疇，例如個體、選擇、族群、多元文化、自由市場……等等，期望透過這些東西構築一種政治秩序，而無法在區域的、全球的範圍裡進行歷史的與理論的思考，探討這種政治秩序的基礎是什麼，政治目標是什麼，要達到這種政治目標要採用什麼做法，這些做法如何經過手段的批判，誰獲利誰付出代價……。「去政治化」因此就是對這些理論思維活動、這樣的歷史與現實的遺忘或漠視，轉而依賴某些信念和感情。相對而言，「政治化」意味著必須兼顧歷史淵源和現實糾結，而且要提出一套理論性論述。聽說台派年輕人最喜歡的汪暉文章就是〈去政治化的政治〉，我實在有些困惑他們到底從中讀到了什麼訊息，而這些訊息又是否讓他們產生反身性思索。當然，詮釋在人，汪暉的現在這篇文章，也有被朋友讀為對太陽花作為一種「新的政治」的出現的無問題肯定。對這種解讀，汪暉的文章要負一定程度的責任，但讀者如果不是那麼一廂情願，也應該不至於只能那樣簡單地理解汪文。汪暉實際上是把族群民族主義和新自由主義都視為某種「去政治化」，因為它們都建立在某種強烈的感情信念裡，既包括了對自由市場的信念、也包括了對

特定族群與文化的信念。當然他要強調的是當今中國大陸也展現了
這種趨勢，但是原因不同，當今大陸的「去政治化的政治」趨勢是
透過對論述的規範和壓制取消了對理論的多元探討。

　　有一個關聯的問題就是怎麼看待中國文化。汪暉在這篇文章
中說到一九八〇年代他去聽了呂秀蓮在哈佛的演講，並對那場演講
印象深刻。呂秀蓮指出文化和政治是可以二分的，文化上可以認
同中國，但是政治上可以完全脫離中國，尋求獨立。汪暉從這裡接
著說，文化和政治認同的確是可以分離的，所以要真誠地談兩岸統
一，你不能只談中國文化。很明顯地，從龍應台到各類「獨台」到
柯P，都在談中國文化甚至實踐中國文化，柯P還把他的幕僚會議
室掛了一張仿造清裝連續劇裡常見於軍機處的「一團和氣」中堂。
在這裡，「中國文化」變成了和現代西方文化之間沒有張力的「中國
文化」，變成了老莊、詩詞、太極拳、書法、針灸，變成了「　團和
氣」，變成了沒有中國歷史的中國文化。這樣的「中國文化」是無法
介入到關於當代世界該怎麼走的論證裡的，因此，從人類文明的角
度看，是糟粕。世界的目的是什麼，方向是什麼，不分文明傳統，
全世界人民都應該有發言權，而「歷史終結」是一幅西方人為了禁
止別人發言掛起來的中堂，反而受到被壓制者的膜拜。假如我們把
「中國文化」僅僅視為身分認同的配件，掛著它，叮叮噹噹的，有
了這個我就是中國人，這樣不好，沒有盡世界人的義務。如果「中
國文化」只是「軟性的」，代表了一種天人合一、和諧、道德內在主
義，是相對於「物質的」與「異化的」西方文化的絕對他者，這也不
好，因為雖然為世界添姿加色，但同時也把自己當成「外人」了，
也同樣無法進入到當下關於世界要如何往前走的方向論證，以及進

入到如何作為思想文化資源的討論中。汪暉在他的四大卷《現代中國思想的興起》裡有過這樣一個野心，要把中國的思想文化（尤其是儒家）作為一種積極介入現代政治的「歷史他者」。對不管是儒家還是道家的思想傳統，我們其實是很陌生的，我們是看得懂字句，但又並不知道他們在講什麼；很可能我們理解哈貝馬斯要比理解朱熹、王陽明還來得深刻得多。中國自宋代以來思想界是如何面臨一種「現代」情境的論述，要如何把它們編織入我們今天對未來秩序的想像？它作為一個「歷史他者」提供給我們面對今日情境的想像資源為何？對這樣的思想與知識無能，作為一個中國知識分子、區域知識分子，我們難道不必感覺到自己有所殘缺？而汪暉在他的四大卷裡就是要去面對這個繼承或源流的問題。但是，讀這篇文章時，我也感到好奇的是，這篇文章似乎與汪暉之前的論述有一個斷裂，「中國文化」問題被權宜地以龍應台那種狹義的「中國文化」想像進行操作，從而讓汪暉得以反對那樣去談「中國文化」，去談「文化」在統一事業中的非充分性。但是，這樣的知識操作的代價是否讓汪暉原先的關於中國現代思想興起的問題意識被暫時懸置起來了？當然這只是一個隨想。另一個隨想則是，對於「通三統」，汪暉又將如何看待？

四、呼喚統派

汪暉這篇文章既是要談台灣問題，那麼就繞不開統獨問題，但他說他雖然用「獨派」和「統派」，但其實是不得已的，他也不想去用這樣的概念，但不這樣談，他更沒法和大家溝通。汪暉意識到了

語言的限制，你要去突破你現在的政治想像，要去建立一個新的政治秩序，但是你所依賴的東西卻又是之前的高度不分析、高度不理論，而且是情感充斥的語言，例如「獨派」和「統派」。儘管是在這樣的語言限制下，汪暉還是要為一種「統派」進行知識上的論證和支持。經過之前的討論，大家應該比較清楚，這個「統派」不是說「你中國人要來收編我台灣人」，要進行鴨霸式的統一。汪暉說，不妨去想想一九五〇年代到文革結束前，那時候中國政權所講的「統一」還是有一個大的解放的，某種意義而言是有一個烏托邦願景的「統一」，是站在某一種「啟蒙」的高度上，拒絕以「文化」或「血緣」作為統一的基礎。那麼我們怎樣在二十一世紀的今天去想像一個超越文化或族群的「我們」？對汪暉來說，這個實踐並不是沒有前例的，他說作家茅盾在一九三〇年代做了一個很重要的但如今被遺忘了貢獻，他將五四的、進步的理念和精神帶到新疆，新疆一直是兵家的三戰之地，總是有各式境外力量，包括英國、俄國在覬覦著，但是茅盾當時完全不是說「我是漢族，我要來統一你維族」，而是代表了一個超越漢族的、更合理的、更進步的五四精神，汪暉說這個東西在那時打破了漢族和維族知識分子的疆界，形成了一個知識分子的願景共同體。茅盾帶去的五四的進步因素裡當然也包括了魯迅，所以那時魯迅變成了維族知識分子作為弱勢者很能感同身受的理念和思想。這就不是建立在狹隘的部族政治、族群政治上的「我們」了。這個「我們」要怎樣去構思，是汪暉文章最有思想衝擊力的具體衝撞，但同時也是最低度開發的。還是得再說一次，這當然不能責備汪暉，他提出來，他還要繼續，而我們也都應從不同方向繼續去談這個「我們」。而只要繼續談下去，那會不會比以一種現代民

族國家意識形態框架下的敵對性的、不相容的「我們和他們」的談法，更有視野上的開闊性與實踐上的進步性呢？我覺得是啊，為什麼一直要去談我和你之間的「自戀的微小差異」，我和你之間的「漢賊不兩立」的零和，而不能去開始談「我們」呢？難道不該是到最後，甚至全世界全人類，甚至非人類的鳥獸蟲魚花草瓦石，都應該變為一個「我們」。如果我們馬上認為這是不可能的，那我們是不是自己陷入在一個民族國家體系所依賴的自以為終局的的一種沙特所謂的「壞信念」裡頭呢？我覺得汪暉呼喚統一的張力包括了這個開闊性與實踐性。

汪暉所說的建立一個「我們」，對他而言，我承認也是對我而言，首先也就是兩邊都要建立並發揚「統派」。為什麼要建立一個「統派」？因為目前的「獨派」，哪怕是——或恰恰是左獨，是大有問題的。首先，「台獨」是一種「去政治化的政治」，台獨在某種意義上被神學化、教條化、神聖化。其次是，這個「獨立」內容虛無——於中國社會主義革命傳統中有著世界解放目標的「獨立」：國家要獨立，民族要解放，而且這樣的政治還不是在民族國家的範疇內就能充分滿足的，人民還要革命。那是一個什麼樣的時代啊！那個政治論述的視野也許「太大了」，尤其對我們現在而言必然感覺太大了，但是我們現在這個時代的政治視野是不是也太小了呢？相對於那個視野裡的「獨立」，台獨派的「獨立」似乎沒有政治內容，自相矛盾，無法界定。我們向來只要能「脫中」，就算是「親美」也是必須的；只要能夠獨立於Ａ，我心甘情願依附於Ｂ。那麼這是否就是「獨立」的一個不可解的內在矛盾呢？更何況現在「台獨」又轉化成「獨台」，也就是說「承認現狀就是獨立」，那這個「獨立」就更沒有內容

了；如果現狀就是獨立，那就根本不需要運動，也不需要論述了。這是個虛無主義的想法，因為你已經喪失了過去、現在和未來的辯證了，只是站在單維的「現在」裡。因此，獨派的台灣認同，是建立在非歷史的而且是意志論的前提下，是「不管怎樣，我們就是要脫離中國」。

汪暉認為這種「去政治化的」、「虛無主義的」、「意志主義的」的「獨立」造成了三層斷裂。相對於大陸，這個「獨立」其實只是「分離主義」，因此台灣的「獨派」嚴格意義上也不能叫做「獨派」，「獨立」牽涉到很多所謂自主性的東西，政治多自主？經濟多自主？地緣政治中的自主性如何？自由貿易體系裡是否有一種平等協商的尊嚴和策略？文化能否自主？這中間牽涉到一個社群的某種「道德正直」(integrity)，和一種文化思想與知識的尊嚴。這些東西就不能只透過分離主義來解決，只要脫離，至於脫離之後如何我不管。那將如何回應魯迅的經典提問：「娜拉離家之後呢？」。但在這一切之前，還有一個現實問題：無論如何，中國大陸99%以上的老百姓認為台灣是跟他們一體的，台灣人是他們的同胞，那你這邊不去以一種積極面對現實，從而也是積極面對歷史的態度去建立一個「我們」該如何相處的論述與願景，只是整天在那裡哭調地說「我要脫離你」，那會帶來怎樣的後果呢？老實說，我覺得汪暉是在為台灣擔心，因為他了解中國大陸的狀況。這個狀況你是可以給予價值判斷，可以不滿意，但是歷史的現實和不滿意無關，99%以上的中國大陸老百姓，其中包括工人農民農民工，包括同志，包括女性，包括老人，包括小孩，堅定地認為台灣人是中國人，認為台灣是經過了中國近代史各式各樣的悲劇，被帝國主義強割出去的，而這樣的

一種離散終究是要團圓的。這個集體感受是不因我們的個人意志而轉移的「社會事實」。政治不全是「理智」的東西，台灣不去面對這個具體的感情，只是要神聖化你自己的感情，那不是很奇怪的事情嗎？台獨常常宣稱感情很重要，那你怎麼不去考慮這個「分斷體系」內其他人的感情呢？為什麼你要求別人理性，別人卻要尊重你的感情呢？關於感情和理智的複雜的思想論證，我覺得是獨派向來沒有去談的東西，因為一直都還只是在一種口腔期的我要狀態中。所以汪暉說的「三個斷裂」，一個就是那相對於中國大陸，只會帶來災難性的「分離主義」。杜正勝的地圖完全是一種退化的烏托邦嘛，把地球儀平放，南極北極也不見了，台灣掛在上面，歐亞大陸墊在下面。這樣的一種唯意志論會帶來什麼後果？我想起馬克思在《德意志意識形態》卷首所刻畫的那個「勇敢的德國人」，他相信憑藉意志可以克服地心引力，結果溺死了，成為了一個「可憐的德國人」。我總覺得汪暉是在幫台灣人擔心，在這個意義上，我覺得他的「態度很好」。

　　其次，這種獨派除了在兩岸之間造成一種分離主義的危機，它在台灣內部造成了長期分裂的國度（divided nation）。一個共同體被分裂了，而可悲的是這個分裂還找不著整合甚至黏合的機制，因為整個政治動員，特別是選舉政治，是透過這個分裂而向腫瘤般成長的。大家想想看，如果台灣哪天沒有藍綠的、統獨的分裂，台灣人搞不好會因為無聊而自殺一百萬，我這是誇張了，我的意思是說，這成為了一種變態的興奮劑，變成了要週期產生一種卡通化的敵對亢奮，透過敵對的劇碼讓我們擺脫台灣版的資本主義現代性的沉悶無意義或無聊。這種「無聊」是很可怕的，在歷史上很多的政治勢力

也嘗試去超越，例如法西斯主義就是試圖去超越這個對它而言既包括「盎格魯薩克遜的」代議政治與消費人生，也包括了「斯拉夫的」「布爾什維克啟蒙主義」的布爾喬亞沉悶無聊（bourgeois boredom），要求一種超越一切庸俗的德意志生命空間，那裡有我們的森林，我們的神話，我們北方民族（Nordic）的血脈，我們的道德共同體，我們在那裡可以產生一種古典希臘悲劇式的集體浪漫和興奮。台灣這幾十年的快速資本主義發展一定程度上也帶來了台灣社會與文化的沉悶與無聊，而「統獨」，及其日常的對立政治話語與選舉的嘉年華，是這樣的沉悶無聊裡的春藥或一種興奮劑，其代價則是內外敵人的不厭的人肉搜索，以及共同體的撕裂。這不是汪暉的話，我脫離汪暉的脈絡來講了。

其三，獨派對於區域和平乃至世界和平，也可能會造成重大危機，因為獨派唯一的政治路徑，唯一的選項就是：「不拍美國的馬屁，那要拍誰的馬屁呢？」而這也就是說，獨派有著很強烈地回歸。汪暉透過阿銳基的分析，所指出的以美國為代表的「舊秩序」的衝動，最好是回到冷戰秩序，通過美國地緣政治的重劃，把台灣再度清楚地歸納到西方世界，甚至更進一步，加入到美日共同體的戰略布局。那麼，這樣的獨派，不是會結構性地加劇了整個區域的不安定，尤其是在美國重返東亞之際？這樣的獨派，以及這樣的左獨，當對照起沖繩的反美軍基地的反戰或和平運動所達到的理念高度時，要如何自我理解呢？是在面對這樣的獨派，汪暉指出沒有什麼時刻比今天更迫切地要召喚出一種新的統派，一種並非在民族國家體系內陷入與獨派鏡像糾纏的那種統派。因此，就策略與實踐而言，他念茲在茲的「問題意識」，是統派的式微，而非獨派的昂揚，

並以論述催促一個以超克「分斷體制」的、超克海洋資本主義的、超克美國地緣政治帝國霸權的,具有一種新的文化政治的,一個新的「我們」的「統派」的出現,而這將是一件具有島內、兩岸、東亞、乃至全球意義格局的大事。對這樣的一種統派的召喚,不只是面向台灣而發的,其實更是對汪暉所目睹的今日中國大陸的「統派的式微」狀況而發的。

今天就說到這裡,謝謝大家!

蔡英文全面倒向美國

呂正惠

　　自從蔡英文成為民進黨的候選人，而大多數人都認為蔡英文可能會贏得2016年的大選以後，蔡英文未來的兩岸政策成為大家最關心的焦點。最近讀了她在《華爾街日報》的投書，以及她在美國重要智庫安全與戰略研究中心所做的演講以後，我認為，更重要的反而是她對美國的態度。在這兩個場合裡，她都在向美國表態：台灣會成為美國在亞太地區最可靠的戰略夥伴；在美國重返亞洲的時候，她將繼安倍晉三和阿基諾三世之後，成為美國最可靠的盟友。因為她的這種態度，在她訪問美國的時候，美國才會給她前所未有的高規格的接待。接著，美國《時代》雜誌還對她進行了專訪，並把她作為當期的封面人物。

　　《華爾街日報》投書的題目是，Taiwan Can Build on U.S. Ties，可以譯為「台灣會和美國綁在一起」，就毫不保留的表現了她的親美情結！在文章一開頭，她就說，「三十多年來，美台關係一直是亞太地區和平、穩定的基石，美國是台灣最重要戰略夥伴」，然後又講了以下一段話：

　　　作為一個極富活力的民主國家，台灣身處於極活躍也極複雜的

111

區域，而這個區域的安全及經濟環境正持續變動中。為了成功在這個大環境中前進，台灣必須對未來提出一個開放、具前瞻性的戰略。而這項工作，基本上，是建立在與美國擁有健全的經濟、國防、以及人民與人民的關係上，同時與中國保持全面且有原則的互動。

亞太地區的「安全與經濟環境正持續變動中」，當然是中國崛起所造成的。因為這個變動，美國才會緊張，台灣才會面對挑戰，而蔡英文認為，面對未來，台灣的前瞻性戰略，「基本上，是建立在與美國擁有健全的經濟、國防、以及人民與人民的關係上」。這就表示，在這一次的亞太變局裡，台灣將和美國站在一起。這樣，她將如何「與中國保持全面且有原則的互動」呢？我們接著就來看她在安全與戰略研究中心所做的演講的主要內容。

在演講中，蔡英文提到台灣社會目前所面對的兩大問題，「自由民主受到侵蝕」和「維持台灣經濟自主的不確定性與日俱增」。關於前者，她是這樣說的：

過去幾年來，正如同某些著名國際機構所指出，台灣在言論自由、新聞自由或人權紀錄上，都出現下滑的狀況。去年3月，一項兩岸貿易協議因立法審查過程違反民主原則，引爆了強大的社會力，試圖去改變政府的做法。

我實在無法理解，蔡英文憑什麼說，台灣的言論自由、新聞自由和人權紀錄都在下滑。民進黨在馬英九執政的這幾年裡，從來

沒有中斷過對他的攻擊，特別是對他兩岸政策的攻擊，這種攻擊相當程度的主導了某些民意，怎麼能說他們沒有言論自由呢？至於人權，大概是指馬英九沒有廢除死刑。然而，正因為馬英九所任命的一位司法部長拒絕將死刑犯付諸執行，才引發民意強烈反彈，那位司法部長不得不下台，馬英九不得不執行死刑，這不正證明馬英九不得不被迫接受民意了嗎？

我仔細體會蔡英文這一段話，認為她真正的用意是在責備馬英九的兩岸貿易協議違反民主程序。然而，真相是馬英九正要把這項協議在立法院付諸表決時，民進黨發動太陽花學運，占領立法院，讓協議無法在立法院討論。台灣已經有了一套民主程序，民進黨在立法院內占少數，所以常常霸占主席台，不讓很多法案表決，最後還發動群眾來霸占立法院，以此來反對貿易協議，這不是很明顯不願意遵守既定的民主程序嗎？自己不民主，反而怪馬英九不民主，這叫做「作賊的反而喊捉賊」。事實是，民進黨無法在立法院裡擋住馬英九的各種兩岸協議，而民進黨又極強烈的反對馬英九的兩岸政策，眼看著馬英九好像越來越偏向大陸，心裡非常著急。民進黨既然認為馬英九已經靠向大陸了，而大陸是「不民主的」，當然台灣的民主也就下滑了，這才是蔡英文這一段話的真正意思。所以，如果蔡英文執政，為了防止台灣的民主繼續下滑，一定要把台灣從大陸再拉開一點，這是很清楚的。

我們再來看，蔡英文如何議論台灣經濟。她首先說：

近年來台灣經濟的停滯及失去成長動能，是多數民眾最感到痛苦之事。中國崛起並成為世界工廠，讓台灣「效率驅動」的經

濟成長模式受到衝擊，進而導致日形嚴重的貧富差距、工作機
會外移及薪資成長停滯。

這就是怪罪大陸經濟的崛起，壓抑了台灣經濟的發展。如果按
照蔡英文的自由主義立場，國際經濟本來就是自由競爭的，如果不
是美國和日本經濟下滑，台灣還可能向這兩國輸出貨品，台灣又何
至於陷入目前的經濟苦境呢？只責怪中國的崛起，而忘了美國和日
本才是台灣的出口經濟迅速萎縮的元凶，這位曾經是教授的政治人
物，「學問」會有這麼差嗎？難道她不知道，就是因為李登輝和陳水
扁執政的二十年，堅持不讓台灣經濟和大陸發生關係，才導致台灣
在新的國際經濟體系中陷入困境的嗎？

接著，蔡英文又說：

未來民進黨執政最優先的任務，就是提出一個能讓經濟向前推
進的新路徑……我們希望新模式能夠有助於降低對單一市場的
依賴，確保台灣經濟自主。去年6月，美國前國務卿希拉蕊就
很善意的提醒我們，如果台灣失去經濟獨立性，將會變得脆弱
易受傷害。

原來蔡英文經濟新模式的主要目標，就是要「降低對單一市場
的依賴」，當然我們都知道，這個單一市場指的是大陸。她還特別
表明，這是美國前國務卿以前對台灣的善意提醒，這就表示她接受
了美國的建議，所以也就間接暗示了美國對馬英九兩岸經濟政策的
不滿。蔡英文執政以後，主觀的意願當然是要按照美國的要求，儘

可能降低兩岸過熱的經濟關係。蔡英文可能不願意承認，馬英九實際上是「被迫」不得不靠向大陸市場的，如果不這樣，他根本沒有其他的辦法可以維持台灣的經濟。我如果不是強烈反對蔡英文的親美政策，實在很想投她一票，看她當選以後，能夠想出什麼奇妙的辦法可以挽救台灣的經濟。

談過台灣目前的兩大問題以後，蔡英文又說：

為讓台灣經濟更有競爭力，同時強化民主，我們必須建立能夠捍衛國家、維持和平的國軍，我們也應該藉由對國際事務有意義的貢獻，來協助塑造一個友善的區域環境。當然，能夠維持和中國之間的和平穩定關係是其中關鍵的一環。

為了民主和經濟這兩個目標，為什麼還要建立足以捍衛國家的「國軍」呢？這不是意謂著她的政策可能導至大陸的「武力犯台」嗎？既然這樣，又怎麼能夠「維持和中國之間的和平穩定關係」呢？再往下讀就知道她的意思了。她說：

在國防事務上，我堅信，台灣要成為在區域安全中的可信賴的夥伴，適度投資於有效嚇阻是重要關鍵。面對日益增加的軍事安全威脅，台灣發展不對稱作戰能力，是嚇阻戰略的重要原素……

基於台灣關係法和在區域安全的共同利益，持續強化台美軍事合作十分重要的。台灣應該繼續成為美國可信賴的夥伴，以確

保區域的和平穩定……

　　原來基於《台灣關係法》、基於台灣是美國最可信賴的夥伴，所以只要在台灣的有利協助下，美國能夠確保亞太的區域安全，台灣跟「中國」的和平穩定關係也就可以維持了。說白了，就是只要台灣忠於美國，台灣就可以受到保護，即使面向越來越強大的中國，也可以安穩無憂了。

　　這是怎麼樣的一個蔡英文呢？她最近還口口聲聲的說，兩岸要維持現狀，請問，這是要維持現狀嗎？

　　很多媒體一直關心，蔡英文如何面對美國的考試，而美國的考試，大家又以為是她如何面對九二共識。其實，現在看來，這種推測完全錯誤。當我們讀了蔡英文投書和演講後，我們會恍然大悟，原來美國是要蔡英文在中、美的南海之爭中（即亞太區域安全問題上）完全站在美國這一邊。她很聰明，表態得夠清楚了。但台灣人民並不都是愚蠢的，把台灣的前途緊緊的綁在美國那一艘搖搖欲墜的戰艦上，實際上就是把台灣帶回兩岸對立的形勢，這根本不是維持現狀，誰能安心呢？

　　這樣的蔡英文，一定要反對。

2015.6.20

與趙剛商榷

我們需要什麼樣的「中國」理念

劉紀蕙

【「破土」編者按】「破土」近期刊載了幾篇關於台灣社會運動的文章，引起了讀者的廣泛熱議。台灣交通大學社會與文化研究所劉紀蕙教授特惠賜本文參與討論。她在本文中指出，包括太陽花運動在內的台灣社會運動，反映了台灣不同階層與不同角落的民意，將其歸結為缺乏階級視野的台獨運動是非常武斷的。她認為，真正的敵人不是任何具體的民族國家，而是一種新自由主義的跨國資本邏輯，也因此，台灣真正的出路並非是依附於任何區域經濟霸權，而是構想一種新的和平共處模式，以便為自下而上地制衡資本主義創造空間。「破土」期待本文能為我們思考台灣社會運動以及兩岸問題提供一種新的思路，也歡迎不同觀點的讀者加入討論。「破土」真誠希望兩岸人民在未來能聯合在一種新的「中國」框架下，反抗新自由主義的資本邏輯，謀求共同的福祉。

趙剛20015年6月4日在北京清華大學的演講「台派『烏托邦』」，要放回到他去年6月在《台灣社會研究季刊》發表的文章〈風

雨台灣的未來：對太陽花運動的觀察與反思〉（轉載於《文化縱橫》，
2014.6）的脈絡一起思考，甚至要參考汪暉的〈當代中國歷史巨變
中的台灣問題：從2014年的「太陽花運動」談起〉（《文化縱橫》，
2015.1）中所討論的統派式微與「獨台」主流化，才能夠充分理解。

　　顯然趙剛的意圖並不僅僅在於指出台派青年烏托邦式的熱情，
或是〈島嶼天光〉與〈黑暗騎士〉流露出的「現代自戀」，他更在意於批
判台灣以反服貿訴求所展開的占領運動，實際上受到了「中國因素」
這個「最大興奮點」的刺激，而陷入了恐中鄙中的論述。當台灣以反
中的立場朝向激進台獨靠近時，卻無視於「誰是敵人」，不分析「美
國因素」對於台灣的政治經濟制約，而不自覺地更為靠近親美路線。

　　為了分析當前藍綠兩黨獨台與台獨的「大和解」，以及關於社運
團體所提出的公民、人權、台灣、家園、文化等話語結構的內在悖
論，趙剛也拉長了「一百年歷史視野」，分析反中反華的歷史源頭，
以便拆解這些叢結，試圖重新思考「中國作為一個理念」而根本解
決「台灣問題」的可能性。趙剛指出，兩岸知識分子的責任，必須
回應「當下之要求」，思考「中國」如何可能真正作為具有召喚力的
價值與實踐的理念，以便能夠提供「人類新的安身立命以及與萬物
相處共榮」的道路，以及「區域人民的正義、和平與尊嚴」。

　　關於趙剛所對於誰是真正的敵人以及中國作為一個理念的提
法，我希望展開一些我的想法。[1]

1　這篇短論的討論，已經在我這學期所開設的課程「共產主義理念」中與同學反
　覆討論過，也和我的幾個指導學生交換過意見。我要謝謝這些同學對我的挑
　戰以及思想上的刺激。

一

　　我們都知道太陽花運動起因雖然是抵制立法院中強行通過《海峽兩岸服務貿易協議》，這個占領運動所集結的聲音卻是複雜的。幾個檯面上的團體，例如黑色島國青年陣線、台灣農村陣線、台灣勞工陣線、台灣人權促進會、人民民主陣線、PLURS電音反核陣線、公民1985行動聯盟等等，已經呈現了不同的立場。雖然這些檯面上的團體的確有較高的共同訴求，大家的確目睹了這場占領運動中反中言論的突出，以及趙剛所分析的「中國因素警告」的各種威脅論述。而且，這些言論不僅出現於運動現場的各種標語中，也出自於在公開講堂的大學教授以及民間人士口中。就這個問題而言，趙剛的分析是十分犀利而準確的。但是，這個現象雖然普遍，或是浮出於表面，卻仍舊不能夠簡單地盤整化約為單一的反中反華心態，更不能夠以此現象定位這次占領運動的整體面貌。

　　占領運動進入立法機構，抗議政黨政治之下立法運作的弊端，是具有高度象徵意義的行動。占領運動的公開訴求，除了要求服貿協議退回行政院，建立監督機制以便審查服貿之外，也強調公民要能夠參與、資訊要公開、人權有保障、政府負義務、國會要監督，召開公民憲政會議，以及提出政黨不應該控制立委的建議，提醒立委應該傾聽民意。這些要求反映出人們對於台灣政黨政治代議制度的不滿。過去台灣的政黨體制豢養了縱容政商勾結的民意代表，長時間暴露出了資本與權力透過體制而集中，官僚貪腐以及黑金勾結。不僅人民選出的民意代表被黨團化，政策議案更被朝野政黨的意志綁架。無論是杯葛、關說或是密室協商，都顯示出民意代表早

已無法代表民意。

　　這個象徵性的占領運動，雖然背後有幾個運動團體各自過去歷史上累積的脈絡，卻真實地反向刺激了民間廣泛的反省。除了檯面上的言論之外，還有自主集結的醫療團體、食物供給線與藝術團體的參與，從不同的面向提供支援或是紀錄活動。此外，雖然主要的運動聚集在立法院內外，但是各種講堂也開始擴及全省，在台灣南北各大學課堂或是民間進行。這個事件的擴散效應，以及台灣社會內部醞釀由下而上的底層民主思維與社會介入的力量，需要長時間的觀察與分析。

　　無論是趙剛所描述的素樸而具有「自贖意義」的台灣學生運動，包括「樂生」、「三鶯」、「溪洲」，或是2008年以後的各種社會運動，甚至是太陽花運動，都有複雜而重大的社會意義，其運動擴散的層面也都並不僅止於抗爭場所或是抗爭行動的時間點，而有其社會面橫向與時間軸縱向的延展與深化。2008年以後的社會運動延續台灣社會運動的歷史脈絡，全面而深入社會不同議題，例如反對農地強行徵收、要求小農經濟、永續農業與糧食主權的農民運動，維護勞工基本工資、福利、工傷、工作環境以及移工的勞工運動，抗議國內或是跨國企業造成環境汙染、公害、土地賤售而發起的環境運動，發動全民參與揭露政府包庇黑心商人的食品安全運動，義務役軍人洪仲丘服役期間遭受欺凌虐待暴斃而引發的向台灣軍方抗議，並且要求改革管理制度與重視軍中人權的白衫軍運動，以及持續對於兩岸農運、工運、偏遠地區教育或是愛滋村問題保持關注與協助的團體與個人等等。這些面對不同脈絡而自發組成的各種社會運動，絕對不能夠簡單地如同趙剛以極為犬儒的口吻所說，「2008

年之後，『階級』語言退開路障位置，使社運與台獨合一」。

　　雖然有些時候這些社會運動的前期有組織動員過程，後續部分成果也會被政黨「收割」，但是這些運動的發生以及其訴求，卻真實地反映也代表了台灣不同階層與不同角落的老百姓聲音。國家可以藉由開發之名與資本主義掛鉤，也可以輕易地訴諸民族主義而集結選舉人口，跨國資本更可以順理成章地結合本地企業，透過政府的支持，而造成更為全面的資本與權力的集中，拉開貧富的差距，在本地形成各種形式被剝削的人口。在此現狀之下，無論是民進黨執政或是國民黨執政，都呈現了「資本－國家－民族」扣連的結構。如果代表人民的民意代表已經在此結構之內，受到資本與國家或是政黨意志的主導，那麼人民的生活權利要如何被代表呢？地方上的老百姓要如何發聲呢？

　　社會運動便是透過各種管道，從社會出發，使老百姓能夠與身旁受到剝奪的人一起發聲，或是彼此代為發生，以便讓聲音能夠被聽到，進而促使政府納入考量，改變法規與制度。多數的社會運動更進而直接介入並且參與災區村舍重建，創造社區藝文空間，協助偏遠地區成立老人食堂，親身進入農村或是部落，合作改善農地、水利與農產品自銷，而重新構造社會空間、活化社區功能、加強民眾參與，以便脫離政黨政治內耗之下官僚系統的惰性。這種迴向在地社會並且經營家園的運動，是持續進行的運動，其實也正是社會主義中國曾經經驗過的「人民當家作主」的共有經驗，並不必被任何抽象概念所代表。

　　以社會運動的整體意義而言，質問服貿協議的未經審議而通過，質問核能發電廠的合理性，質問死刑的正當性，為何必然是反

國民黨或是反中呢？當台灣東岸海岸線大量被購買，地價大幅炒作而抬高，當整個大台北地區都在台灣核能二廠的撤離範圍，而核二廠周圍三十公里內卻又超過五百四十萬的人口，遠遠超出於福島核災撤離二十到三十公里範圍的十四萬人口，當全世界超過三分之二的國家已經廢除死刑，而死刑的爭議必須持續討論時，以不同的位置進行公共辯論，要求國家重新考慮並且調整其行政法令或是制度，為何不是老百姓應有的人民主權呢？如果這麼多的社會運動，以及太陽花運動所牽動的這麼多人的思想與情感，以及反覆涉入對於運動的反省，都被犬儒主義式地嘲弄而否定，並且簡化為台獨，那麼，台獨或是獨台的意義就已經被這些社會運動所重新定義了。

二

在國家結合資本的結構之下，加上不同政黨以不同模式所操縱的民族主義情緒，我們要如何才能夠看清楚誰是「真正的敵人」？什麼外來的力量會剝奪人民使用生活空間與生活資源的自主性？當資本與土地在權力結構之下大量地被集中，而使得人們無法取得生活資源，甚至可能會無立錐之地，社會運動所對抗的對象是誰？人們所面對的主要矛盾到底在何處？

眼前我們所看到的，是當前透過國家機制以及在地政府滲透而快速發展的新自由主義與跨國資本帝國。無論是美國重返亞洲並且結合冷戰盟友，進行東亞經濟金融區域整合的跨太平洋夥伴關係（TPP），跨大西洋貿易與投資夥伴關係（Transatlantic Trade and Investment Partnership, TTIP），服務貿易協定（TISA）等計畫，或是

中國「一路一帶」的經濟區域規劃，包括了上海合作組織（Shanghai Co-operation Organization, SCO），亞洲相互協作與信任措施會議（Conference on Interaction and Confidence-Building Measures in Asia, CICA），金磚國家BRICS（Brazil, Russia, India, China, South America），以及亞洲基礎設施投資銀行（Asian Infrastructure Investment Bank）：這些跨國區域經濟霸權的合縱連橫，顯然是當前後冷戰時期的新冷戰結構，一種以跨國金融體系以及新自由主義邏輯所建立的區域經濟霸權。主要的矛盾，就橫亙於這個超越於老百姓而由政府所支持的資本金融主導結構，以及被擺置牽動而無自主空間甚至無法出現的的無產者與無分者之間。

跨國區域經濟霸權的擴張，以及新自由主義邏輯的發展主義，是一個自行運轉的龐大機器，如同巨型多腳章魚，身軀隱形於雲端，而其腕足以及無數吸盤則靈活地探入各個社會，吸附當地資本與機構。如果不透過各別在地社會的內部介入以及抵制，這些資本結構必然會橫掃各個社會，透過發展主義而使得跨國都市同質化，而各地的貧富差距與階級分化則會隨之惡化，卻無法制衡。

所謂「真正的敵人」，便不是簡單的「美國因素」，自然也不是「中國因素」或是「日本因素」。將中國或是美國與日本視為敵人，則是時代性的誤識，而無法看清背後真正的敵人卻是結合新自由主義而自動運行的擴張式區域經濟與跨國資本主義邏輯，以及在地政府如何歡迎這些凌駕於本地經濟自主的強勢結構。面對這個基本矛盾，真正要採取的立場，並不是要阻斷所有貿易關係或是選擇單邊依附區域經濟霸權。社會的本質，便是人們的生計、交往與貿易。台灣處於幾個經濟圈的重疊處，自然不能也不必自外於這些經濟網

絡。台灣應該採取的立場，應該是在地政府以及人民持續地介入與制衡，爭取平等貿易與自主空間，協助在地企業的提升，並且在長遠的目標上讓本地企業以及經濟模式脫離發展主義、市場自由競爭、以及資本累積擴張與私有化的惡性發展，以便能夠建立更有多面向活潑交往而不被意識形態或是資本權力壟斷的公共社會。

三

　　趙剛在〈風雨台灣〉一文中強調民進黨在陳水扁政府後期主張的「中華民國是台灣」、「台灣現實上已經獨立」，或是馬英九所提出的「不統、不獨、不武」等論點，正是獨台主張，與台獨趨同。以此前提出發，回溯獨台立場的歷史源頭，趙剛指出陳水扁的務實政治或是馬英九的彈性外交，早已在老蔣時期形成。蔣介石政權的「復興中華文化」無法面對「中華文化」的真實面貌，才是台獨反中的「不知情奠基者」。趙剛以陳映真的「左眼」，批評KANO將日本因素結合台灣人而營造的歷史意象，正如郝伯村在台北市長選舉期間指出當時市長競選人柯文哲是「皇民後裔」一般，對於歷史過程充滿了選擇性的拒斥。這種否認共居此地大多數台灣人曾經經歷的歷史過程以及生命經驗的心態，與台獨基本教義派否認外省人的生命經驗以及曾經經歷的歷史過程，或是以「公民論述」進行納入性的排除，似乎並沒有差別。

　　這種對於歷史的選擇性否認與拒斥，也同樣地反映出了趙剛對於持續變化與多重決定而不斷生成之歷史本質的無感。「一百年歷史視野」並不是內在決定的演進過程，也不是回到某一個時間點便

可以抹除任何階段由無數內外因素構成而歧出並且累積沉澱的歷史
經驗。今日的中國已經不是1949年或是1966年的中國，不是1927
年黃埔軍校國共內鬥的共產黨員集團，不是民國時期的軍閥割據與
南北政府對峙，更不是劇烈變遷而異族雜處的歷代不同帝國。歷史
中的中國經過漫長的大遷徙與異族文化融合，在長時期的佛教化，
儒釋道雜糅，以及不同歷史時期來自於希臘神祕哲學、基督教、巴
比倫宗教與中亞文化的痕跡，加上蒙元時代以及大清帝國不同形式
的疆域與思想的擴展，事實上混同而生成了不同時期的不同文化與
不同社會。歷代疆界發生過大大小小的變動，被南北不同族群以戰
爭侵入，或是以戰爭擴張，每一個朝代更有高度發展的嚴刑峻法，
凌遲、腰斬、車裂、剝皮，動輒上千人的誅九族，也都曾經因為土
地集中以及苛稅暴政，而發生了數百次的人民起義。這是同一個中
國或是同一個帝國嗎？

　　同樣的，台灣承受了中國歷史的漢語文化思想傳承，經歷了不
同的殖民經驗以及多種文化衝擊，更累積而生成了豐富而充滿內在
張力的不同文化與社會。這些不同的文化思想，都內在於台灣人民
的文化經驗之中。今日的台灣早就不是1895前的清朝社會，或是
日本殖民時期、國民政府戒嚴時期的社會，甚至不是1987解嚴前
後的社會。如果無法面對與承認眼前共處的人們的歷史經驗，無法
接受台灣已經不是歷史中的台灣，也不是歷史中的中國，而是當前
持續發展而共同經營的社會，那麼無論是依靠以美國為主的區域經
濟霸權，或是依靠以中國為主的區域經濟霸權，都無法解決台灣的
問題。

四

「亞際思想共同體」是否可以提供一個出路呢？除非能夠清楚界定「亞際」以及「共同體」的意義，並且克服「亞際」各國競逐的發展主義與軍事防禦，否則根本難以脫離全球政治經濟結構之下核心與邊緣的不平等關係的複製。亞際之間，充滿了相互重疊、相互傷害卻又相互構成的歷史過程，造成了各自更為強化的民族主義，也造成了無數共有的文化經驗。除非我們能夠歷史性地分析這些相互構成的歷史經驗及其脈絡，思考其中曾經發生的壓迫結構，以及共同抵制的思想創造，並且超越現代主權國家的防衛性邊界思維，否則我們便無法思考可以和平共處的共同體。

那麼，換一個角度，趙剛所提出的「中國作為一個理念」，在什麼層次上可能會有其意義？看來趙剛應該不是簡單地指向當前的中共政體，因為在沒有充分條件之下，這個提議很難被台灣接受。趙剛應該也不是簡單地指向歷史中的中國，因為歷史中的中國並不是同一個中國，也並不是同一個理想帝國。

趙剛以更為複雜的說法，提出了「作為一個理念」的中國。那麼，這是什麼理念？什麼樣的「中國」作為理念，不會是另外一個區域霸權以及新殖民主義的開啟？什麼樣的「中國」理念，不會讓台灣與大陸的社會因為當前兩個政府所支持的跨國資本企業推動的發展主義，快速地往前奔馳，而陷入更為嚴重的階級分化與被剝奪的狀態？什麼樣的理念，不會讓兩岸的社會成為國家軍事發展與武力部署之下的犧牲？什麼樣的理念，不會讓兩岸的人民回到傳統層級化封建社會的沉默服從，而無法當家作主？

　　我們的確期待能夠構想一個不僅是兩岸而更是更大區域與全球的和平共處模式。但是，我們更關心這個促成和平共處的理念要如何實踐？如何操作？汪暉曾經提出，台灣的新社會運動面對的政治抉擇，是在冷戰格局以及區域霸權中成為一個附庸，還是要重新思考「中國」，探討台灣社會的自主與平等如何與大陸探尋新社會道路的努力中發生重疊。這個「中國」，是什麼意義的中國？如果「中國」可以被視為解消霸權的場域，正如汪暉或許試圖展開的模式，那麼這個「理念」便不是簡單的傳統帝國框架或是現代中國主導的政治經濟區域霸權，而是持續爭取內部平等的解放動力，或是不斷由下而上爭取在地性自主空間的制衡力量，是所有自由人的聯盟。

　　如果目前「中國」的概念框架無法提供這個內部爭取平等以及抵制霸權的動力，那麼，是否可以放棄這個框架，而重新思考一個可以促成此解放動力的共同理念，以便達到和平共處並且多向交流的自由人聯盟或是小社會聯邦？

2015.6.20 於新竹山湖村

（原刊於「破土」網站，http://groundbreaking.tw/wordpress/archives/233，

2015年6月24日。）

敬答劉紀蕙教授

台灣社會運動真的在創造新的可能性嗎？

趙剛

劉紀蕙教授（以下敬稱略）6月23日於「破土」上發表了〈劉紀蕙與趙剛商榷：我們需要什麼樣的「中國」理念〉（以下簡稱劉文）。我讀了之後，才知道她這篇文章討論的對象並不是如她在文章一開始所給人的印象，我在當月4日於北京清華大學的「台派『烏托邦』」演講，而是針對我去年6月在《台灣社會研究季刊》（台北）與《文化縱橫》（北京）同時發表的〈風雨台灣的未來：對太陽花運動的觀察與反思〉。針對我的清華演講，劉紀蕙的學生黃謬已稍早在「破土」上發了一篇〈關於趙剛北京清華大學演講「台派『烏托邦』」的一些思考〉對我進行了一些「思考」。如果說，黃謬的文章是一個即時回應，那麼劉文則是有一段醞釀過程；她說：「這篇短論的討論，已經在我這學期所開設的課程『共產主義理念』中與同學反覆討論過，也和我的幾個指導學生交換過意見……」。對劉老師的這個慎重態度，我願意表達我的敬重，也希望我是以相對的慎重回應她的文章。由於黃謬的論點幾乎都在她老師那兒有了更充分完整的表達，所以，我之下的討論也算是對劉黃二君的一併回應吧。

對「社會運動」的討論，是劉文前半部的核心，以此為基礎，她展開了之後對於「中國」的討論，而那才是整篇文章的真正核心。

對於我對台灣近年來的社會運動（尤其是「太陽花」）的描述與批判，劉紀蕙深不以為然，並以比較貼近我的文本的方式進行討論，但之後關於「中國」的討論部分，則大致應屬她的自問自答。對於劉文，不論是她與我的「商榷」部分，或是她自我表明的部分，我都願意在能力所及的前提下回應或介入討論。我希望我的回應能盡力暫時懸置關於經驗描述與價值判斷的爭論，而集中在關於劉文的論述構造中的內在「理論」或「方法」問題。我想，這可能是一個比較有效的回應方式，因為如果我一再重複我的眼耳與心，那麼我的批評者與我勢將仍是各說各話，效果上很可能讓讀者（尤其是大陸的讀者）益發困惑──這兩個台灣同胞在爭論什麼啊，而且我也不認為能有什麼說服作用。如果有讀者對於我的「太陽花」敘述與判斷感興趣，請讀者自行參閱「保馬」貼文。以下，我就直接針對劉文進行我的回應。但在回應展開之前，我必須坦承我對於劉紀蕙的寫作與思維所知甚薄弱，而這篇文章是我記憶裡讀過的唯一一篇，因此，我在本文所做的任何概括性論斷，都僅僅是以這一篇文章為前提、為基礎的，從而必然是有限制的，是對修正開放的。

一、是的，是以社會運動重新定義台獨

對於我所再現的「太陽花運動」，劉文的批評語法基本上可說是：「你說的那些，也許是會讓人稍微惋惜的現象，尤其是反中親美親日。的確是有那些現象，但你的問題是：你並沒有看到那些現象之後的新興價值與力量的浮現。」這個新興事物，劉紀蕙斷言，就是那反映了代議政治與政黨政治的失靈，並反映了多重底層老百

姓的「民主思維與社會介入的力量」的社會運動。為了要彰顯她所
觀察到的社運的多元性與自主性，她斷然否認社運被台獨收編，以
及「太陽花」是這場迄今已綿延六、七年之長的收編大流的洪峰。
於是，劉紀蕙對我置下了一段，以她的形象而言，算是頗武斷、頗
尖銳的指責話語：

> 這些面對不同脈絡而自發組成的各種社會運動，絕對不能夠簡
> 單地如同趙剛以極為犬儒的口吻所說，「2008年之後，『階級』
> 語言退開路障位置，使社運與台獨合一」。

在下面的討論，除非不可避免，我將，如我方才的方法宣稱，
不與劉紀蕙進到經驗與歷史層次的爭論，甚至不讓價值在超越性層
次上對衝。我只就劉紀蕙自己的書寫指出她的論述裡無可化解的矛
盾，並試圖理解這樣的書寫的政治意義。

「社運與台獨合一」，或任何的「合一」，甚至說到底「一」，是
劉紀蕙的噩夢，而我願意說，劉文的書寫，其實就是為了要祛逐這
個噩夢，而我，只是恰巧帶來這個噩夢消息的一個人──特別是因
為當我說2008年以降的歷史見證了一段收編史，2008年之前，社
運還憑藉著某種左翼的「階級」論述，還試圖維繫它的某種「不統不
獨」，但之後，每下愈況，到了2014年的太陽花運動，社運與台獨
終於大致達成了某種一體化……。這樣的一種關於現實的敘事，就
是她所極力要掙扎反抗的夢魘。對我來說，這就是必須如此直面的
現實，對劉紀蕙而言，這是你趙剛的噩夢。為了反抗真的「夢魘」，
她搭建了一個假的「好夢」，那就是劉文。

　　像任何的好夢一般，劉紀蕙的好夢，所依賴的不是經驗也不是歷史，而是一種以「多」與「小」為主元素的「元理論」寶塔，然後，把她的「台灣」放進這一個寶塔裡，從而弔詭地又回到了一種不見得更可怕的「一」。

　　我們來看看劉紀蕙是如何構築的。為了要破一，首先得立二。於是，劉文似乎是依賴了可以是一種馬克思主義的科學觀，指出了，在趙剛所以為的「同一」的世界裡，事實上是不同一的；我不幸看到的那個台獨與社運合一的大流只是表面現象，而非深度真實。於是，劉紀蕙要說的或許可以是，以她比較「科學」的觀察，在這些「反中」的表象之後，事實上是有一個進步的二元對立結構，一個高高在上的由「資本－國家－民族」所「扣連的結構」對立於「地方上的老百姓」；前者是一個壓迫與剝削者，後者則是壓迫與剝削的對象。於是，她質問我 2008 年以後包括了「農民運動」、「勞工運動」、「環境運動」、「白衫軍運動」，乃至「太陽花運動」、「反核」、「廢死」……等各種「社會運動」，為什麼不是地方上的多種老百姓，也就是「各種形式被剝削的人口」，向以「國家」為核心的「資本－國家－民族」扣連體，努力發出抗爭之聲，並追求正義與多元的反抗力量呢？在這個「老百姓 vs. 國家」的二元結構中，社運於是成為了「老百姓」的列寧式先鋒隊：

　　　社會運動便是透過各種管道，從社會出發，使老百姓能夠與身
　　　旁受到剝奪的人一起發聲，或是彼此代為發聲，以便讓聲音能
　　　夠被聽到，進而促使政府納入考量，改變法規與制度。

　　但是，就當劉紀蕙如此簡易明瞭並「正確」地構思她的「好夢」
（或烏托邦）時，她忘記了兩點。首先，她自己陷入了一種「反科
學」：她接受了這些運動的自我宣稱，而放棄了知識人的責任首先
是質疑意識形態宣稱與制度或實踐現實之間的經常是不可告人的
落差——難道「反核」就是「反核」嗎？因此，事實上是我，因為透
過宣稱與現實的內在矛盾而指出了一種可怕的「一」的形成。而另
一方面，事實上是劉紀蕙，由於對「一」的教條憎怖，讓她取消了
原本「科學」所可能貢獻於她的有益「犬儒」，從而接受了事物對自
身的意識形態宣稱，也就是將「名」與「實」之間的裂隙取消，並賦
予它們一種過於輕巧方便的「同一性」（無限多的「小一」），藉由這
個同一性方法，劉紀蕙弔詭地取得了「二」、「三」與「萬物」（或萬
舌），從而進入了她的「好夢」。但還用我們提醒，指出這個好夢的
代價是對於真實的惡境的掩耳遮目嗎？

　　其次，恰恰是劉紀蕙自己在構築她的好夢城堡時，把「階級」
給取消了。於我，階級被取消，是歷史鬥爭的失敗結果，而於劉紀
蕙，階級被取消，是她的理論介入效果。她實指（posit）了很多「反
國家」的社會範疇，例如農民、勞工、環保人士、人權人士、反核
人士、廢死人士……，但在她的概念化裡，這些範疇的「階級性」
恰恰都被抹消了；是在「社運」的帶領與融合下，形成了一個「反
國家機器」的「各種形式被剝削的人口」。劉文裡不時出現的「老百
姓」、「人民」、「民間」、「人口」，難道不是徵候性地顯示了一種我
們在台灣熟悉得不能再熟悉的一縷遊蕩於台灣上空的民粹主義幽靈
嗎？過去，「社運」還勉力經營一種拒絕民粹主義的姿態，但2008
年之後乃至於今，這個拒絕如今已經嫵媚得不成樣了！透過太陽花

的給力，曾經一度處於邊緣位置的社運，取得了今天這般從來沒有過的主流位置，而反過來看，這又正是因為它自我「克服」了它殘存的、無效的、猶抱琵琶的「階級姿態」，被那個「全民」給招安了。當社運取得了全民性與主流性之時，也就是「社運」以「全民」之名，對那些拒絕進入到這個以「反國家機器」（其實是特定的異己政權）為名的全民陣營的任何餘數社運的鎮壓之時。因此，是劉紀蕙自己證立了她原先以為被她所反對的我的陳述：「2008年以後，『階級』語言退開路障位置使社運與台獨合一。」

　　一方面調侃我，一方面豎立希望，劉紀蕙說：「如果這麼多的社會運動……都被犬儒主義式地嘲弄而否定，並且簡化為台獨，那麼，台獨或是獨台的意義就已經被這些社會運動所重新定義了。」我不能更同意這段話的「那麼」之後的部分了。這就是我為什麼使用「台派」這個語詞來表達今日的狀況的原因了。「台派」青年和老耄的獨派的不同，也是台派青年自以為是的，恰恰是他們扯起了一面迎風獵獵作響，上書「社會運動」的大旗──他們正是以社會運動來重新定義台獨。社會運動正是這些多元零碎的老百姓的「小一」的混凝土，透過反抗當今的「反動政權」，以期打造一個新的「民族國家」。這樣的社會運動是以民族國家架構為尺度的社會運動，或簡稱「民族國家社會運動」（nation-state social movement）。

　　但是，台灣社運的「階級語言」被取消或收編到這個民族國家打造的征路上，更是因為這個語言本身的兩個內在缺憾使然，其一，「階級」在台灣，其實只是「分層」，與性別、族群、城鄉……等，都是現代社會分化的一種依據、一種原則，透過這些分化原則，現代社會形成了它的高級有機性；其二，因此它本身就是民

族國家的一個內在機制或原理，是臣服於民族國家，而非挑戰民族國家的，是當代治理性的一部分，這使得「階級」的角色就成為了民族國家這條大船的內部修理機制；透過「抗爭」進行再分配。「階級話語」因此失去了任何解放政治的可能意涵，從而只剩下了「抗爭」，而沒有「變化（to become）的政治」。「共產主義的階級理念」應該不是這樣的！因此，當劉紀蕙說她的「社會運動」就是「回歸在地社會並且經營家園的運動，是持續進行的運動，其實也正是社會主義中國曾經經驗過的『人民當家作主』的共有經驗」的時候，她可能並不理解社會主義革命傳統中的「人民」，是以一種不同於當代新左或是社會學教科書的階級概念為基礎的。這樣的「人民」，在歷史上，是聯繫於整個「人民要革命，國家要獨立，民族要解放」的解放政治的，而非劉紀蕙視角中的那個與政府抗爭、保衛小資產者的「人民」、「人口」、「民間」或「公共社會」。

二、畫鬼魅最易：「敵人」是一個異形

在太陽花霸權敘事下，敵人當然是「中國」或「中國因素」了。在我的「太陽花」一文裡，我曾謹慎地，甚至稍嫌拘謹地，提出了「美國因素」，期望引起關於「誰是敵人」的更多辯論。劉紀蕙願意展開討論，很歡迎，但坦白說，為什麼太陽花青年的老師們好幾年前就提出了「中國因素」，而你們卻一直置若罔聞不動如山，而我們一旦提出了「美國因素」，為什麼你們馬上就來勁了呢？

劉文的論述策略是安全的，各打五十大板；中國因素不成立，美國因素也不對。那麼，敵人是誰呢？答曰：敵人是「新自由主義

與跨國資本帝國」；而這個敵人是「透過國家機制以及在地政府滲透
而快速發展的」；而這個政府或國家機器則是「社會運動所對抗的
對象」。表面上看來，劉文的敵我論述似乎是一個知識上的進步，
因為，就直觀而言，無論是「中國因素」或是「美國因素」都太具體
了，具體到無法讓抽象概念有所施展之處，尤其是在西方理論的傳
統裡，「理論」總是要裝成一副普世的樣子。而左翼的思維方式的
一個無可否認的長處就是一種「整體觀」（totality），把各個「部分」
或「要素」，至少在方法上，相互關連於一個整體中，從而，在政治
上，得以呼喚出一種國際主義。當劉紀蕙，以一種抽象的公正，指
出了無論是「重返亞洲」的美國，或是「一帶一路」的中國，無分軒
輕地都是「跨國區域經濟霸權」，並且由於他們倆類似惡霸之間的緊
張，形成了一種「後冷戰時期的新冷戰結構」時，她迴聲了台派，
因為這是台派面對親美的質疑時，在逼到牆角時，心不甘情不願說
出的「兩個都是帝國」的說法。為了討論能繼續的緣故，我願意先
懸置我對劉紀蕙（台派，乃至「破土」）關於這樣的一種免於政治判
斷焦慮的抽象公正的批判，而僅就她所提出的「新自由主義與跨國
資本帝國」的說法進行分析。

劉紀蕙說：「將中國或是美國或是日本視為敵人，則是時代性
的誤識，而無法看清背後真正的敵人是結合新自由主義而自動運行
的擴張式區域經濟與跨國資本主義邏輯，以及歡迎這些凌駕於本地
經濟自主的強勢結構的在地政府。」當她這麼說的時候，她抱持的
是一種唯實論。左派朋友一般來說是比較親近唯實論，懷疑唯名論
的，好比當我們想到佘契爾夫人說的：「只有個人，沒有社會」時，
我們會說，看這種右翼唯名論啊。但我們較少注意到，就跟唯名論

並不見得天生就是右派一樣，唯實論也並不一定非是專屬左派；是有一種右翼唯實論，我認為劉紀蕙的就是。我的理由如下，首先，當它呼籲我們注視一種跨國的異形結構的形成時，也就是當它讓我們感覺到可以合理地提出一種要面對這樣的一種「普世結構」的國際主義時，它卻抽刀斬斷了這個國際主義的可能性，而這是因為，對應這個惡性結構的唯一出路，就是一種作為萬能藥的以民族國家社會運動。劉紀蕙說：

> 台灣應該採取的立場，應該是在地政府以及人民持續地介入與制衡，爭取平等貿易與自主空間，協助在地企業的提升，並且在長遠的目標上讓本地企業以及經濟模式脫離發展主義、市場自由競爭，以及資本累積擴張與私有化的惡性發展，以便能夠建立更有多面向活潑交往而不被意識形態或是資本權力壟斷的公共社會。

這難道是我們的理論家所能達到的高度嗎──重複蒲魯東一個半世紀以前為小資產者所擬定的一種「無政府主義」藥方。而當我們理解到真正的主體其實是「民族國家社會運動」時，我們又只能理解這是一種「矛盾複合詞」（oxymoron）：「民族國家的無政府主義」。只要有老百姓的不斷抗爭，我們是可以脫離一切枷鎖的。但是，在這個昂然的、英雄的抗爭姿態之旁，卻是對於那個惡性結構的理論性與歷史性探索的「懸置」──因為那個結構是不可觸及的「自行運轉的龐大機器，如同巨型多腳章魚，身軀隱形於雲端，而其腕足以及無數吸盤則靈活地探入各個社會，吸附當地資本與機

構」。就在我們最期待劉紀蕙提出關於這個巨大結構的探討時，劉紀蕙提交的證詞卻只是一個鬼魅異形的暗喻。韓非說：「畫鬼魅最易」，其斯之謂歟！在這個異形下，剩下的政治就只是每個「民族國家」的「社會運動」自掃門前雪，各自對抗各自頭頂上的吸盤，使自己的政府庶幾免於被吸走而已。因此，這樣的一種「唯實論」，事實上反而是透過把「實」用暗喻取消，從而只剩下「新自由主義與跨國資本主義邏輯」這個大名而已。這個假裝有實的名於是在政治上有兩個效果，一，強化民族國家的霸權；二，阻止人們對於現實世界的強權或強權候選人，進行歷史與現實的分析，並於其中做出並不輕鬆的政治選擇，好比，在美國強勢重回東亞，與中國發展一帶一路的戰略的今天，我們該如何評估並不逃避做出判斷；好比兩邊都起火了，我們也不能放棄對於風向與地形的分析與選擇，只顧就地挖井，並宣稱不是要反抗具體的火，而是要反抗一種更抽象的因此無處不在的「火的體制」。而這恰恰是劉紀蕙的社運想像，她，也許不乏誠意地，告訴我們：真正要做的是發展我們自己的社會運動啦！「毋恃敵之不來，恃吾有以待之」，永遠可以當做一個人或群體的箴言，但是以它取代往往更艱難的歷史與經驗探索以及政治選擇，則會是一個災難──尤其是當這個「敵」已經被神祕化時，尤其是當這個「我」已經被悲愴化、台獨化、神聖化時。

我還是難免「犬儒」地再度想到，為何當一干人等大肆宣傳「中國因素」時，劉紀蕙（以及「破土」君子？）都三緘其口不予回應，而當有人如我稍微談了談美國因素時，就有人跳出來努力地否定美國因素以及中國因素呢？是因為他們對這兩個因素都是一模一樣的好惡嗎？我的答案是否定的。在下面的討論中，我企圖要說明的是，

也許讓劉紀蕙自己也很難接受，劉文的底氣是親美反中的；這也許不是劉紀蕙自覺的感情結構，但是是她的一切論述的真實源頭。再次，我不試圖在經驗層次上證明劉紀蕙的親美反中，也不企圖說明這是不好的，而是僅僅企圖就理論邏輯與方法的層次上，說明內在於劉文的親美反中必然性。

三、遊走於唯實論與唯名論之間的政治正確話語

我知道，劉紀蕙其實並不真那麼想和我商榷「社會運動」、「太陽花」、「新自由主義」、「跨國資本主義邏輯」，甚至是她的台灣版的蒲魯東主義，而是要和我商榷「中國」。這不意外，這幾乎是台灣所有的政治乃至人文社會學術論述的隱性核心。前面說過，劉文是針對我去年6月發表的〈風雨台灣的未來〉。那篇文章發表後，我輾轉聽到一些朋友的意見，大意是說：你對太陽花的批評我們還能接受，但是最後那一段實在很難吞嚥下去，云云。於茲重引那篇文章的最後一段以「中國」為副標的文字：

> 台灣的問題從來不是台灣的問題而已，而台獨的問題歸根究柢是中國的問題。中國在當代世界裡，除了經濟崛起、政治崛起之外，更要面對思想與文化的崛起。如果在將來，中國作為一個理念，涵蘊了一套有召喚力的價值與實踐，形成了一個能提供給人類新的安身立命，以及與萬物相處共榮的道路，或至少能提供給區域人民以正義、和平與尊嚴，那將是「台灣問題」解決之道的根本所在。這是有希望的，因為西方的發展模式、

霸權模式、欲望模式已經圖窮匕現了。這個世界不能再繼續被
美式的生活及其制度所挾持了，所有人，包括西方人，都需要
創新思維。台獨未嘗不是在一個世界不知要向哪裡繼續走下去
的焦慮下的一種退縮性的、封閉性的、孤立性的、自了漢的立
場，而這個立場的激進化又不得不說是因為美國的衰落與中國
的興起這兩個因素的共構。「中國」是什麼，也許竟是當今世界
的一個最重要問題。而這麼說來，什麼是「中國人」？如何當
一個「中國人」？就不僅僅是生活在台灣有著國族認同焦慮的
台灣人民與知識分子的問題，而更也是中國大陸人民與知識分
子的問題。如何將這個思想責任扛起，尤其是兩岸覺醒的知識
分子的責任，這是「當下之要求」。風雨如晦，雞鳴不已，其共
勉之。

　　劉紀蕙對我以特粗線條擬議的「中國作為一個理念」的知識計
畫的批評，構成了她文章的後半部。先說她的結論：這個計畫是一
個徒勞。相對於這個徒勞，劉紀蕙不厭其煩地再度提出她的蒲魯
東派的萬應藥方是：「持續爭取內部平等的解放動力，或是不斷由
下而上爭取在地性自主空間的制衡力量，是所有自由人的聯盟」。
簡言之，只要培養「民族國家社會運動」就是一切的回答了。在這
裡，我聞到一種去歷史的、超越歷史的、形上學的，乃至神學的論
述氣息。
　　一如之前，我並不打算以其他的「主義」作為基礎，批判劉紀
蕙的蒲魯東主義，而是，再度，從劉紀蕙自己的論述結構與方法進
入討論。以我的整理，劉紀蕙對我的批評的主要思路是這樣的：首

先，趙剛對於歷史的態度是不對的，是一種意識形態的或感情性的對歷史的「選擇性拒斥」。在這個問題點上，趙剛和郝柏村和台獨基本教義派是「似乎並沒有差別」的。而趙剛的這個問題，又可以歸結到他對於「歷史本質的無感」。什麼是歷史本質呢？劉紀蕙說，就是「持續變化與多重決定而不斷生成」的那個東西。而既然劉紀蕙說她掌握住了「歷史本質」，那麼中國歷史也就變成了她說了算。於是她在第三節用了老長一段文字斬釘截鐵地定性了「中國」。這段文字我就不大片引述了，基本的意思是，「中國」是不連續的、是紛雜併陳的，不但政權如此，文化與社會亦是如此。為了呈現中國文化的多元，劉紀蕙甚至博學地強調了「不同歷史時期來自希臘神祕哲學、基督教、巴比倫宗教與中亞文化的痕跡」。但是，更有趣的是，為了呈現中國歷代政權的「不同」，劉紀蕙則是驚人地用各種負面的「相同」來呈現她心目中的「不同」。她說：

> 歷代疆界發生過大大小小的變動，被南北不同族群以戰爭侵入，或是以戰爭擴張，每一個朝代更有高度發展的嚴刑峻法，凌遲、腰斬、車裂、剝皮，動輒上千人的誅九族，也都曾經因為土地集中以及苛稅暴政，而發生了數百次的人民起義。這是同一個中國或是同一個帝國嗎？

如果按照這些「都是」的話，這些的確可以是同一個中國啊！我真的有點深刻的無奈，不是因為劉紀蕙的個人特色的邏輯，而是因為一個感慨：難道這是中華民國的歷史教育對一個高等知識分子所能夠給予的史觀嗎？這樣一種東方主義的、東方專制主義

的、「河殤」的、「超穩定結構」的，或《檀香刑》式的，對「中國」的極其黑暗理解，難道就是劉紀蕙自我布達，宣稱掌握了「歷史本質」之後的智慧嗎？如果這是智慧，那麼智慧是讓人「厚誣古人」嗎？中國古人是如此不堪嗎？是如此昏庸、殘暴、黑暗，只會「吃人」嗎？難道魯迅只留給我們這個教訓嗎？我們不能有一種哪怕僅僅是知識上的存心，嘗試歷史地、客觀地、同理心地，理解從中國古人到中國今人在東亞這塊大地上，作為人類一分子，在特定的條件下的勞動、生聚與教訓嗎？難道人類有那麼差勁鄙汙的一種人，如此倒行逆施了幾千年還不亡嗎？這還有天理嗎？啊，我離開了我給我自己設定的「內在批判」的方法限制了，抱歉。但我如此說，不也是要指出劉紀蕙的方法上的矛盾嗎？如果劉紀蕙有那麼一種敏感的心靈（她認為我缺乏），能夠對「共居此地的大多數台灣人曾經經歷的歷史過程以及生命經驗的心態」有所深刻感受，那麼我們可否要求她前後一致地、不自相矛盾地，把這樣的一種感情心志一體施用於中國古人呢？

為了要脫離這樣的一種黑格爾以降的「中國」，劉紀蕙於是在她按照現代性理論的想像處理了「社運」這一範疇後，轉而以一種或許她更熟悉的「後現代」來處理「中國」，於是她說了一連串的「今日的中國已經不是XXX[時期]的中國」，以及「今日的台灣早就不是XXX[時期]的台灣」，各自都不是各自以前了，於是各自更是各自了。那台灣是什麼呢？台灣是「當前持續發展而共同經營的社會」。因此，我們看到了劉紀蕙理論路數的任意性，或，唉，投機性。當她的文章需要一個超越「中美兩帝」的背後的共同結構時，她是一個「唯實論者」，而當她的文章需要一個不同於中國的台灣，不同

於過去台灣的台灣時，她迅速變成了一個「唯名論者」——無論「中國」或是「台灣」，都是一個方便名而已。當前的「台灣」是「持續發展」著的各種在地老百姓以及他們身旁的各種在地社會運動，這個無限多元性的總名而已。是在這個意義上，我們理解了，為何劉紀蕙甚至論斷：當前的台灣「甚至不是1987解嚴前後的社會」。我們在這裡再度看到了劉紀蕙思考的「去歷史」、「非歷史」，甚或「超歷史」性格——我們是活在一個非歷史的時空中，這裡只有一種可說是永恆性的神魔鬥爭，而神是「社會運動」，魔是「新自由主義的跨國資本邏輯」。

當劉紀蕙以一種唯實論的姿態批評了所謂的「美國因素」或「中國因素」時，我們會合理地期待她在之後的討論將提出一種比較周延的理論思考，一個關於當代的「資本論」與「國家論」時，哪怕前進一步也好，但這並未出現，反而是以一種「為虎作倀」式的暗喻，指出這個如異形結構是無法直接抵抗的，要抵抗只能抵抗它的倀鬼。[1] 按照劉紀蕙的公正，她應該是要對中、美這二大倀鬼同時聲

1　劉文在與我的「商榷」中插播了一則應該是和我的朋友、她的同事的「商榷」吧。劉紀蕙質疑，甚或否定「亞際思想共同體」作為一個解決台灣問題的出路，因為這個構思或方法有兩大限制：一、無法「歷史性地分析這些相互構成的歷史經驗及其脈絡」；二、無法展開「超越現代主權國家的防衛性邊界思維」。將意見代轉吾友之餘，我也順便做兩點評論。首先，既然劉紀蕙有一個「持續變化與多重決定而不斷生成之歷史本質」的史觀，而且台灣早不是XXX的台灣，中國早不是XXX的中國，一切都在「當前」，那我們不是已經取消了「歷史性的分析」的必要了嗎？其次，以劉紀蕙所構思的「民族國家社會運動」又如何能夠「超越現代主權國家的防衛性思維邊界」呢？如果連中國都不管不顧必要脫之而後快，那要如何推展一個亞際的國際主義呢？一種TPP式的亞際國際主義嗎？劉紀蕙喜歡所有的正確，但往往不顧這些喜歡和她的表述之

討才對的，但她真正的行文卻是放掉了美悵。於是，劉紀蕙在最後一節裡，真地以一種看來動了氣的文風，一氣五問，質問我的「中國作為理念」是什麼東西？不是「另一個區域霸權以及新殖民主義的開啟」嗎？不是讓台灣（與大陸）更因為政府支持跨國資本而「陷入更為嚴重的階級分化與被剝奪的狀態」嗎？不是讓「兩岸的社會成為國家軍事發展與武力部署之下的犧牲」嗎？不是「讓兩岸的人民回到傳統層級化封建社會的沉默服從」嗎？但在這些她以問句形式呈現的實質肯定句中，前幾個問句是針對那些還沒發生的但已經被她視為必然將（或已）發生的，而最後一個關於歷史與中國人民的「本質」的「問句」則是自我矛盾的。我們沒有忘記，不久之前，她不是才說中國歷史中「發生了數百次的人民起義」麼？

是在這個矛盾歧出的言說裡，劉文最後的呼籲是：

> 是否可以放棄這個框架，而重新思考一個可以促成解放動力的
> 共同理念，以便達到和平共處並且多項交流的自由人聯盟或是
> 小社會聯邦？

坦白說，我並不知道「自由人聯盟」或是「小社會聯邦」是什麼意思？——除了說它們能讓我們在一種規範性的框架裡，得到一種對於「小」、「多」、「斷裂」之為善、之為美的暗示而已。就此而言，劉文不得不還是在她所經營的現代性（或後現代性）的「元世界」中，對抗著她所深深憎怖的由當代中國所代表的「一」、「大」

間的無可化解的矛盾。

與「連續」的「元世界」，後者自然是不自由的、封建的、專制的、有死刑的，而且「與時俱進地」與那個新的「一」（「新自由主義的跨國資本邏輯」）連體的「惡」的體現。就此而言，劉文、台派，「破土」[2]，以及我們中港台的「社運中心主義者」，無疑地現身說法了一項事實：冷戰並未結束，因為在冷戰時期由西方所炮製的「東方專制主義」的幽靈，仍然飄蕩在東亞大陸及其周邊的上空。而是否他們已經在「重回東亞」與「一帶一路」之間，做出了他們的政治判斷與選擇了？

四、幾點隨想

這真的是一篇商榷文字嗎？在劉紀蕙誠意而且努力（這我不懷疑）要和我商榷的同時，她的實際書寫竟然背叛了她的謙遜意向。「商榷」應該是多多少少反映了商榷者本身的某種不確定感以及與商榷對象的某種平等姿態吧，但是在劉紀蕙平實理性的學院文風下，卻流淌著一種由於是站在真理或是政治正確的制高點上而泛溢的自滿。她（以及黃謬）要我接受的「商榷」，用直白的話說出就是：你啊，陷在你那反美親中的命運與性格中，是無法理解什麼才是真正的敵人的，當然也就無法展開任何具有進步意義的思想與政治計

2　本來我並無意把「破土」也拉進這個俱樂部，畢竟那是個平台或群組，可以有各式各樣的聲音，而我既不曾對它好好地用功理解，就不該過早定性它。但是「破土」在張貼最近的一篇文章（傅正、李靜〈作為方法的中國，還是作為方法的台灣？——與劉紀蕙女士商榷〉）時，所下的〈「破土」編者按〉則確鑿清楚地展現了破土觀，從而讓我將破土、台派、與社運中心主義暫時歸置於同一家族；它們之間，如非全部也是大部分與劉文的理路與方法重疊。

畫。」這樣的一種「商榷」所散發出的自滿氣息，我是一點兒都不陌生的，是這個島嶼上的知識分子文化人經常散發出的一種「你所不知道的民國範兒」，而經常尤其鮮豔地展現在那些所謂的自由派知識分子或文化人身上，他們「演出性矛盾」地展演出自覺liberal的他們，但他們又往往恰恰是他們自己的信念的傲慢使徒。劉紀蕙是不是liberal，我不知道，也無欲知道，但是在她這篇使用了很多左翼術語或後現代術語的文章裡，我也無疑地感受到這個高度問題性的「自滿」。我認為這個現象並不是不重要，因為關係到我們當代知識分子的主體與知識狀況。

其次，我想要論證（而非故作商榷）的是，這個自滿同時是一種底氣空虛的自滿，是透過理論與政治正確術語堆砌出來的，這些術語反映了作者龐雜的理論閱讀而非歷史與身體感受，因此好比，當她最後以「多向交流的自由人聯盟」或是「小社會聯邦」時，我們似乎聽到的是柄谷行人的空谷跫音，而無法體貼到任何實質意義與圖像，而又由於術語的拼貼性與拿來性，難免充滿各式矛盾。在一個西方（包括日本）理論術語「吃到飽」（all you can eat）的年代中，劉紀蕙的這個狀態並不特別，是和太陽花的台派論述，至少在形式上，有令人詫異的同構性——還記得太陽花把所有的進步術語都祭出來的盛況嗎？

再其次，我想要論證的是劉紀蕙有一種現代化派的歷史虛無主義，而她的一切聽來正確甚或偉岸的理想與構想，都是建立在這個對歷史的元態度上。這從根本上關閉了她和我商榷「中國作為一個理念」的任何可能。由於這不是從情感上直接驅動她反中，因此，她或許會覺得，以一個既（不）反中又（不）反美的如此超然的她，

竟然還會被誤會為是反中。這個委屈構成了劉紀蕙的這篇政治學術書寫（但必須再次交代，我僅讀過這一篇）裡的一種深層焦慮。印象中，可回溯到從八〇年代末以來，似乎不曾見過劉紀蕙對各種「社會運動」表達過什麼關切。既然是印象，當然不準，但公道地說，在「我們這個小小的讀書圈」（陳映真語）裡，劉紀蕙的「公共形象」的確是與社運比較遙遠的。以我的欠讀，這篇文章可能是劉紀蕙關於社會運動論述的一場傾盆大雨。因此，我是否可以提問：今天，台灣的知識分子對社運的這種強烈的關切的發生脈絡到底為何呢？是由於社運本身的「內在價值」嗎？但我並不想直接回答這個問題，因為回答就在我這整篇文字裡。

2015.6.30於大度山

（原刊於「保馬」微信公眾號，http://mp.weixin.qq.com，2015年7月1日。）

與趙剛再商榷
仍舊是關於「中國作為一個理念」以及「社會－運動」的問題
劉紀蕙

　　閱讀趙剛的〈敬答〉，如同一向閱讀他的文章一般，我再次經驗到他極具個人風格的犬儒式幽默犀利而覺得有趣，但是卻也在他如同散彈一般逸離我的論述之處感到無奈。我必須指出，趙剛行文中大量對我的無端臆測（白話一些，便是戴帽子），以及論點的簡化（似乎只針對幾個「興奮點」進行任意發揮），讓我相當失望。

　　顯然趙剛的確沒有閱讀過我過去一系列的研究與書寫，因此無法掌握我的思想脈絡。我對趙剛〈風雨台灣的未來〉一文的質問與商榷，是在長年研究與思考的基礎上進行的。約略閱讀過我的任何著作的讀者，應該就會理解我的出發點。

　　我從九十年代開始進行的《孤兒、女神、負面書寫》書寫計畫，檢討了台灣八十年代到九十年代集體認同的轉折，九十年代被神聖化的民粹式民族主義心態，並且重新思考共同體的問題。《心的變異：現代性的精神形式》以及《心之拓撲：1895事件後的倫理重構》這兩本書，則分別回溯了十九世紀以來民族國家知識轉型與體制性內化的長遠效應。如果有人會批評我，大概會針對我對於「民族國家」的持續檢討感到不滿，而不會認為我會倡議「民族國家社會運動」。

近幾年的書寫中，我進一步探索在特定歷史環節以及政治社會脈絡之下的幾位思想家，包括檢討共名暴力的中國無政府主義先驅譚嗣同、重估中國古典思想並且提出一系列平等理念政治論述的章太炎、檢討經學傳統並且批判康有為春秋公羊學神祕思想的周予同、批駁1958年大躍進強制執行蘇聯單一經濟基礎而無視當時中國客觀經濟現實的楊獻珍、梳理中國歷代唯物觀點與平等法則的維吾爾族馬克思主義歷史學者翦伯贊，以及「一分為二」與「儒法鬥爭」的思想辯論。在我進行這些靠近中國古典以及近代思想的研究時，我首先的自我要求都還是回到歷史脈絡，大量閱讀相關文獻以及這些思想家的完整著作，並且分析這些「思想史」背後的差異政治立場與時代性意義。

我的研究向我展示，任何政體之意識形態與治理模式，都有其權力集中的霸權結構以及內在壓迫性的排除機制，也讓我認識了內在於中國傳統自我批判、解構與改制創新的思想力量。

我與趙剛的商榷，的確是期待他能夠清楚說明這個以「特粗線條擬議」的「中國作為一個理念」如何可能實踐，但是趙剛的回應並沒有針對「理念」提出說明，而僅就「中國」和我爭辯，並且質疑社會運動所啟動的可能性。因此，本文將繼續與他商榷「中國作為一個理念」以及「社會－運動」的問題。

一、「中國」如何成為一個「理念」？

關於「中國作為一個理念」，我們首先要問的是：什麼是「理念」？如果以「中國」為「名」，而不分梳其所指之「實」，或是這個

「名」只指向單一的「實」,「中國」這個「名」是無法承擔任何具有生產性的「理念」的。

　　歷史中的「中國」本來就不是「一個」中國,也不在一個穩定同一的空間。從葛兆光《宅茲中國》與《何為中國》這兩本書,或是杉山正明以及當代大量對於蒙元帝國以及滿清帝國的研究,我們已經清楚知道中國歷代疆域持續變化移動,不是由同一個民族所構成,也並不在同一個空間。宋朝的疆域最小,與遼金並存。蒙古帝國擴及中亞、西亞與歐洲,結合不同汗國。即便到了明朝,元蒙也沒有真正消失,而是持續以若干宗王、大小汗國的形式,存在於塞北草原和中亞部分的地方。中國改朝換代,空間南北移動,不同族群透過戰爭或是貿易遷徙而融合。無論是否是葛兆光所說的「複數的中國」或是「移動的中國」,我們都看到每一次不同系統的文化融合,同時也包含了文化、社會與歷史詮釋的去中國化和再中國化的程序。新的朝代與舊的朝代已然不同。這涉及了如何思考歷史辯證式的轉化及再生的問題。每一次的再生,這是「一」還是「多」呢?

　　中國歷史接續與更新的,除了文化思想,還有治理技術,也就是宗法封建、科舉官僚以及儒表法裡的儒家倫理。儒表法裡的治理術之下,中國歷代有仁政,也有暴政。酷刑與誅九族等治理手段,在《資治通鑑》、《宋史》、《明實錄》、《大清律例》等史籍歷歷可見。這些酷刑暴政並不是東方主義式的描述,而是歷史事實。不同朝代的不同政體與治理模式,這是「一」還是「多」?

　　認知歷史運動的本質,歷史發生過程中內地與周邊互為緣起或是相互傾軋的牽動,「歷史中國」曾經存在的包容性以及不同黑暗面向,歷代更迭的必然暴力,以及改制或是起義的動因,才是真正歷

史化的理解。在此基礎上，我們才有可能思考不同歷史脈絡曾經出現的不同思想與創制，以及「多」的意義。

在歷史的動態運動中，將台灣視為觀察的起點，是否也可以說「中國」在台灣？畢竟，台灣是移民社會，承接了中國文化豐富而多樣的思想，也經歷了「再中國化」的過程，形成了新的「中國」。台灣為何難以說「中國」？但是，僅僅說台灣就是「中國」，台灣也是「中國」，台灣要回到「中國」，或是台灣不要與「中國」合一：這些陳述所指的「中國」，台灣所展現的「中國」或是要拒絕的「中國」，是同一個「中國」嗎？

我們是在說哪一個中國？歷史中哪一個朝代的中國？哪一個民族的中國？是語言上的中國話還是種族上的中國人？還是1912成立的中華民國？1927年統一南北的南京政府？1949成立而聯合國隔了二十三年後單一承認的中華人民共和國？

歷史、種族、文化、語言、法理、政體──「中國」之名，指向了暫時而片面的不同的「實」。這就是「中國」之「名」作為一個「理念」的困境。

二、什麼理念？

除非，如我所說，「中國」可以被視為一個「解消霸權的場域」，是「持續爭取內部平等的解放動力，或是不斷由下而上爭取在地性自主空間的制衡力量，是所有自由人的聯盟」；換句話說，這個「中國」不能夠是作為「一」的「歷史中國」，或是藉由「中國」以名為代所指向的單一實體，而必須是文化內部能夠啟動自我批評、自

我解構與不斷創生的動力。這個運動中充滿張力並且抵制權力集中的力量，恰恰是持續去神聖化的工作。

如果「中國」這個「名」會造成障礙，我們是否可以考慮更具有創造力的理念？

自由人聯盟或是小社會聯邦的構想，並不是來自於柄谷行人，而是來自於馬克思所說的自由人聯合體以及自由王國，也是巴迪烏所提出的「共產主義假設」的說法：消除每一個人勞動分工中的不平等關係，擁有多元的勞動能力，不被私有化的生產機制所限制，鬆脫國家支配與限制的可能性。只有透過這個充滿內在張力而有抗衡力量的理念，才有可能使每一個人得以實踐自身能力，發生跨地區的運動連帶，構成「所有自由人的聯盟」：一個和平共處的共同體，或是小社會小政府的聯邦。這個自由人聯合體，首先便是抵制民族國家權力階級的國際聯盟，這也應該是試圖保衛馬克思的保馬微信朋友們非常熟悉的概念。

但是，這些平等原則，並不需要透過馬克思、柄谷行人或是巴迪烏才能夠開始思考。在我所進行的儒法鬥爭史研究中，我所梳理的歷代法家改制的實驗，以及我所討論的譚嗣同與章太炎，都已經看到了這些思想家一次又一次以平等原則來反對權力集中以及土地集中的改革。

因此，問題不在於到底中國經濟區與美國經濟區哪一個真正占據了經濟霸權的位置。關鍵在於，任何政治社會與經濟結構都會有其權力集中的主導性霸權體制，以及內部的壓迫與排除。如果要達到每一個人都有平等實現自身的可能性，首先就必須在個別的社會關係以及意識形態之下，在掌握權力以及資本的主導結構中，辨

識不平等的「階級」如何被生產與複製，為何有被排除的無分者與無產者，並且透過挑戰並且鬆動既定的權力階級，持續爭取內部平等。趙剛所提醒的「人民要革命，國家要獨立，民族要解放」，雖然有其重要的時代意義，但是卻複製了現代民族國家的歷史結構。如果不重新界定人民、國家或是民族，那麼從這三環的任何一端都會產生內部矛盾或是相互矛盾──人民之間的矛盾，國家與人民之間的矛盾，民族與民族之間的矛盾，而造成社會內部的壓迫結構。

如果台灣與大陸的社會都可以抗拒民族主義意識形態的劫持，抗拒權力與資本的集中，則可能會共同構成自由人聯合的共同體，或是社會運動連帶。但是，這個工作，正是要面對並且清理無論是民族主義、冷戰結構、白色恐怖或是內部殖民歷史所造成的各種意識形態邊界與慣性防衛心態。要化解這個歷史構成的邊界，是主要的難題。意識形態邊界，是在長時期的感情記憶與歷史敘述之下所形成並且內化的主觀位置。要梳理這些主觀歷史意識，便需要以歷史化的工作，回到不同的歷史環節，檢視當時論述構成的內外交錯力量以及主觀盲點。

三、歷史化的工作

我在《心的變異》一書中，呼應了孫歌與溝口雄三所討論歷史相互糾纏之下「知識共同體」的難題。正如他們二人所指出，由於人們被不同的「歷史磁場」以及「誘導歷史認識的力量」而形塑特定感情記憶，因此要思考「共同」之前，必須先克服不同主觀位置的偏限。我那本書的出發點，便在於思考以下問題：

我們要如何拓展我們的理解，才能夠避免陷入以客觀為名的主觀知識呢？要獲得哪一種「知識」，才能夠解開被僵固遮蔽的認知架構與衝突立場呢？我們要如何處理歷史，才能夠面對歷史材料中所呈現的排他性而相互矛盾的複雜狀態？我們要如何理解無意識的主觀歷史意識，同時處理自身的知識主體問題呢？（《心的變異》）

這些思考方向，說明了為什麼我會提出無論是「亞際」、「共同體」或是「中國」，這些「名」的意義都必須被清楚界定。我的同事以及我的朋友所推動的「亞際思想共同體」，是我完全支持並且投入的工作。但是，亞際之間，充滿了相互重疊、相互傷害卻又相互構成的歷史過程，造成了各自更為強化的民族主義。正如我所說，除非我們能夠歷史性地分析這些相互構成的歷史經驗及其脈絡，思考其中曾經發生的壓迫結構，超越現代主權國家的防衛性邊界思維，克服「亞際」各國競逐的發展主義與軍事防禦，否則我們根本難以脫離全球政治經濟結構之下核心與邊緣的不平等關係的複製，也無法思考可以和平共處的共同體。只有以批判的方式投入這些工作，才有可能超越民族國家的邊界政治。

我曾經分析過皇民主體的問題，也清楚指出《台灣論》在台灣引發風波的悖論（心之變異：從不同到同一）。但是，檢討殖民心態，與接納並且理解一代人的生命經驗，是兩個不同的問題。台灣與大陸都有太多人否認另外一群人的生命經驗，對我來說，這是歷史過程之下的時代性症狀。我們這一代的人，正應該化解這種歷

史的否認與拒斥。但是，接納台灣經驗中的日本經驗，或是二十世紀左翼思想以及社會主義中國的歷史經驗，並不表示簡單地立場選擇，而是要透過歷史化的工作，理解當時曾經發生的內部社會狀況，化解某一個歷史環節造成的僵化意識形態。這正是不同地方、文化、社會都必須持續介入的工作。

四、社會－運動

最難以克服的意識形態邊界政治，是民族主義。然而，最難以辨識的權力集中模式，則是由在地政府支持的新自由主義跨國資本邏輯。社會運動，或是「社會－運動」，則是由下而上抵制權力集中的力量。如我的〈商榷〉一文所說，社會運動並不僅止於抗爭場所或是抗爭行動的時間點，而有其社會面橫向與時間軸縱向的擴散延展與深化，並表現於各種實踐形式。無產者與無分者，是在意識形態與資本集中之下，生活資源被各種私有化體制占取的人們。只有透過在地人民的「社會－運動」，不斷地形成不同方向的抗衡力量，才有可能鬆動這些處處集結的資本與權力。

趙剛所指出的「反核並不就是反核」的問題，是顯而易見的，我非常清楚地看到了台灣的社會運動時常被政黨「收割」，這也是不少參加社運的同學所表達的痛心之處。但是我仍舊要指出，雖然被「收割」，「反核」仍舊還是「反核」，也反對延續於冷戰時期美國透過核能發電廠而部署的潛在核武基地。

此外，社會運動被某些政黨組織動員，並不表示這些運動沒有其從地方出發的社會意義，也不表示台灣沒有內部發生由下而上的

民主力量。多年來，我觀察到各種社會深耕的民間力量，而這是我對於台灣民間社會有信心的理由。這些民間的深耕而展開的各種運動，包括劇場運動、藝術創作、思想介入、民間藝文空間，也包括小農經濟、老人食堂、工運、環保，無以數計。我們不應該簡單地否定這些「社會－運動」的意義。

跨國資本透過自由競爭之模式，附著於在地政府或是民間企業的發展計畫，快速地進行資本的集中、壟斷與擴張。資本的流動，除了牽動了在地特定產業的倒閉，大量工業城的衰退老化，工人的失業，也帶動了勞動人口的移動。被移動的人口，無論是跨國移動或是境內移動，都形成了城市中的新的底層階級。被開發的地區，地價上漲，大量被買斷，環境被汙染，以至於原本的城市生活被破壞。如果在地政府不進行制衡，那麼在地的人民便必須持續地透過各種形式的「社會－運動」、「藝術－運動」與「思想－運動」而介入。

除了在台灣，大陸也有不少在底層努力的力量，試圖開拓出更多的言論空間，以及更平等的人民生活權利。這些持續抵制新自由主義跨國資本全球化的力量，反而是台灣民間與大陸民間都應該要努力一起工作的力量。這些力量，不僅僅只發生在大陸，或台灣，也發生在亞際不同社會，以及全球不同地區。如果大陸與台灣或是任何社會的民間以及知識分子不能夠各自對於國家權力以及資本集中進行挑戰與抗衡，那麼如何能夠期待一個可以自由言論與思想的空間？如何能夠期待一個可以從出發點平等實踐自身能力的社會？

2015.7.7 於山湖村

（原刊於「破土」網站，http://groundbreaking.tw/wordpress/archieves/399，

2015年7月10日。）

從太陽花學運談起

反全球化與反中

瞿宛文

　　主辦單位給我們出的題目很廣，說是要談新自由主義全球化下的社運與知識分子。我要把它縮簡一些，聚焦在太陽花學運論述中的反全球化跟反中，主要是要討論太陽花學運反對什麼，而為此它「用了什麼樣的論述」。

　　太陽花學運源起於反對兩岸的服貿協定，運動的推力多來自情感層面，而太陽花背後的動力主要是反中情結，這部分應無太大疑問。然而它同時有個特點，就是不直接聚焦去談反中，不正面地說是為了反中而反服貿，而是挪用各種各樣其他的說法，也就是來避免面對這個問題。強烈的反中情感與迴避面對問題的狀態，形成強烈對比。

　　若就反服貿來說，如果我們要提出一個「正面理性的論述」的話，可能的邏輯可以是這樣：就是參與者的立場是反對中國大陸，認為服貿協定其實是大陸對台灣讓利以便拉近兩岸的距離，因為反對中共，於是反對兩岸在經濟上進一步的整合，站在這個立場來反對服貿。這樣的說法就會是一個比較正面面對的、比較符合現實，且比較有邏輯的說法。但是太陽花運動中非常少見這樣的說法，反而我們看到各種各樣其他挪用的說法。

　　為什麼會如此？這應是因為若一旦把這個論述如此正面的呈現出來之後，就必須要回答「那怎麼辦」的問題，亦即「如果反對進一步的經濟整合，那未來的路要怎麼走？」，這現實問題確實是很難面對的。因為大家其實心知肚明都了解到兩岸經濟整合趨勢難以阻擋，在過去是如此，並且無論有無大陸的讓利政策，在未來也將難以改變，因此很自然的傾向是避免去面對這個問題。然而，運動總還是需要一些論述、一些說法，因此就需要去尋找一些替代說法，然而基本上是挪用性質，而我今天要討論的就是一些被挪用的說法。這些說法中有些特別令我感到不安，由於其中有一些我也曾經用過，因而讓我驚訝於「喔，竟然可以被這樣用啊？」，因此我也覺得有責任來說明一下為何不能夠這樣挪用。

　　太陽花學運所挪用的說法主要是借用所謂「西方進步左翼」的說法，具體包括：反對自由貿易、反對自由貿易協定、反對全球化、反對新自由主義、反對新自由主義全球化等。我把「西方進步左翼」打了括號，是因為全球左翼現在處於危機之中，在台灣也是如此。就是左翼缺乏正面的論述，只有「反對什麼」的論述，並且這些說法又容易被挪用，而何謂進步、何謂左翼，其實有待進一步的反省與釐清。以下將一一檢討這些說法。

　　首先，何謂「反對自由貿易」？做這樣的宣示是否有意義？關於是否要自由貿易，先考慮兩個極端的情況會有助於我們理解這問題。一個極端是「完全自由的貿易」，一個極端是「國際間無貿易」。什麼是完全自由貿易呢？就是國際間沒有關稅也沒有其他貿易障礙，任何商品或服務都可以自由地在國際間流動，這是完全自由的貿易，主流的經濟理論是比較支持這個的，雖說在現實上這個

不太可能發生，也未曾實現過，所以說這是不可行的。而我個人是站在什麼樣的立場反對這個定義的完全的自由貿易呢？是站在後進國家的立場。後進國家要發展是必須要參與國際貿易的，就像台灣藉由高度參與國際市場而發展。因此，我也認為另一個極端「不參與貿易」，也是不可取也不可行的，參與國際市場除了互通有無之外，也是後進國學習的機會，這世界在西方主導下早已難以容許哪個國家閉關自守了。然而，後進國家因為經濟競爭力比較低，因此不能夠面對完全的自由貿易，而需要一些自主空間，所以我覺得比較好的道路是「策略性的開放」，即後進國依據自身發展的策略考量，來決定開放的方式、程度與時程。同時，實際上先進國也會保護如農業等產業。可以說完全自由的貿易以及無貿易兩者在實際上都是不可行的，對後進國更是不可取的。

因此，對於國際貿易這議題，比較可行及比較可取的態度是，在可接受的遊戲規則下進行國際貿易，要求貿易規則能夠容許後進地區既可參與國際市場，又有空間學習及推動產業升級。因此，這會是一個「如何定規則」的問題。我會反對「完全自由的貿易」，也會反對「不參與貿易」。

然而複雜的規則問題不容易釐清，要去面對這些很複雜的「遊戲規則怎麼定」的問題並非易事，因此「反對完全自由的貿易」的說法，就可能被高度簡化而予以挪用了。就像這次太陽花學運如此挪用了「反對自由貿易」，主要是來支持反對服貿及「反對和大陸貿易」，而不會用此說法來反對與其他地區進行貿易。這也是因為大家心知肚明了解台灣依靠出口維生吧。

台灣戰後藉由出口導向成長而快速發展，是參與國際市場的得

利者，實在沒有立場去反對參與國際貿易。現實上，至今出口仍然是台灣經濟成長的主要動力，大陸更成為主要的出口市場。

圖一　台灣出口占GNP比例（%）

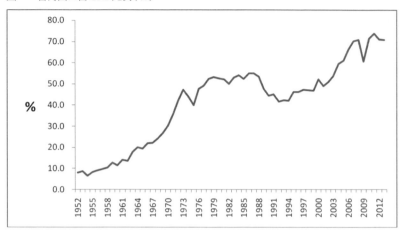

資料來源：1.中華民國統計資訊網，http://www.stat.gov.tw/mp.asp?mp=4; 2. CEPD，*Taiwan Statistical Data Book*，歷年。

圖二　台灣出口市場分配比例，1897-2012（%）

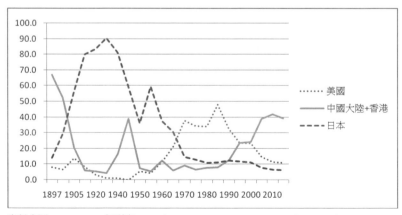

資料來源：1897-1950年引自Samuel P.S. Ho, 1978, *Economic Development of Taiwan, 1860-1970*, Yale UP, p.392；其他引自CEPD，*Taiwan Statistical Data Book*，歷年。

圖三　台商對大陸投資占台灣整體對外投資之比例（％）

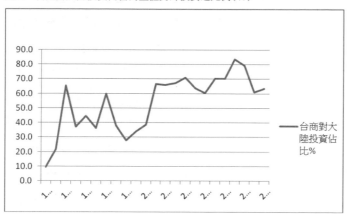

資料來源：經濟部投資審議委員會，《統計月報》，2014年2月，http://www.moeaic.gov.tw/system_external/ctlr?PRO=PublicationLoad&id=164，2014年9月擷取。

　　以上三個圖意涵很清楚。第一個圖是台灣出口值跟GNP的比，我們可以看到這個比值從一九五〇年代一路上升，即使到了近二十年也還在繼續上升。第二個圖是台灣出口市場的分配比例，可以看到前殖民者日本的比重一直在下降，而二戰後新霸權美國的重要性則是先上升然後下降，然後現在大陸市場的份額在近年是直線上升。第三個圖是台灣對外投資中對大陸投資的比例，可以看到從一九九〇年代初期開始開放兩岸經濟交流之後，這比例也是直線上升，即使在民進黨執政的八年大致上也是上升的。最近則是因為大陸經濟放緩因而有一些下降。這三張圖提供了一個非常現實的背景。

　　現在讓我們來看下一個說法，就是「反對自由貿易協定（FTA）」這個說法可以成立嗎？答案是「對不起，這個也是不能成立的」。因為WTO跟FTA都是貿易制度的問題，就是一個遊戲規則的問題。對於WTO，雖說我並不贊同其中諸多限制後進國施行產業政策的

規範，不過相較於目前各國各自推動區域與雙邊貿易協定的狀況，我個人認為WTO還是一個比較好的框架，就是一個全球整體比較整合的組織，然後在其中先進國與後進國可以討論遊戲規則應該如何訂定。但是因為美國近年來覺得WTO不合他意，就開始到處推動雙邊與區域協定，引發了當今這樣各地區都在推動區域性及雙邊自由貿易協定的風潮。但是歐美先進國是規則的制定者，台灣就僅僅是一個規則的接受者，因此若我們只是反對FTA其實不太有意義。同時，既然我們沒有辦法去反對貿易，我們也沒有什麼條件說反對FTA本身，因為它就是一個遊戲規則的問題。既然不能無條件反「貿易」，如何無條件反FTA？

對於WTO可以討論遊戲規則的公平與否，以及其規則對自身經濟的影響。同樣，對FTA的考量也必然是一個「策略」問題，即是否要簽、如何簽FTA、爭取什麼內容、內部利益如何協調，這都是一個策略問題，應該是一個要以整體經濟利益為考量的策略問題。一個對外協定的內容必然牽涉到內部利益的協調，不過在對外時這必須是一個集體的策略。既然它是一個策略的工具，如果就一味的說要反對它，那會是一個錯置的說法，問題主要是要做內部協調，而後基於整體經濟的利益考量，決定採取怎麼樣的策略。至於個別FTA的影響為何，那要看個別案例，看協議內容而定，並沒有一般性的答案。有人曾以服貿或FTA會損及弱勢者利益為由來反對之，貿易協定確實會涉及社會內部利益協調及補償失利者機制的問題，然而，參與國際貿易本身就會帶來加強市場競爭程度的作用，如何對待競爭的失利者應是廣泛的社會福利制度層次的問題，而不只是FTA獨有的問題。

　　同時，「反對FTA」也是一個被挪用的說法，因為其實大家主要是反對服貿，反對跟大陸的貿易協定，而非主要反對FTA。例如，2013年台灣和紐西蘭先簽訂了FTA，2014年初的時候，就有報導說台灣跟紐西蘭的貿易赤字很快速的上升，但是在社會上並沒有引起太大的注意，大家對與其他地區簽訂FTA不會像反服貿一樣有強烈反對的情感。由此更可以看到反服貿是源於政治的考量，而非一般性的反對FTA。

　　再則，簽訂FTA必然意味著雙邊貿易進一步的開放，而就考慮的原則來說，如前述，貿易上越開放越好這個原則當然不可行也不可取，同時，越不開放越好這個原則也是不可取不可行，也就是說，現實總是複雜的，總是帶給我們很多抉擇上的困難，一般而言，太簡化的口號與原則多是不可取也不可行的。因此，我們必須面對現實，先進行內部協調並凝聚內部的共識，看要如何因應。若要比較的話，南韓的狀況如何？南韓一向採取積極參與國際競爭的態度，近來則認為FTA簽得越多越好，推動的速度也非常的快，在其國內雖一直有很多爭議，但也有熱烈而實質性的討論。顯然，因台灣內外環境不同於南韓，不可能也沒必要採取FTA簽得越多越好的策略，然而，基本上採取一個防衛性的思考角度，仍是不可避免的。

　　我們再來談一下「反全球化」的說法。反全球化到底是什麼意思？必須說這是一個意義含混的名詞。我們知道全球化大致上意指貿易、投資、人力、文化等各種方面的跨國界流動。然而，「反全球化」是指說要完全反對上述的跨界流動嗎？讓我們先來考慮兩個極端例子──完全的流動跟完全的不流動，而這兩端顯然都是不可取也不可行的。因此所謂的「反全球化」是要反對哪一部分？到底

所指的是什麼呢？其實並不清楚。我們在講反全球化的時候，是理解到這是一個相當普遍的情感，但是我們作為知識分子在運用這個名詞的時候，就必須要謹慎思考我們到底意指的是什麼。

　　當然另外一個常被用到的說法是「反新自由主義全球化」，只是在最近太陽花相關論述的用法中，到底它的意涵是什麼呢？是反對以新自由主義模式進行全球化？還是就是反對全球化？我要說這其實又是一種挪用，當我看到這個用法時心裡特別覺得不安，因為我也曾經說過「反對新自由主義全球化」，意思是我認為不能全面地反對全球化，而是要反對美國主導的以全面自由化的方式推動全球化。然而看到這說法被用在這個地方我心裡不安。因為從太陽花學運到現在，引用反新自由主義全球化的背後主旨還是反中，只是說反新自由主義一向被認為有正當性，因此就這樣子的挪用。

　　下一個部分我來講一下「反全球化」運動的源起。這是一個在全球、尤其是先進國家相當普遍的一個現象，它的起因是什麼？大致來說，起因可說就是一種焦慮感，就是在經濟相對有優勢的社會裡大眾的焦慮，因為現在全球化的速度加快，各國經濟的比較優勢變遷的越來越快，產業的變遷與遷移也越來越快，經濟相對先進地區的勞工就常會看到本地的資本外移了，原有的工作機會外移了，當然就會引起焦慮跟不安。對此要怎麼樣因應是一件非常困難的事情，而有一種方式就是怪罪對方，怪罪後進國家搶了工作機會，因而會推動保護主義，引發排外情緒、甚至種族主義等。例如，在一九八〇年代的時候，東亞與台灣經濟地位是上升的，因此我們當時就成為歐美國家怪罪的對象，就像我們現在怪罪中國大陸一樣，這其中的邏輯是相同的。現在反全球化運動似乎流行全球，然而這是

最先在西方興起的運動，而其興起與上述因素密切相關。

圖四　不同國家對貿易與就業態度的差異，2014

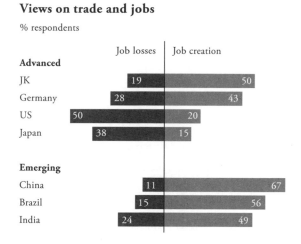

Views on trade and jobs

% respondents

	Job losses	Job creation
Advanced		
JK	19	50
Germany	28	43
US	50	20
Japan	38	15
Emerging		
China	11	67
Brazil	15	56
India	24	49

Source: Pew Research

來源：〈發達國家民眾反全球化情緒滋長〉，《金融時報》FT中文網，2014年9月17日，
http://www.ftchinese.com/story/001058242。

　　最近《金融時報》引用了一個美國Pew Research Center所做的一
個跨國調查，涵蓋四十多個國家，調查各國人對全球化的反應（圖
四）。它發現了一個現象，先進國家的人民較多覺得參與國際貿易
會帶來失業，而新興國家的人民則較傾向認為貿易意味就業的增
加。圖四下半部分顯示金磚各國人民因為經濟正在發展，他們就覺
得參與貿易會帶來就業。而台灣民眾在不同時期對此問題的態度上
的變化也與此相類似，例如，若是在一九八〇年代詢問台灣民眾，

大家會覺得參與貿易會帶來就業，而如果是今天做訪談，則認為貿易會帶來失業的比例會較前來的高。

所以現在這個狀況對於還自詡為進步的知識分子就帶來難題，反全球化是「進步的」嗎？我們看到在先進國家，反全球化的情緒是有普遍性的，但各種不同派別各提出何種說法呢？先看兩端：贊同全面全球化的包括傳統主流的保守右翼，以全球為市場的跨國大資本，以及新自由主義者；而反對全球化的主要是先進國民粹右翼與極右派。此外，還有一個很弔詭的現象，反全球化、反新自由主義全球化的左翼，竟然立場與歐美民粹右翼有高度重疊之處。而眾所周知，歐美民粹右翼援引民眾反全球化的情緒，推動經濟保護主義、排外、甚至種族主義，可說反全球化聲勢最浩大的其實是極右翼。極右翼的主張可引法國國民陣線為例，其主張包括：反移民（種族主義）、反全球化、反歐盟、保護主義、法國國族主義。

因為民粹右翼更能吸引對全球化不滿的人，因此近年來，歐洲極右翼政黨在各國選舉中所得到的支持不斷升高。例如在2014年，瑞典民主黨首次獲得12%選票，德國新選項黨在地方選舉得票率超過一成，法國國民陣線主席 Marine Le Pen 在民調中領先現任總統奧朗德，英國獨立黨像法國國民陣線一樣，在該國2014年5月歐洲議會選舉中得票率第一，此外，近年來美國茶黨在選舉中引起風潮。

最近看到一個相關的新聞，即屬社會黨的法國總理 Manuel Valls 對此現象表示甚為焦急，因為民調說如果2017年總統選舉進入第二回合的時候，國民陣線的 Le Pen 會擊敗現在這個民調非常低的歐蘭德總統，當選法國的總統，雖說這會是三年以後的事情。法國總理指出在爭取民意的競爭上，極右翼帶來極大的威脅，社會黨

政府必須回應這威脅，但如何因應？他說 "We have to act and speak 'differently' in order to be listened to and to be heard"，就是說社會黨必須提出不同於極右翼的說法跟訴求，但是在同一個講話裡面，他有沒有提出來呢？沒有。

　　不同於右翼的說法在哪裡？我們知道西方左翼的學術開始有小幅的復興，如 Thomas Piketty 的書 *Capital in the Twenty First Century* 在美國竟然成為暢銷書，造成一個不得了的風潮，這當然是一個非常令人欣慰的發展。但是在政治上的發展是如何呢？左翼在政治上的勢力可說仍然非常小且尚未有復興之勢。西方左翼思潮未能推出有效的、集結人心的新論述，而讓極右翼成功地捕捉到了反全球化的情緒。左翼面臨艱鉅的挑戰，必須提出「如何及為何反全球化」的論述，並且必須與右翼論述有所區別。2011 年美國興起的占領華爾街運動，曾經聲勢浩大，但仍然因為難以產生新的論述而默默收場了。台灣的情況與上述西方國家情況有共通之處，即產業變遷與政治前景帶來焦慮。如何提出新論述其實是一個全球性的挑戰。

　　在此總結一下台灣與上述先進國情況的共通與特殊之處。就共通性而言，可以說台灣已經有相當高程度的經濟發展，經濟地位已經接近先進國家，也就是說，已經進到會要去怪罪其他後進地區的這種位置。上述分析就是指出說，台灣所處的經濟發展階段會影響民眾的感覺與說法，而太陽花運動相關論述則是挪用所謂「西方進步論述」來合理化如此的情感，因此若自詡為進步知識分子就不能隨俗的跟著這個論述走。至於特殊性部分，就清楚是中國因素了，即除了經濟因素外還加上特殊政治因素，中國因素對台灣的影響特別大，同時台灣「排外」的對象更特別集中於中國大陸，以強烈的

「反中」情結呈現。

其實所有的國家都在面對如何因應全球化這問題，這已成為最重要的政策問題，一方面要考量經濟開放到何種程度，一方面是國內相關配套的社會政策是否到位。不少有識者認為必須要對全球化的負面影響提出相對應的社會政策，如此才能抗衡民粹式的一味反開放、歸罪於他國、回歸保護主義的保守主張，也才能維續全球經濟秩序。即應把社會保險與貿易開放看做是一個銅板的兩面，缺一不可。同時，社會必須公開討論此議題，設法凝聚共識決定策略，並建立制度來補償全球化的受害者，以維持社會公平與正義。同時在開放的同時應要求開放的受益者能分享其受利，並確實負擔應負的稅賦與責任。

在現實上，是否有可能為台灣提出一個獨立於大陸的經濟願景？任何反對服貿與ECFA者，都有責任提出一個具可行性的替代方案，一味反對是不負責任的。然而，過去二十多年來，兩岸經濟關係持續發展，整合程度逐步增高，但至今並沒有人提出過可行的替代方案，而就常理而言，確實很難為台灣推想出一個獨立於大陸的經濟願景。但是在當今台灣社會，反中情結影響所及，逃避現實、拒絕面對問題的態度甚為普遍，因此就會去尋求各種可以挪用的論述來合理化自身的逃避。不過，自身的問題必須自身來面對，全球化問題與兩岸關係問題，怪罪他者無助於事，必須正面面對，尋求解決問題的方案。所有國家都須尋求因應全球化的對策。只是在台灣面對的全球中，中國大陸占了超大的比例。不面對中國大陸，實無法提出經濟願景。而逕自挪用所謂的「西方左翼進步」論述，並無法幫助我們去面對所必須面對的現實。

　　「反發展」可以是完整的答案嗎？恐怕也是不可能的，在此無法
深入討論這個問題，只能簡略如下說明。諸多社會在現代化的溫飽
目標初步達成之後，會因不滿於現代化帶來的社會變動與付出的代
價，而對過去前現代社會興起懷舊之情，並提出反發展的主張。然
而，後進地區追求現代經濟發展是因應西方挑戰的自立自強之舉，
其實沒有太多選擇。雖說在初達溫飽之後，較有餘裕對自身現代化
道路做出反省，但是反省的必要性，並不應該用來否定當初設法現
代化的努力。此外，簡單來說，無論對現代工業化有何疑慮與反
思，任何時刻要保持充分就業應是最低限度的經濟政策的目標，而
要不計代價的「反發展」就會與充分就業的目標有衝突，因此將「反
發展」目標置於優先是不切實際的。再則，台灣數十年來受利於出
口導向成長，高度參與全球市場以及中國大陸市場，實在沒有立場
宣揚全面反全球化、採取保護主義，並將調適問題怪罪於對方的這
些說法。

　　我今天講的是非常理性的語言，但是這樣的語言卻是沒有辦
法處理大家反全球化、反中的情感，那部分需要另外一種論述。我
只是針對這個部分告訴大家，太陽花學運反對服貿的相關論述很多
是挪用了所謂的西方左翼進步論述。一方面來說，挪用本身即有問
題，因為那些論述本身即難以因應今日困局，並且和西方的民粹右
翼的論述是那麼樣的接近。另一方面，之所以要挪用各種論述，其
實主要是為了逃避直接面對兩岸問題。在中國大陸快速崛起後，影
響所及全球眾多國家都在設法做出調適，台灣更是顯現出因應上的
困難，難以直接面對中國大陸與兩岸問題的狀況。因此，在由反中
情感推動的各種運動中，都是挪用各種其他說法，而不是正面面對。

　　然而，必須說我們經濟的前景和未來都繞不開中國大陸，我們必須去面對，我們必須認識到自身為何及如何逃避面對這現實，進而去面對這困難的問題。回顧歷史，台灣戰後數十年處於冷戰環境，在美國支持下擔任圍堵中共的前哨堡壘，親美反共的冷戰傳承下，反中情結自有其基礎。而認識到自身的歷史，認識到自身親美反共的意識與當今社會反中情結的關係，應是我們開始去面對現實的基礎。

（原刊於《台灣社會研究季刊》第98期，2015年3月。）

關於東亞被殖民經驗的一些思考
台港韓三地被殖民歷史的比較

鄭鴻生

　　有關當代韓國與台灣的各種比較中，一直有這麼一個困惑許多人的問題：同樣受過日本帝國的殖民，相對於韓國人的「反日」，為什麼台灣人顯得那麼「親日」？這個問題同樣可以用來對香港人發問：為何香港人不「反英」？本文擬將韓台港三地被不同現代帝國殖民的不同影響分成兩組，分別進行考察與比較，或許有助於近年來台港與中國大陸兩岸三地關係的理解。再則，筆者雖然並非韓國與香港問題專家，對這兩地歷史的掌握或許不夠精確，但大體上應該符合一般情況，只希望拋磚引玉能對近年來浮上檯面的「後殖民」議題的重新認識有所幫助。

台韓兩地「親日／反日」態度歧異的可能因素

　　親日／反日這套詞彙是否能精確地描述台韓兩地的真實感情？一般而言，親日／反日這套對立詞彙主要是用在對日本的國家政策的態度上，而我們除了這套涉及國家層次的對立語詞外，還有哈日與知日這兩個用語。知日一詞是在中日折衝的歷史上企圖擺脫親日／反日這二元對立的另一種政治立場，而出現過「知日派」這麼一

批政治人物；哈日這個一、二十年來的新名詞指涉的則是較不帶政治性地對日本技術與文化產品的喜好，哈日族是包括筆者在內的一種現代流行稱呼。因此台灣與韓國對日本態度的現實情況確實比親日／反日的二元對立複雜許多，但在感覺層次上這兩個地方確實存在差異，底下我試著從一般的歷史知識來解釋這個差異。

首先，韓國當時整個國家被占領，而台灣則是作為中國的一個省分被占領，這在兩地人民間就產生了不同的心理與社會效應。韓國人是整個民族被鎮壓，也在整個民族的範圍起來反抗，繼而啟動了韓國的現代民族運動浪潮；而台灣人除了反抗之外，也同時帶著被母國遺棄的悲情「孤兒」心理。

韓國人整個民族被欺凌，他們無路可逃，只能在整個民族的範圍一體地起來反抗。台灣被割讓給日本時，台灣人除了反抗之外卻有路可逃，就是逃回中國大陸。這是當時的情況，不只發生在社會菁英的仕紳階層如板橋林家，也發生在很多庶民家族，如筆者的外公曾經隨部分族人回泉州老家，其中不少是抱著避難的心理，當大勢底定後又回到台灣來。當時日本也曾想過將台灣漢人趕到大陸，當然行不通，但確實就有一批不甘接受日本統治的社會菁英回到大陸去了。這種有路可逃的情況當然就削弱了反抗的力量，而不像韓國人民在無路可逃的處境下，以其全國之力反抗而招來更嚴厲的鎮壓，也因此而造成更強烈的反抗心理。

接著，日本帝國在韓國與台灣同時進行殖民式現代化改造，培育出一批現代化知識菁英成為新興中間階層。這批新型知識菁英有部分就走上了反抗之路，而在日本帝國的嚴厲鎮壓下，這批抗日志士不管是左派還是右派，不管是韓國還是台灣，在地緣上都有一

個緩衝區，就是中國大陸。例如二戰時，韓國左派的金日成在中國
東北建立了游擊基地，右派的金九則投奔重慶。雖然如此，他們的
主戰場都是在朝鮮半島，在中國大陸只是客卿身分。台灣就不一樣
了，在日本的嚴厲鎮壓下，很多抗日志士投奔中國大陸，而且不是
客卿身分。其中左派加入共產黨，並有參加長征的如蔡孝乾；右派
則加入國民黨，並為其建立了台灣省黨部如翁俊明。台灣人不管左
派右派都一起加入了大陸的抗戰活動，他們一致認為，抗日戰爭的
勝利是台灣光復的唯一途徑，台灣並不是他們的主戰場。換言之，
台灣原來的抗日志士在日本殖民政府嚴厲鎮壓之後，或者噤聲，或
者被關在監獄裡，不然就是投奔祖國參加抗戰。如此在台灣還能發
聲的，當然就主要是那批接受殖民式現代化教育的新興中間階層的
新社會菁英了，這一批人對後來台灣的社會心理影響很大。韓國的
情況很不一樣，韓國抗日志士不管在國內還是中國大陸，朝鮮半島
一直就是主戰場，一直就是他們在行動上與思想上造成影響的場域。

　　於是在日本投降之後，發生在兩個地方的情況也就有所不同。
韓國是以整個國家恢復了國格，台灣則是由中國來光復失土，回歸
祖國。朝鮮半島由抗日志士恢復了國格，接著在左右鬥爭與朝鮮戰
爭之後造成了南北分裂的局面。在這樣的歷史過程中，韓國就只有
左右之分，而無統獨之別。台灣則有著很不同的過程，它是由祖國
來光復與接收的，雖然投奔祖國的台灣抗日志士也因此回到台灣一
展鴻圖，右翼的跟著國民政府回來，左翼的則在接著而來的國共鬥
爭中，以中共地下黨的身分回台活動，但都稱不上接收的主力。來
台接收的主力是國府內部互相角逐的各種勢力，有行政長官陳儀的
系統，有國民黨部CC派的系統，有資委會的技術菁英，以及各個

情治系統，此外還有美國因素這個暗流。

　　但重點在於，台灣社會經過五十年日本殖民式現代化改造之後，一般人對現代化的想像與中國大陸有很大的不同。這個不同不僅是步調上的差距，例如自來水與識字的普及率，而且是來自現代化路徑的不同所造成的心態上的差異。比如說，中國大陸在面對甲午戰爭後日本帝國逐步進逼的壓力下，經過辛亥、五四、北伐、抗戰，以自己的步伐與方式，試圖找出民族復興的一條現代化方案，雖然頭破血流、千瘡百孔，但確是自主的。然而台灣在乙未割讓之後五十年來的現代化，卻主要是日本殖民政府由上而下強制施行的方案，由此培養出來的一批新興的現代化知識菁英，除了抗日志士外，對中國大陸的艱辛過程並不熟悉，而卻有著不能當家作主的悲情心理。如果說「現代化」這個東西是現代人「認同」的基本元素的話，接受日本殖民現代化教育的台灣一般知識菁英，與經過辛亥、五四與抗戰的中國大陸一般知識菁英，在現代認同上就有了基本的歧異，雙方缺乏互相的理解。這個歧異無關左右之分，而是民族內部的。這是「二二八事變」之所以發生的一個基本心理狀態，台灣人並由此而有了「日本」與「中國」的比較。而韓國社會在戰後並沒有這種內部落差的情境。

　　最後，在1947年二二八事變發生二年後國府即全面撤退到台灣，形成一個長達四十年之久的兩岸對立格局，直到一九八〇年代末期解嚴之後才啟動和解的過程。韓國則在戰後很快進入南北分治之局，朝鮮戰爭更是加強了這一對立。兩國戰後的局面看似相同，卻有個微妙的差異。兩韓不管其左右分歧，在繼承抗日民族意識上是一致的。而國府退守的台灣卻由於有前述兩岸現代化不同路徑與

性質的因素，而有了與大陸一貫相承的抗日民族意識的歧異。這個歧異本來可以靠國府在台灣重建的民族精神教育來彌補，比如台灣戰後新生代從小學習的中華民族教育，但是國府的民族精神教育是有缺陷的，除了不接地氣與反共八股之外，它本身並沒有能力去認識到被殖民過後的社會有所謂的後殖民問題，二二八事變就是其第一個苦果，一九五〇年代的左翼肅清更是惡化了這個問題。在一個被現代帝國殖民過的社會，有理論與反思能力來承擔起解決後殖民問題這項任務的，較可能是具有反帝意識的泛左翼人士，他們較不會像一些頭腦簡單的民族主義者只會以「受了日本人奴化教育」的說詞來批評劫後餘生的台灣人民。然而左翼人士在一九五〇年代的肅清卻斷絕了他們實行這項任務的機會，於是再一次的苦果是，當國府的民族精神教育在一九八〇年代民主化過程中全面崩潰後，就只有懷日的台獨思想當道了。相對而言，韓國社會雖然也有嚴厲的反共政策，對現代化問題較有反思能力的左翼人士並未滅絕，而且一直是韓國社會的一個政治力量。

從比較長遠的歷史因素來看，韓國不僅是整個國家被侵占，他們還是一個有著幾千年歷史的國家，這個長久的歷史傳承所形成的自尊之心是很自然的，反抗的厚度也是很實在的。相對而言，台灣的漢人社會歷史較淺，而且在西方勢力大舉來到東亞之前，面對中國內地在政治上、地理上與文化上都相對邊緣。這個文化的邊緣性在脫離母體之後，在對外力的反抗上或許就比較力有未逮？進一步去想，或許由於中國規模之大與複雜，在形成具現代形式的一致的集體力量與思想方面，相較於規模較小的韓國，本來就比較困難，而有民國初年革命運動者對「中國人是一盤散沙」的悲嘆。如今大

家多認識到，中國的現代民族意識是在奮鬥了數十年之後，到抗日戰爭時才達到高峰的，而台灣社會卻沒有參加到這個歷史過程。或許這個發展的落差與不一致性，本就是這個龐大的中國傳統社會到現代社會轉變的正常現象？

此外，在二次戰後的內戰與冷戰因素下，朝鮮半島分裂成比較對等的兩個政權，而海峽兩岸在規模上卻是極為不對等的，結果台灣的親日／抗日問題也糾結了兩岸不對等這一因素。從筆者家族的經驗來看，族中長輩雖然深受日本教育的影響，但並未如今天一些新世代所想像的那樣懷念日據時期的生活。其實他們當時身為次等國民，心理上是極為失落無奈的。而他們在光復後隨著台灣的時代進步與經濟發展，對未來則充滿著憧憬。他們既是日據時期以來台灣的第一代「現代人」，也是戰後台灣經濟發展的第一代得利者，雖然對國府的統治迭有怨言，但不可能真心懷念日據時期受辱的日子。可以說如今的「懷念日本殖民」現象，更多呈現出解嚴後新世代為了打擊國府及其所代表的「中國」的複雜情結。相較而言，韓國並未有這般複雜的三角關係。

從上面中韓的比較，我們可以看到台灣的割讓與回歸所產生的後殖民問題，在全世界範圍是個比較特殊的例子。它是一個有著傳統文明的古老國度的一個較為邊緣的地區，在被割讓給一個現代化強權之後，與其文化母體走上不同的現代化之路；而在帶著強烈現代性因素的當代身分認同的分歧下，它不僅在戰後的回歸過程中與其文化母體產生了不適應症，之後又因為長期的冷戰格局與左右意識形態的影響，更是無能解決被殖民所產生的種種後遺症。這些後遺症不僅構成了二二八事變的背景因素，至今還是兩岸和解的大障

礙。相對而言，朝鮮半島的長期正式分裂則發生在朝鮮戰爭之後，是對於現代化之路的左右之爭，較無關被日本帝國殖民的問題。

以上是以不同的歷史境遇與現代化過程，來理解韓國與台灣對前殖民者日本態度上的可能差異。由此看來，台灣作為中國的一個邊緣地區，被現代帝國殖民之後確實產生了較為特殊的複雜性，看似台灣的特殊問題，然而若回顧香港在九七回歸之後的種種問題，尤其是這兩年來的「占中」衝突，可以看出香港與台灣有著極為相似的症狀。或許台灣的問題並不是個別問題，而是中國的共同問題。

香港與台灣被殖民經驗的異同

今天對於香港占中問題有各種分析，包括所謂顏色革命的說法，在這裡要進行的則是從後殖民的這個面向來看。具體說，就是拿台灣光復之後的二二八事變的背景，來與香港今天的情境做比較，就是說1997年香港回歸後的問題比較接近1945年台灣光復後的情境。從這個面向來探討，或許更有助於對香港問題的理解，進而對中國各地現代化過程的差距與多樣性問題的理解。

香港與台灣這兩地區都是中國在近代殖民帝國強大的武力侵略下，以中國的一小部分被長期割讓的，香港被割讓一百五十多年，台灣被割讓五十年。兩個地區都在割讓期間被殖民帝國現代化了，又在新中國復興過程中的不同時間點回歸母國，然而兩者的經歷卻又有很大的不同。首先在人口與土地方面，台灣夠大到成為日本經濟榨取的殖民地，由米糖輸日可見；而香港卻較小，只能是大英帝國經營東亞的貿易站與前進基地。此外還有下列重要方面：

一、英日兩殖民宗主國的不同現代化路徑

香港與台灣被不同地位、階段與性質的帝國所殖民，一個是西方甚至全球現代化先驅的大英帝國，一個是亞洲第一個現代化的日本帝國。因此兩地人民經由英日兩國不同的現代化路徑，學習到了不同的「帝國之眼」（陳光興語），用不同的現代視角來看世界。

日本在台灣實行現代化是由上而下強力推行的，不僅上層菁英必須屈從，下層庶民也不放過，企圖在整個社會進行現代化。英國在香港則重在培養幫它治理的中上層管理菁英，庶民只要順從，大半放任其自求多福。日本帝國的這種強勢作為有個特殊的心理因素，就是它作為後起的現代帝國，學習西方先進帝國，它不甘認輸，要做「帝國主義世界的模範生」。相較於英國這個老大帝國又是現代化的祖師爺，日本卻是一開始也曾經被強迫開放口岸，並簽下不平等條約。而它經由明治維新進行自身體制的變革，跟上了西方現代化的腳步，並以西方帝國主義為學習標竿，終至將自己打造成另一個殖民帝國。

由此來看，日本在其現代化過程中確實有其自主性，然而從它後來的帝國作為卻也可看出，它在這過程中也在進行某種心理與精神上的「自我殖民」，由此而產生了對自己過去「落後」狀態的羞恥感與自卑感，與追求模範生心態互為表裡。這種羞恥感與自卑感在它要對其鄰近的亞洲地區進行侵略與殖民時，特別不能忍受這些殖民地社會的「落後」狀態，而要對其實施全面的現代化改造。相較而言，老大帝國的英國沒有這種心理糾結，它在香港只是在統治一群「落後」子民，一切以維持其統治與帝國全球策略為考量。

比如1895年乙未之變後沒多久，日本人就廣設「公學校」（台灣

人就讀的現代小學），全面實行日語教育，一九二〇年代開始設立台灣人就讀的中學校，造就從小開始接受日本殖民式現代化的第一代台灣知識菁英。英國人就像在其他殖民地那樣，在香港除了培養上層管理菁英外，並沒如此強勢地在中下階層施行殖民現代化教育。

二、漢語的傳承問題

台灣與香港都是漢語的方言地區，在漢語的發展上卻有很大的不同，其中一個重要因素就是日英兩帝國不同的殖民教育政策。

1895 年日本占領台灣時，台灣的居民主要由閩南和客家這兩個漢語族群，加上少數但多樣的南島語族構成；當日本在 1945 年退出台灣時，還是由這兩個語族構成主要部分。1842 年南京條約割讓香港給英國時，香港島與新界人口稀少，而且還是以講客家話、圍頭話等為主的方言語族，後來因歷史與地理上的因緣聚會，香港吸收了中國大陸各地移民，尤其是珠江三角洲的粵語族群，才構成今天的人口狀態。

甲午戰爭之前，台灣的閩南和客家語族各以其方言作為日常生活、讀書識字、引經據典及高談闊論的語言，就是說閩南語和客家話不僅各自作為日常生活語言，還是各自的知識菁英用來論述的語言，當然他們與其他漢人社會一樣，都使用共同的書寫語文──文言文。換言之，在日本占領台灣之前，閩南語和客家話是各自成套的完整漢語系統。然而日本占領台灣不久就開始以日語實施現代化教育，接受這套教育的新生代台灣人也開始喪失閩南（或客家）母語的論述與書寫能力。這一代人不再接受傳統漢文學堂教育──這種學堂也因公學校的設立而消失殆盡，轉而在新式學校裡全面用日

語來上課，因此不再像他們的長輩那樣能夠以母語來讀傳統經典，日語成了他們主要的現代化論述與書寫語言。

台灣由於母語在日據時期的斷裂，其論述與書寫部分沒能跟上現代化的步調，以致在光復之後，以北方官話為基礎所形成的現代白話中文作為「國語」或「普通話」，就比較容易施行於台灣。以戰後新生代為例，我們從小在學習母語的階段從長輩學到只有日常生活的閩南語，學不到論述書寫的文雅閩南語。這是因為接受日本現代化教育的長輩早已失去文雅閩南語的論述書寫能力，而只能用日語，李登輝閩南語能力的欠缺就是個鮮明的例證。於是戰後六十年下來，國語就成了台灣年輕一代的一種「母語」了，而且其發音還帶著南京國民政府江浙口音的深刻影響。然而光復後強制實行的以現代白話中文取代日語的措施，卻讓當時台灣的知識菁英產生了強烈的失語感。當時日語作為敵國的語言，國府會迫不及待地在報刊上禁用，是可理解的。但是當時作為台灣人主要母語的閩南語和客家話如果都保持完整而且與時俱進的話，光復後知識菁英在論述語言上的剝奪感或許不至於那般強烈，而遺恨至今。

相對而言，母語的現代化斷裂並未發生在香港，英國並未在香港強制推行英語教育，因此各種漢語都有各自的發展空間。原屬客家話地區的香港，割讓之後成為各方移民的目的地，由於外來人口多方匯聚，原本沒有任何一種漢語占據支配地位。根據近年來相關統計，香港居民的原籍母語分布依次為潮州話（閩南語一支）、廣府話（粵語一支）、四邑話（粵語一支）、客家話、上海話等等，其中來自珠江三角洲的粵語加起來是最大的方言族群。在與中國內地政治發展脫鉤的歷史情境下，粵語的一支——廣府話，最後取得優勢

成為香港人的普通話，並且與時俱進成為生活與論述兼備的完整語言，能在現代化的學校課堂上使用裕如。

如前所述，因為英國的殖民教育政策並沒有將漢語傳承斷絕，所以廣府話作為通用語言也就能自行轉化並跟上現代化的步調，保持著知識菁英論述書寫語言的地位，雖說英語還是最上層的語言。由於有這個廣府話作為上下一體通用語言的條件，香港在九七回歸之後，就不會發生台灣光復後整代知識菁英的失語問題。由此可見，英日兩國不同的殖民政策對港台在母語發展上的差異，對後來的政治發展應該有很大的影響。

從這個比較可以知道，台灣母語傳承問題開始於日據時期，而且與日本殖民現代化教育密切相關。台灣在方言母語上有著如此斷裂的遭遇，光復後幾代人下來現代白話中文的國語就成了新生代的新「母語」了，這是今天的現實狀況，因此在台北太陽花運動的現場，演講台上與網路上的論述語言都是國語。反觀香港，以廣府話為基礎的香港通用語言一直與時俱進，是占中現場的唯一語言。

三、同化政策、人才培育、新菁英階層與帝國遺產

日本帝國在台灣的基礎教育改造是其對台灣施行「去中國化的同化政策」的一環，但台灣各族人口畢竟都還是日本的「次等國民」，各方面都受到不平等的對待。日本直到發起東亞侵略戰爭才開始在台灣實施皇民化政策，企圖改造台灣人能像日本人那樣效忠帝國為其死命。相較而言，英國基本上是讓香港的中國人基層社會自生自滅，不去強行改造，並無同化政策這樣的強勢政治作為，也應該沒發生要香港中國人效忠大英帝國為其死命之事。然而它卻也

透過各種類似手段「皇民化」了不少香港高階菁英。即使如此，兩地人民作為日本皇民還是大英皇民，世界觀是有些不同的。

　　日本人在台灣雖然由上而下強勢地推行基礎教育改造，但對於最高層的菁英教育卻有其特別考量。日本雖然在台灣設立了台北帝國大學（1928年）——日據時期台灣唯一的大學，但這大學並非為台灣人設的，而是帝國大學系統的一環，面向全日本招生。帝國大學是為培養日本的統治菁英而設立的，台北帝大為了配合帝國的南進政策，更是被賦予南洋研究的重責大任，如今台大校園裡的椰林大道就是歷史的見證，為了將台灣最高學府經營出南洋風味，他們移植了原產古巴的大王椰。

　　日據時期，除了醫科與少數文理科生外，很少台灣人就讀台北帝大。在日本殖民教育政策下，提供台灣人中學畢業後繼續求學的，就主要是專業技術學校，用來培養殖民統治的技術輔助人員，何況這些專業技術學校還是以招收日本學生為主。在中學校與專業技術學校的銜接上幾經變動，最後形成四個專校：台北醫學專門學校、台北商業專門學校、台南工業專門學校與台中農業專門學校；後來台北醫學專門學校併入台北帝大成為其醫學部。此外台北帝大沒有法律學部，台灣也沒有其他法律專門學校，台灣人想當律師就得去日本就讀。從這整個教育體制可以看出，日本帝國並不想培養台灣人的政治管理人才，以及社會自我管理的能力，在全島整個行政體制裡，台灣人只居於中下層單位裡的少數。

　　這個自我管理人才的缺漏在光復時日本行政人員幾乎全部撤離之後就引發問題了，二二八事變的發生而終至不可收拾，難說與此無關。而我們知道，大英帝國在香港是培養了一批管理菁英，港英

治理的中、下層公務員就是由這批人擔任，九七回歸後也是由這批人繼續維持香港自我治理的穩定。然而就如近年來香港問題所顯示的，這批英國所培養的在地管理菁英似乎只能在政治安定的情況下維持治理的穩定，卻還是缺乏在亂局中所需的政治領導能力。

乙未之變後，台灣人經由讀書科考爭取功名之路斷絕，然而卻出現一條新的現代功名之路。前面提到日本殖民政府由上而下強勢進行現代化改造，很多傳統的事物一一遭到摧殘，其中除了漢文學堂外還有一項很重要的是中醫傳統。傳統中醫的沒落與現代醫學校的設立是一體兩面的事，日本殖民政府亟需培養一批台灣醫療人員來維持社會的健康狀態，以遂行其殖民地發展計畫。台灣總督府醫學校在1899年即已成立，起先招收台灣人與日本人各半，由於學制銜接問題，開始的幾年只能招收公學校畢業生，而且願意就讀的台灣子弟不多，因為當時會接受西醫治療的還是以日本移民為多，並且日本人還不信任台灣人醫生。很多新一代抗日志士出自這個時期，像蔣渭水、翁俊明、杜聰明等人。

但隨著中醫的沒落以及台灣人開始接受西醫的治療，這個醫學校遂變得熱門起來，經過幾次重整、擴大與改名之後，在1936年併入台北帝大成為其醫學部。在沒有其他出路的情況下，從總督府醫學校到台北帝大醫學部這一延續的台灣西醫培養學校，遂成了台灣人子弟的新功名標竿，直到今天未能稍歇。日據時期很多政治與社會活躍分子都是醫生，光復之後當醫生繼續是台灣子弟的奮鬥目標，各個醫學院網羅了大半的台灣優秀人才，他們後來也都成為社會賢達，擁有較大的發言權，進而從政。這種畸形的人才分布難免影響到光復後台灣的社會發展，也造成中國傳統醫藥在台灣社會的

衰退，這是日本殖民台灣的深遠影響。香港在英國的統治下則有另一番景象，醫生沒那麼風光，而律師的光圈比台灣亮很多，法治這東西一直被認為是英國留下來的好的殖民遺產。傳統中國醫藥在一般香港人的心目中也比台灣高出許多，四季如何進補都可說得頭頭是道。

相較於台灣人大半還以傳統的「情、理、法」次序為行為準則，香港人因為受到英國法治觀念的訓練而極為遵守規則，有時甚至會到不知變通的地步。相對而言，日本殖民台灣留下來最沉重的卻是那個「帝國榮耀」及其核心武士道精神的允諾與召喚。然而作為次等國民的殖民地人民，尤其是男性，那又是一場虛幻的、自我膨脹的夢幻。當帝國毀滅時，日本男人可以自安於其日本身分，重新來過；可是受到這場夢幻所召喚過的台灣男人卻在內心留下了巨大的創傷，這個創傷所衍生的各種心理與精神症候還代代相傳，直到今天仍舊陰魂不散。相較於台灣戰後的這種扭曲的心理情境，英國人在香港所栽種遺留下來的應該是另一種精神狀態吧？

四、反抗運動的不同歷史與性質

在日本占領台灣之前，台灣就已經有將近三百年漢人社會的堅實歷史，因此從乙未之變的第一天起，台灣就開始了激烈的抗日活動。漢人的武裝抗日一直延續到1915年的台南噍吧哖事件（或說西來庵事件），足足有二十年；原住民的武裝抗日事件甚至延續到1930年賽德克族的霧社事件。台灣人在武裝抗日失敗後，新一代知識分子改採現代政治社會運動，例如文化協會、民眾黨以及各種工人與農民組合，最後是共產黨組織的出現。然而這一波現代政治與社會

運動也一直遭到日本殖民政府的嚴厲鎮壓,尤其在一九三〇年代開始的皇民化時期,所有反抗運動都被壓制,最激進的共產黨人不是逃到大陸就是悉數入獄。直到日本戰敗台灣光復,這些人才復出活動,而在二二八事變中起了重要作用。換言之,台灣從割讓的第一天起就開啟了這個抗日的傳承,同時也在這抗日運動中塑造了台灣人的身分,在這之前的清代,台灣居民是以各自的族裔來認同的,像泉州人、漳州人、福佬人、客家人、泰雅族、排灣族等等身分。

香港在割讓的時候並沒有太多人居住,也沒聽說有任何反抗。現在的香港人是在歷史變動中分批移入的,從某方面來說是自願加入做為英國殖民地居民的,原因有多重,最主要的是為了求得美好生活的單純經濟因素,以及為了躲避大陸上的各種動亂,如太平天國、軍閥混戰、日本侵略、國共內戰、三年飢荒以及文革等。在這歷史過程中,相較於台灣居民從抗日運動中產生台灣人的身分認同,香港居民並沒有從抗英運動中產生香港人的身分意識。然而香港不只是被動地接受大陸移民,它也成為大陸各種政治運動的中繼站與庇護所。它首先是興中會的重要據點與辛亥革命的重要發動地;抗戰時期香港尚未淪陷時,它是許多抗日志士的庇護所與轉進地;中共建政後,它又成為冷戰時期各方勢力競逐與勾心鬥角之國際港埠。也就是說,香港社會在一百五十多年來的英國殖民地歷史中,與中國大陸的變化息息相關,它的人口組成也一直在變化,直到一九七〇年代以後才在以廣府話作為香港普通話的背景下,形成香港人的身分認同。

台灣被日本統治五十年,抗日的最大力量最後集結在左翼的旗下,然而這股力量卻在一九五〇年代的白色恐怖時期被撲滅殆盡,

最有能力承擔反思後殖民問題任務的一批人就此消失，直到保釣運動前後才又復甦。而香港曾經作為中國大陸現代化變革的中繼站與庇護所，雖然一直有左翼人士存在，但左翼運動主要是在配合或呼應大陸的運動，例如1925年五卅慘案時的省港大罷工，以及呼應文革的1967年香港左派工會鬥爭。以此觀之，香港類似以前上海的租界區，直到一九七〇年代初，才有戰後新生代自發的中文法定語文運動與保釣運動。可以說，「台灣人」這個身分在日本殖民初期漸次形成，而「香港人」的身分則主要在一九七〇年代當移民潮漸次穩定之後才最後成形。

1949年後國民黨退守台灣，雖然施行特務統治，以白色恐怖手段殘害了大半的進步分子，但也帶來了不少各方面的人才，促進了台灣的經濟與文化建設，如資委會人員啟動的經濟發展，中國自由主義者帶來的政治啟蒙，還有其他文化界人士帶來的現代白話中文的文藝成果。他們是台灣戰後新生代能夠順利接上現代中國的重要媒介，然而他們在文化上的優越性，在台灣未能解決後殖民問題的情境下也在戰後新生代心中埋下了外省人與本省人之間的文化優越感與自卑感的心理裂痕，加強了日據時期以來本省人的悲情感覺結構；加上在親美的國民政府的教育體制下，英文取代了日文成為新的上國語言，國語取代日語成為新的論述語言，這種幾代相承的文化失語感使這種悲情感覺結構更加堅不可摧，影響到後來台灣人的公眾與政治行為。

香港在其發展過程中則不斷有大陸人才來來去去，1949年時也如台灣一樣收容了不少大陸菁英，這批人對戰後香港在各方面的繁榮與文化的提昇起了重要作用。然而或許在港英統治下，由於他們

不涉及政治力量的分配，並沒有像在台灣那樣造成裂痕，因而在九七回歸前似乎就已相互交融成為香港人了。

五、不同「現代身分」的難題

總的說，傳統中國在受到西方現代帝國侵略，被迫進行西方式現代化改造，以其規模之龐大、際遇之多樣，就有了多重不同的現代化路徑。台灣被日本帝國從上而下強勢施以日本殖民式現代化改造，香港被大英帝國有選擇地、較不強勢地施以英國殖民式現代化改造，兩地在回歸之後確實有著不一樣的後殖民情境與任務。而中國大陸若是先不管其局部分殊，整體而言則是自我摸索著一條較為自主的道路，最後由中共的路線取得主導。

不管是哪條路徑，這個現代化的過程都造就出一批新的知識與政治菁英，接受不同的西方（或西化的日本）理念的灌輸與栽培，各自在其社會取得論述主導者的地位。例如接受日本皇民化教育的台灣的李登輝及其同輩，又如接受港英教育栽培的香港知識與管理菁英。這批新型知識與政治菁英構成現代化後的新得利者，然而也構成回歸後解決後殖民問題的巨大障礙。由於有著不同的現代化路徑而產生不同的「現代身分」，當這幾個不同身分互相碰撞時就產生了一時難以消解的現代問題。以台灣為例，這些人一方面構成反國民政府的力量，另一方面也構成台灣分離運動的基礎。二二八事變除了有國共內戰及光復後復出的左翼分子的因素外，也有大陸與台灣不同現代化過程所產生的不同現代身分衝突的因素。這個面向在九七回歸後的香港應該也構成了重要的背景。

不同的現代化造就了不同的現代身分，不同的現代「中國身

分」、「台灣身分」與「香港身分」。光復後來台接收的國府官員與軍隊是歷經辛亥、北伐、抗戰的國民黨這一系人員，他們的「中國」觀念是帶著這段歷史的現代觀，與當時沒歷經這段過程的台灣知識菁英的現代觀是有差異的。我們試著想像，如果沒有西方與現代化的因素，台灣在1945年的光復或許就像北宋假設真的收復了燕雲十六州，或如隋朝統一了長江以南諸國，只是傳統中國社會的分合，應該不至於會有二二八事變那樣的慘烈衝突──當然小衝突難免。可以說不同的現代化路徑所產生的歧異是二二八事變的底層因素，當時雙方都沒有機會與條件進行心靈與意識的祛殖民工作。九七之後的香港所面臨的也有同樣的情境，構成今日占中衝突的底層因素。

所以說，作為現代化得利者的知識菁英這一階層是特別麻煩的，他們在被各種現代化方案養成之後，往往以各自的「帝國之眼」──西方帝國的文明世界觀，來看待自己社會的傳承、下層勞動者、各種「落後」的現象，以及母國整體。例如在台灣「水龍頭的故事」自光復之後就一直被分離運動者用來貶抑大陸來台人士；或者以西方社會個人主義為基礎的「自由民主」來看待自身社會的政治安排；或者對自身社會或第三世界國家都抱著深怕被西方「恥笑」的焦慮不安。這些帝國之眼引起的焦慮不安，在台灣甚為尋常，在香港今天的衝突中也一一具現。

小結：終歸是中國問題

本文首先討論台灣與韓國兩地對共同的前殖民帝國日本在光

復之後態度上差異的原因，指出台灣作為母國中國的一個邊緣地
區，被現代帝國殖民之後產生了較為特殊的複雜性，看似台灣的特
殊問題。然而在比較香港與台灣被殖民經驗的異同，以及台灣光復
與香港回歸後的種種問題後，我們可以發現這個特殊性也不能過度
強調，不能視之為只是台灣的個別問題，或是香港的個別問題，而
是中國被割讓的邊緣地區的共同問題。當然「台灣問題」或「香港問
題」基於其不同殖民宗主國與歷史過程等因素，有其相對特殊性，
但畢竟都是由傳統中國社會被殖民與現代化之後產生的問題，所以
還是傳統中國社會現代化問題的一環，就是說最終還是屬於中國的
問題，一個在台灣或香港的具體歷史情境下呈現出來的中國現代化
過程的問題。

　　中國的主體大陸地區雖然在現代化的過程中有其相對自主性，
而且為了取得這個自主性曾經歷經血跡斑斑的奮鬥，犧牲遠遠超乎
台灣，但是就如日本在其現代化中所顯現的「自主」與「自我殖民」
的雙重性格，中國的現代化也不免帶著「自我殖民」創傷。這種創
傷的一個具體例證就表現在它曾經比日本更強烈地厭惡自己的過
去，露出更昭彰的羞恥感與自卑感。

　　因此台灣、香港與大陸這三地如今所顯現的各種問題，就不應
只被看做不同歷史經驗的個別問題，而應是傳統中國社會在現代化
過程中的共同問題，如此就還是要回到中國現代化的整體問題上，
更具體的說就是一個中國現代化過程中如何真正尋回自我的後殖民
問題。

（原刊於《思想》第28期，2015年5月。）

中國作為理論
中國派的重新認識中國[1]
甯應斌

　　「中國作為理論」是理論化中國的知識計畫，亦即，「中國」在知識體系內的位階具有理論的功能或地位，與「西方現代性」的知識範式進行競逐。另方面，中國作為理論的提法是為了回應「中國已不具本質」或「中國仍具有本質」兩種說法。中國的理論想像除了需要各種中國特色或模式的豐富與細部研究外，還必須設想內含張力的原理，本文則討論了漢字、連續性、大一統。最後則略論在本文的展望下，如何看待「左／統」與「中國人」問題。

一、緣起

　　先就我個人對「重新認識中國」這個命題的認識發展來說，共有「中國轉向」、「中國作為(特別是台灣批判知識分子的)知識位置」、「中國作為理論」這三種著重點不同的認識取徑，有的比較有

1　本文緣起於2014年在台灣中央大學舉辦的「重新認識中國」研討會，目前此文已經大不同於當初會議文章。寫作此文時，受益於張志強(2015)在同場會議所發表論文之處甚多。在本文寫作前後也受益於趙剛、瞿宛文、鄭鴻生、陳光興、丁乃非、何春蕤、徐進鈺等人的交流討論。

爭議，尤其是將之總括為「中國派」（中派）這樣的知識計畫召喚。

　　2009年及其後不久，我益發地體悟到台灣的知識生產（包括性
／別研究在內）必須有個中國轉向，[2] 來糾正過去像性／別研究在知
識理論與概念的資源方面只有西方理論與其社會建構。雖然西方與
台灣的批判知識都不滿當前的社會建構，但是如果繼續以西方的知
識理論模子來「想像另類世界」，即便有所突破或有台灣角度卻仍是
同一範式的產物；台灣則主要是在這個知識分工體系下提供經驗印
證與理論微調，在實踐上（即使有著反抗的姿態）繼續強化當前的
建構。例如後殖民思潮很多停留在對西方文本的批判解構，自居邊
緣因而難以跳脫西方中心論的網羅，甚至以反本質之名（或拒絕新
建霸權之名）拒絕重建（續命）非西方的知識傳統。等而下之者則以
後殖民為名來抗拒去殖民的實踐。

　　中國大陸學界菁英的知識生產應該大約是一九九〇年代中期就
開始了中國轉向，企圖批判西方中心論外，也開始嘗試建設自身本
土化的話語──**在中國發現知識**。這個知識趨勢在大陸近年來更是
跨越不同政治立場、不同領域的菁英知識群體，雖然都還是「初級
階段」，但是其知識企圖卻是更早高喊本土化的台灣所不能及的。
例如我們看到自由派的姚中秋（2011）不滿意只有西方理論的自由
主義，或者強世功法學方面類似的深刻反思，[3] 對比台灣這兩個領域

2　當時都只是很淺顯的體悟與表達。甯應斌：〈性／別研究的中國轉向〉，何春
　　蕤編：《連結性》代序，台灣中央大學性／別研究室，2010，頁iii-vi；甯應
　　斌：〈中國轉向之後的性／別研究〉，《性地圖景：兩岸三地性／別氣候》代
　　序，台灣中央大學性／別研究室，2011，頁iii-viii。

3　強世功從《法制與治理》（北京：中國政法大學出版社，2003）便開始這樣的知
　　識取向。他的《立法者的法理學》（北京：三聯書店，2007）與之後討論中國憲

可謂相差甚遠。

為何高喊自主獨立本土化的台灣反而深深陷入知識依附、學術殖民的狀態無法自拔？2013年我從「知識位置」[4]的角度對此現象提出了一些見解，[5]認為台灣的知識生產是從知識的國際擴散（dissemination）的**依賴**為主關係，近年來逐漸轉變為知識的國際分工下的**控制**為主的關係。在擴散模式下，邊緣或周邊的學術社群尚可能以「山寨」形態顛覆中心。但是在控制模式裡，知識可以視為一種權力系統（和社會中其他存在的權力系統類似），乃是以學術研究傳統之權威為核心的社會控制形式；這些權威包括了理論典範（範式）、西方的重要大學系所與教師、核心期刊、學術出版社、學術組織、學術審查或評鑑等等。所謂知識活動可以看成是西方知識體系中權威的運用。我在同一篇文章中接下來思考控制模式下的對抗與競逐，我說明了台灣現有知識位置在地緣政治以及（冷戰與分斷體制）歷史軌跡中的限制，包括號稱後殖民或激進社運等知識分子也都受限於這個知識位置；最終我提出以中國或「泛中國主義」作為台灣的知識位置（詳見後文）。

以泛中國主義作為台灣的知識位置，首先鼓動了我自己更頻繁

法等現實著作均屬此一取向。

4　「知識位置」原本是馬克思主義認識論內的一種提法，在科學的哲學、知識社會學等領域內，特別是女性主義圈子有許多討論，參看甯應斌：〈Harding的女性主義立場論〉，《哲學論文集》，台灣中研院社科所出版，1998，頁261-296。「位置」的提法可看Caren Kaplan. 1994. The politics of location as transnational feminist critical practice. In Inderpal Grewal and Caren Kaplan (Eds.) *Scattered Hegemonies* (pp. 137-152). Minneapolis: University of Minnesota Press.

5　甯應斌（2014）此文也是對趙剛（2009）的呼應。

地閱讀當代大陸知識分子的著述，受益甚多，也不自量力地想將閱讀心得分享給台灣朋友，於是計畫在「重新認識中國」會議上濫竽充數一篇（可是至今力有未逮）。在籌劃舉辦「重新認識中國」會議前後，台灣發生了太陽花學運，香港發生了占中運動。我覺得在此時刻即使是不甚完備成熟的想法，也應該拋磚出來，在批評中接受鍛鍊，於是提出「中國作為理論」的可能性，並且用「中國派」這樣的知識計畫召喚來表達。

以上說的是「中國轉向－泛中國主義－中國作為理論」三個不同著重點的「重新認識中國」取徑之個人由來因緣，以下我逐一解釋三者的發展關連，集中於「中國作為理論」（中國派）這個可能較有爭議的命題。

二、中國轉向、泛中國主義

中國派，或者「中派」，緣起於重新認識中國的知識計畫。「中派」一詞在台灣有其政治語言的脈絡，對比著所謂「台派」（在少數間流傳、卻未曾清晰定義，也沒有知識企圖的空泛政治命名），然而提出中派或中國派這一知識計畫召喚，並不止於台灣或香港脈絡，也是針對中國大陸。中派可以先從中國轉向談起。

「中國轉向」（The China Turn）固然可以淺層地理解為對研究目標的轉向，就像「語言轉向」、「文化轉向」等等是將研究標的從物件轉向到語言，從政治經濟轉向到文化等等，故而中國轉向是以中國為知識目標、對中國（從古至今的方方面面）之研究，有些人還企圖突破漢學研究的框架。易言之，中國轉向意味著中文學界的

所有人文社會學科（無論英國文學、社會學等等）不再是只鑽研西方古典思想或西方現代思潮，卻對中國古典思想或中國現代思潮無知。中國轉向至少是將中國作為知識的參照，如同將西方、亞洲等等作為知識參照一樣。

中國轉向之所以同時是重新認識中國的一個環節，乃因為國際與中國學界對西方中心論、各類東方主義的批判，以及後現代思潮對西方啟蒙的反思，以及大陸學界以中國為認識主體的知識努力，這些趨向對既有知識範式（例如西方現代性為核心的範式——可簡稱為**西化範式**）提出了挑戰，認識中國因而成為**重新**認識中國，被西化範式遮蔽的世界歷史與中國歷史，或各種思想知識都開始尋求突破，不少曾經是邊緣或亞流的研究意見，改換面貌而成為顯學或新說。傳統或古典中國不再只是歷史考古的興趣，或者只是補充西方物質現代的「精神」缺憾，而是和傳統西方或古典西方一樣不斷有新發現的歷史面貌或理解，而且有開創、延續與改變現代（中國與世界）的可能。說到底，「中國轉向－重新認識中國」的意義是藉著知識參照點的轉換（從單一西方現代轉到中國）而改變知識生產的國際分工狀態，特別是對於港台而言，能藉此擺脫殖民－冷戰的歷史地緣限制。這不僅僅是港台，也同時是中國大陸，在知識大陸的漂流中擺正位置。**中國轉向不是轉向中國而已，中國轉向也是中國轉向自身**。

然而，中國轉向的提法集中於知識的對象，未言及認識主體或知識位置，因而使得「重新認識中國」和台灣知識生產的關係不明。姑且不論近年港台對中國許多向壁虛構的想像（不論第幾種的），以及無批判地接受至少從十八世紀以來西方對中國所投射的諸多知識

建構，在認識中國方面，由於港台歷史（海洋貿易、殖民經驗、國共內戰）與地緣政治（冷戰、分斷體制）所構成的知識位置，其**單一的周邊視角**，先天偏頗不足。

　　相對於單一的周邊（邊緣）視角，白永瑞曾在多處提倡「雙重性的周邊」，他說：「一個是在以西方為中心的世界史中被非主體化了的東亞這個周邊視角，和在東亞內部的等級秩序中被壓抑的周邊視角，這兩種視角是總是要兼具的」（白永瑞，2014：129）。台灣固然缺乏前一種周邊視角，然而台灣在多大程度上以及性質上屬於後者，還需要分析。[6]更重要的是，當前台灣內部有一種藉著「被中國壓抑的周邊」話語，來強化西方中心的世界秩序、置換自身的周邊位置想像，亦即，在強調自身是被中國壓抑的周邊，從而想像自身參與到西方中心，取得主體性，而擺脫了世界史中的非主體周邊位置，一言以蔽之，脫亞入歐、脫中入西。

　　照這樣說來，台灣的知識生產至少需要中國視角的雙重視象（亦即，中國所看到的，以及台灣透過中國所看到的），這也是台灣從中國走向（第三）世界的途徑之一。[7]我曾經將此新知識位置稱為「泛中國主義」（甯應斌，2014），之所以是「泛」中國主義，在於提

6　例如，台灣在日據時代固然是屬於以日本為中心的東亞內部等級之周邊，但是在其他歷史時期，如冷戰時期，是否能和中國中心（或者當時東亞內部並非中國中心，而是中日雙中心的等級結構）的其他周邊相提並論則又是可商榷的。

7　中國知識界的菁英屢有雄心發展建立在本土現實與歷史經驗之中國與世界的研究，以中文漢語為表達工具、參照自身文化傳統來深入理解世界，而非只是套用西方理論來改造本土現實，這與充斥學術代工的殖民地知識生產方式頗為不同，因而其知識生產有頗多可供台灣互相參照、汲取資源之處，也提供台灣從中國走向（第三）世界的機會。

醒這不僅僅是台灣（邊緣）以大陸（中心）為參照的知識位置，而且也可以是大陸以台灣為參照的知識位置。這是不同（周邊）視角的互相參化，故而採取泛中國主義的大陸知識分子也能進入（例如）港台在地社運的知識位置。不過泛中國主義同時是立意有別於西方的知識位置，與西方領導的知識體系競逐，這種知識範式的立意競逐在知識史上屢見不鮮。[8]「競逐」則表明雙方不是同／異分立，而是同／異消長而已。[9]

三、中國作為理論（中派）及其質疑

然而「重新認識中國」除了中國轉向，以泛中國主義為知識位置之外，還可以有更強勢的意涵，可以說是「中國派」的意涵，亦即，將中國作為理論。「**中國作為理論**」（China as Theory）一方面是說中國乃是理論或建構（下詳，並見第四節），另方面是指「中國」在知識體系內的位階具有理論的功能或地位──理論就是被設定來解釋世界、解釋歷史或經驗（如用來解釋中國模式、西方現代化模式）。中國作為理論，就是以「中國」來解釋經驗、解釋歷史、解釋

8　拜庫恩（Thomas Kuhn）之賜，我們知道知識範式的轉換不是「純粹理性」而有「政治」（泛指權力）因素，也就是競逐過程。我在此提及的知識競逐則是更廣泛的文明競逐（為了追求國際權力均勢與文化認可）的一部分。然而，競逐中的知識體系並未放棄求真、客觀性的要求，也因此必須採納異己他者的視角；不過，知識同時有打造世界（world-making）的性質，因此同時也會存在政治性的要求。

9　關於我所謂的「競逐」（包括要求認可的鬥爭、中國文明本質的爭議），參看甯應斌（2014：174-175，註腳16）。

世界——這便是新知識範式的默會設定（tacit assumption），有別於當前「（西方或普世）現代性作為理論」的知識典範，即**西化範式**。以下簡單地解釋這個西化範式有助於理解「中國作為理論」。

現代（西方）的社會科學從興起時便和西方民族國家有密切的關係，以官方統計為基礎的監控擴大了西方民族國家的行政力量（安東尼・吉登斯，1998：220-222），也形成了民族國家或現代性的一部分（所謂「知識／權力」）。基本上這種現代社會知識的主流是直接間接地建立現代性的正當性，在看似價值中立姿態下對「去傳統」的歡迎，或者哀悼傳統的一去不返（否定「復古」）。這當然不排除同時對現代性的批判、改良、超越，但是即使是超越或革命也是去建立「更進步的」或更完善的現代性，或者達成「未完成的現代性理想」。[10] 總的來說，現代社會知識在「現代」與「傳統」之間製造了斷裂、遠大於連續，這個現代／傳統的斷裂在非西方社會則更是巨大慘烈的，非西方社會的傳統不但是一去不返，而且內涵的現代因子更為稀少或與之衝突（或者說，其現代因子因為長期「停滯」而等於廢棄）。在這個意義上，我認為西方現代知識其實可說是一個西化範式，西方現代性之作為解釋原理則是這個範式的默會設定。

「中國作為理論」即是與上述西化範式競逐的知識計畫。故而，「中國」除了作為被解釋項的中國（經驗、現象等等），還是作為解釋項的中國（理論）。「中國作為理論」這樣的說法可能引發一些疑問，以下我只能舉例說明並初步回應之，而無法在本文中窮盡所有

10　否定或游離於西方現代性的非主流邊緣知識，則是西化範式的「異常反例」（anomalies），如Kuhn所示：起初是孤立或不構成對範式的威脅，但是可以被利用來顯示原有範式存在著問題，最終則可能導致或併入新的範式。

質疑。

對中派的「中國作為理論」的一類質疑是基於「政治正確」之條件反射性的，例如，認為中派可能有反對西方中心論的原始意圖，但是最終是否以「中國中心論」取代「西方中心論」？

對於從「政治正確」而來的這類疑問，我之前曾提過當前批判圈流行的許多政治正確姿態（例如，只應做邊緣顛覆中心的游擊，而非取而代之等等）緣起於西方批判圈在特定歷史時空的世界觀（甯應斌，2014：159-163），這個政治正確的「政治」必然也是特定「知識－政治」計畫的產物，正是後者現在被重新評估，因而也不能逕自接受原有的政治正確，一切「普世」價值必須被重估。[11]

有些看似知識性的質疑卻因為其陳腔濫調，頗接近政治正確，像「雖然批判西方中心論，但是難逃西方中心論的網羅，故而總是以一種西方中心論質疑另一種西方中心論」等等。對於陳腔濫調的質疑，最好的回應則也是用陳腔濫調！紐拉賜（Otto Neurath）著名的「**大洋中不斷修造的船**」比喻，可以用來回應。這典故是指在沒有乾船塢時，在可能有風雨巨浪的海上利用船本身木料與漂流木來修造結構不同的新船，轉換新船（轉換範式）時要防範較大的漏洞，然而舊船就這樣一步步地改造為新船；在過程中，改造者對新結構有想法，但是未必彼此有共識，最終新船（新範式）究竟如何是我們今日無法預見的（Neurath, 1970: 47）。當然，紐拉賜原意是整體主義（反基礎主義）的認識觀，但是也可以用來譬喻更新範式

11　我對動物保護的重估算是個樣本。甯應斌：〈動物保護的家庭政治〉，甯應斌編：《新道德主義：兩岸三地性／別尋思》，台灣中央大學性／別研究室出版，2013，頁12-31。

的舊位新址或舊物新貌之不斷修造過程。

我所接受的紐拉賜比喻背後之設定有二，其一是我們都在同一條船上，亦即不能放棄求真與客觀性的要求（對同一個客觀世界的知識競逐，雖然我們與他們並沒有一致共識，但是我們的知識目標仍是求真），[12] 畢竟，在價值的世界中或許和而不同，但是在知識的世界中則應是**同而不和**。其二是無法預見新範式最終為何，這也是為何我只說「中國作為理論」而非「中國範式」。雖然新理論的提出可能造成範式的轉換，「中國作為理論」便是在挑戰西化範式，開啟了新的範式之知識計畫，但是最終取代西化範式[13]的是否即為中國範式，還是包括「中國作為理論」的某種非西化範式，猶未可知。畢竟在知識競逐的過程中，也可能出現伊斯蘭作為理論、印度作為理論等等對西化範式的挑戰，各大文明圈的內與外、邊際與交疊之雜交或雜種化，都會帶來新的知識資源，而走向對當前西化範式的取代更換。「中國作為理論」之乍現或竟是未來的非西化範式的拋磚之舉；但是沒有真正用力的敲門磚也不會有新的範式（並非任何國家、區域或運動僅憑主體性便能成為敲門磚[14]）。理論化中國需

12　紐拉賜的比喻和庫恩的範式話語有些表面的矛盾，因為對於新舊範式的人「彷彿」活在兩個不同世界。不過我認為即使範式話語有相對主義的意涵，在知識競逐的目標上仍不會放棄求真，但是會承認許多歧見（或難以解釋的現象）來自範式的差異。

13　所謂「取代」，若照庫恩提法，往往是相信舊範式的老人多數死去，新一代學者多數接受新範式；這是從西方學界內部的觀察角度而言。本文所談的「取代」西化範式，既然不只是知識競逐，也同時是國際力量與文明的競逐，包括文明價值的競逐等等，便恐怕比較接近「諸神的永恆鬥爭」，很難想像終局；但是既然有知識競逐的面向，就沒有放棄求真與客觀性的要求。

14　例如，「有自身的權力中心與學術權威，例如不一樣的經典。……不是西方語

要不自限地深入鑽研，不過在台灣一些知識圈，甚至提及中國轉向時，都彷彿提及了房間中的大象，急忙擔憂重新認識中國是否會排外或忽略弱小國家等等，我覺得還是要等「中國作為理論」有了一磚一瓦之後，再做這類判斷不遲。[15]

我之所以說「中國作為理論」的另一個原因是因為中國這一概念自初始建構後，便與這概念的實際實現互動，使這一概念在不同歷史時期既有延續性，也有演變，並從名稱走向實在（亦即，建構不再是虛構）。然而在西方現代性的挑戰下，中國的實在性（連續與一統）遭到嚴重挑戰，為此我認為中國在此階段可以先設定為一「理論」，避免武斷地堅稱中國實際上仍然具有強固的實在本質，但是也不同於唯名論（認為中國僅剩下名稱，實際上只是多元與斷裂）。在理論求真、範式競逐、知識改造世界之中，讓中國再度走向實在。

對「中國作為理論」還有一類質疑，屬於需要澄清的性質，例如，中派的「中國作為理論」既然針對的是「西方現代性作為理論」（西化範式），那麼為何以「中國」作為理論或解釋原理，而非「中國現代性作為理論」？

其實，「中國現代性作為理論」就是流行的多樣現代性計畫，在諸如艾森斯塔特（2006）的多樣現代構想中，因為不再是單一西方現代，因此他的構想看似現代－傳統有某種連續性，然而他又認為現代性本身是新的文明，這便和其他（古）文明對立起來，又隱含

言為主的知識文本。……足夠大與多的學術組織機構與人口數量」（甯應斌，2014：171），最終需要建基於一個文明（或文明現代性）。

15　這一整段是回應趙剛，以及瞿宛文、鄭鴻生在討論本文時的一些疑問。

著現代／傳統的斷裂。因此，**多樣現代隱含著從現代去解釋中國，而非從中國去解釋現代**。無論如何，「中國（而非中國現代性）作為理論」並不先驗地排斥前現代元素能解釋世界的可能，甚至探索著現代－傳統斷裂的修復可能；即使當前是斷裂的，也會懷疑過去是否真如進步主義設想的一去不返，或是往復循環？

　　最後，還有一類對「中國作為理論」屬於內部知識的質疑，例如，中國既然是特殊地方，其知識形態只能是特殊主義，又如何能解釋世界、而成為一種普遍主義的知識？或者說，中國作為理論的「理論」是普遍的，「中國」則是特殊的，此處存在矛盾，等等。

　　中國派這類知識計畫**究竟是普遍主義的、抑或特殊主義的**？對此質疑可有兩種並不互斥的方式回應。第一種回應方式：在中派設想下的「理論」，有其最適用或直接應用的範圍，中國自然是其初始的核心（亦即，**以**中國解釋中國，或**從**中國來解釋中國，而不是「**在**中國解釋中國」），至於越疏遠中國的世界則未必能適用，故而這不是特殊主義（不假設只能解釋中國），也不是普遍主義（不預設必能解釋疏遠中國的世界）。當然，由於理論不只是解釋世界，也可能改變世界，因此**特殊與普遍的界限是移動的**，正如西化範式一開始也是比較接近特殊主義，而後向普遍主義移動。這種回應方式簡言之：**從肯定特殊出發，邁向普遍的競逐**。這可以稱為「**普遍性的競逐**」（contending universalism），其出發點卻又是將西方「地方化」（特殊化），同時承認中國也處於特殊位置，但是都必須往普遍性移動（求真與客觀性），發展與爭論對普遍的認識詮釋。（用通俗的話來形容普遍性的競逐則是「較真」）。

　　第二種回應方式：中派的「以中國解釋世界」之所以可能，乃

是因為：用以解釋世界的中國面向可能有普世的意涵，未必只限於中國。換句話說，在西方現代知識體系發展過程中，出於殖民主義、東方主義、去傳統、個人主義化、世俗化等等知識－政治目標，為了正當化現代社會形態，或有其遮蔽隱藏或置換扭曲的成分──「**現代的偏見**」，也就是**西方現代知識體系不無特殊主義的成分**，中國作為理論可能達到對普世更完整的理解。甚至可以說，我們不只是要從西方（作為理論）來參照解釋中國，也要從中國（作為理論）來參照解釋西方，這兩個方向的理論運動是來回修正以達到最適解釋的。第二種回應方式簡言之：**從肯定普遍出發，邁向特殊的競逐。**這可以稱為「**特殊性的競逐**」（contending particularism），其出發點則是承認中國與西方知識均屬於普遍性理想，但是其普遍性仍不足（無法完全達到求真與客觀性要求），不足以解釋許多特殊，因而必須發展與爭論對特殊的認識詮釋。（用通俗的話來形容特殊性的競逐則是「求全」）

看來，「中國作為理論」的爭議較多。過去比較沒爭議的提法，（如前所述）是把中國當做立足點（standpoint）或知識位置，正如有些社會批判理論把勞動、工人階級、被壓迫經驗、邊緣生活當做立足點一樣。或更謹慎地，同時也限制「中國」（作為立足點）的解釋範圍在「與中國相關的知識體系內」（亦即，中國只解釋中國，並不能解釋世界）。一些西方社會理論有時也會表面上做類似的限制，像聲明理論根據的是西方歷史經驗與社會發展，不必然適用於所有社會。不過，隨著西方過去與現在的影響逐漸擴大，以及**西方殖民歷程中不斷參照他者、被他者影響，且相應地同時改造他者與自身**，西方理論的立足點有了眾多參照或複數化，理論適用與改造世

界也日趨普世，因而現在可以較無爭議地說「西方作為理論」。所謂「中國作為理論」也就是這樣的一種剛起步的知識競逐計畫，隨著全球化的各類交流形式與國家－文明競逐而展開。

四、中國

（一）多元

作為理論的中國，或中派的中國，如何設想？與歷史的中國有何關係？

對歷史中國的一種「實證論式」理解是客觀證據呈現的、如其實（事實如此）或接近真實的中國，然而如果真的要對「中國」論說，不可能不涉及理論想像。即使拒絕這樣的建構想像，不承認中國能作為整體被論說，也還是出自一種唯名論的假設。這類的假設不能是普遍的（例如全稱地說民族國家的傳統都是虛構的），否則便是反歷史的。既然不是普遍的，那麼總有可能出現新的理論想像來論說中國。總之，歷史的中國不是自足的，就像在論說西方現代性時，不只是歷史地論說，還有**理性重建**的成分，而且也會從重建的、理論的現代性來檢視歷史、判斷史料等等。總之，我們不能止於實證論式的論說中國。[16]

以下我只舉幾種論說中國的方式，目的是為了探索「使中國得以是中國」的理論想像或原理。不過，即使我舉更多例也未必能窮盡，因為永遠都有可能出現新的理論想像來更新關於中國的理論。

16　我感覺這和張志強（2015）批評傅斯年有相通之處。

有些論說中國方式或接近實證論式,但是這不妨礙我們以之作為理論想像的來源。在這一節的最終,我試舉出三種中國原理:連續、一統、漢字。每一種都有內在的張力:**連續與斷裂,一統與多元,漢字能力**(在表達中國與世界的)**消與長**。這些原理必須結合各領域或議題的「中國模式或特色」之豐富研究,方能構成中國作為理論的新範式。

我們先從葛兆光(2014)對「中國何以是中國」的說法開始,他認為中國(漢)文化有五個典型特點:漢字文化,古代中國的家族-國家結構以及相應的儒家思想,三教合一,天人合一思想,天下觀(112-117),其獨特性可堪稱「中國」。或曰,這是否漢族中心觀?例如漢字文化、家族結構、儒家思想等等未必為邊疆族群所共享。葛兆光會回應中國是個邊緣模糊、但中心清晰(亦即,漢族/文化始終主導)的國家。我將延伸葛兆光之回應並表達的更尖銳一點,亦即,中國因其規模,始終有中心與邊緣的張力(向心與離心的拉扯),但是中國始終表現為邊緣模糊、中心清晰,故而延續大於斷裂,一統高於多元,漢字為核心的文化之同化(漢化)力量「長」勝於「消」(此處所延伸的這三點恐偏離葛的原意)。

然而,上述所延伸的三點歷史詮釋無論是否能成立,也不無實證論的疑慮,似乎只是指出「事實如此」,而非「中國」的理論化。如果逕自斷定**自始**上述三個原理即構成中國,則流於武斷(此乃本質主義、唯實論為人詬病之處)。故而,我要曲折一步,承認「中國」在初始僅是概念的發明(張志強所謂中國的創生),僅是一名稱,然而世界上各種概念(名稱)之發明,有些如手套的創造發明——「手套」這個概念和手套可說幾乎是共同成形的,中國便是

接近這類的發明，在概念與其所指的漫長互動歷程中走向實在，[17]
但是到了近代在西方現代性的挑戰下，本文亦承認中國（的實在性）
仍僅是理論而已（是求真但可以成真的假設，設定了中國是無法直
接觀察的實體）。這即是本文的主調。

　　上面提到葛兆光舉出了中國五種典型獨特性，然而葛兆光
（2014）隨即指出這些文化特點又只是「傳統中國」的，亦即，這五
個獨特性在現代中國出現了斷裂（139-142）。但是在我看來，過於
強調與建構這種傳統／現代的斷裂性，而且是不可修復的斷裂（一
去不返的傳統vs.不斷進步的現代），乃是一種「兩個中國論」，這種
兩國論可以說是西化範式的知識框架之影響。過去還有些人認為
「傳統中國」拉住了「現代中國」進步的後腿，這種想法在台灣則變
成「（傳統）中國拉住了台灣進步的後腿」，所以要去中國化，兩個
中國論成為兩國論。

　　如果傳統中國已成過去，那麼現代中國究竟有何典型特點可
以堪稱「中國」呢？葛兆光大致意思是我們可以用現代價值重新「組
裝」傳統文化，但是必須意識到傳統在過去也是一直不斷變化的
（2014：144）。不過以現代價值來重新組裝傳統元素，可能只是艾
森斯塔特的多樣現代框架下的中國，或者全球現代性下的地方風
味。這種理論想像的中國顯然無法成為作為理論的中國，至少不是

17　這是亥金（Ian Hacking）所謂的「動態唯名論」，可以參考我的解釋，甯應斌：
　　〈同性戀是社會建構嗎？──保守與革命的社會建構論〉，《政治與社會哲學評
　　論》20期，2007年3月，頁11-55。不過亥金所謂的分類（概念）與被分類者
　　（概念所指）的互動，在接下去本文則被進一步詮釋為概念內涵的「能力」與其
　　發揮作用，這個過程最終也將影響概念本身與其所指。

強勢版本。

葛兆光強調過去傳統中國從起初開始便一直是多元的、交流的、雜然的，現代中國更是如此；葛兆光因而擔心某些弘揚傳統論者走向「原教旨」，固守假想的單一不變之傳統（2014：111-144）。葛兆光在此是重談長期以來的一個憂慮——畢竟，批評守舊復古論者排斥西化與現代化一直是現代中國的主流話語，也有人擔心以傳統中國本色為名抗拒西方的自由民主；至於葛兆光警告的原教旨可能走向民族主義與國家主義，只是較晚近但是類同的說法。這類憂慮擔心警告的源頭又往往是對現存政權的強烈情感，轉化為對西方現代民主政治制度及其話語的強烈情感，特別是這些話語對清末以來之政權所投射的專制主義；因而對於傳統熱、國學熱的情感態度不是樂見其可能代表更新傳統、改造現代之機會。無論如何，傳統中國或現代中國的複數多元、不斷交流，仍然不足以構成中國之所以為中國，還至少要說明那個「一體」是什麼？如何或為何成為一體？

（二）漢字

中國一體的促進條件包括漢字大約是合理的假設，宮崎市定（1992）認為進入中國的異族之漢化原因在於漢字：由於漢字形態複雜不容易在異族手中變形（對比於歐洲諸民族以拉丁字母形成不同文字系統），還有，文言文的簡約使得方言書寫時趨同，以及，崇高的古典經書限制了語音的變易（203），這些穩定、一統的特色使得漢（字）文化有較大的同化能力。

我認為可以將宮崎市定的提示更推進一步，將漢字文化提升為中國原理的地位；「原理」這樣的語詞接近本質主義的話語，而現在

的流行理論則會自動躲避本質主義，畢竟在資本主義的「一切堅固都雲散煙消」中談不變同一性很不合時宜。談論中國原理時，最常的指責因而是：漢字及其語言文化不是一直變化的嗎？如何作為中國原理或本質？究竟是秦中國還是當前的中國？又：大一統這個概念不一直也是變化的嗎？怎能將之作為中國原理或本質？本文則會回應這些指責。

同一性或本質都有不只一種的理解方式，像「同一性」不必是始終不變的同一，而可以是前後相關的延續性（而非前後無關的系列性）。又例如，將本質當做能力或潛能，潛能在不同條件下發揮作用，也就是實現本質；由於條件不同，本質的實現或表現也會有差異，[18] 這些差異的實現（發揮作用）則會最終影響本質概念，這可以看成本質（概念）及其實現（概念所指）的互動。在這種歷史化的本質觀點下，[19] 可以試論漢字如下（之後我會用「原理」取代「本質」，因為本質似乎只有一個，但是原理可以不只一種，而且每一種原理還可能內含矛盾張力，探索中國原理乃是對中國的**理論想像**之一部分）：

首先要說明：我提出漢字作為中國原理之一，和上述葛兆光講漢字是（傳統）中國典型特色之一似乎並無不同，然而我之所以區分本質（潛能）與本質表現（在不同條件下實現或發揮潛能的結果）

18　近年從「能力」論「本質」的著名學者有 Amartya Sen 與 Martha Nussbaum。

19　易言之，我以註腳 17 所提及的動態唯名論（名稱概念及其所指之互動）來歷史化傳統的本質主義，亦即，本質（能力）及其實現（發揮作用）之間的互動，參看衛應斌：〈性別起點論：非傳統本質論的性別觀〉，《中國性研究》第六輯，總第三三輯，中國人民大學性社會學研究所主辦，高雄：萬有出版社，2011，頁 277-281。

正是為了回應葛兆光，他後來質疑漢字文化不再是現代中國的典型特色。

我認為漢字語言文化之**能力（潛能）**，乃是中國的本質（原理之一），此處我所謂的能力或潛能，一部分指著上述宮崎市定所舉的漢字內在因素或特性，另部分則指著**漢字使用者的心智能力**。漢字語言文化能力在自然與歷史**條件**下有不同程度的**作用發揮**，構成中國各個時期的語言、思想、文化、社會、世界之描述、解釋或表達。這些作用發揮的結果也會影響漢字特性與使用者的心智能力，形成一種互動過程。

漢字語言文化之能力發揮雖有消長，但是此能力至今連續不輟。葛兆光認為漢字語言文化有傳統／現代的斷裂，這是只看到漢字語言文化能力在現代的施展或使得漢字語言文化的表現產生劇烈變化，然而他可能沒看到漢字語言文化之**能力**卻仍相對穩定連續。此外，還因為漢字語言文化的核心人口群始終占據大約相同的大幅土地疆域，語言文化的群聚保存了這一能力，這構成作為中國原理的漢字能力得以連續作用的重力。西化或現代化之後的中國，國家教育與生活仍以漢字語言為主流也是重要條件，這意味著國家教育政策與學術可以有強化漢字能力的積極能動角色（這和古今文學經典、詩詞或文言文教育有關）。

每一時期的漢字語言文化能力的施展發揮作用、實現自身潛能，不但和繼承之前漢字文化傳統所帶來的資源或限制相關，也同時是漢字語言與經常變化的（包括外來的）語言、思想、文化、社會等的接合——也就是語言的**使用**（語言不是外在於思想文化與社會的工具，而是因使用而**內在於**思想文化與社會），這種接合或使

用會影響著接合雙方且變化，而且有著自然與歷史條件（包括技術工具等）的限制或給力；語言能力的實現與外在條件互相角力，語言能力可能促進條件變化，條件也可能改變語言能力（電腦化的影響仍未可知）。少數古代或現代的傑出**漢字使用者**的心智能力（像表現在文學方面）有時超出給定的條件或傳統而創新，但是使用者能力的集體退化也可能存在。總之，漢字語言能力和思想文化社會的接合在具體的條件下形成各個時期變化不同的表現，這也會反過來造成漢字能力的延續性演變。有些時候，漢字語言文化潛能的發揮實現可以促成中國語言文化或甚至中國整體的卓越、昌盛（flourishing）。

上面的敘述或偏重漢字語言的連續與一統，然而斷裂與多元始終跟隨存在。漢字語言文化能力的發揮作用有消有長。西化或現代化（包括白話文）、方言和外來語都可能造成「消」（對連續與一統的威脅），但是也可能成為潛能的發揮機會（被壓抑的能力尋求重返實現），例如對西化反動的文化復興或古典主義（倡導閱讀古代經典、學習文言文）則是有意識地在新條件下「長」目前所認識的傳統中國（當然，意圖不就等於結果），然而古代與現代文學經典其實都能增強漢字語言能力（如王富仁所主張者）。隨著消長激盪、非本質表現被占用而成為本質表現（如「西化」變「化西」），由此形成新本質的構成（如漢字文化的變形或擴充等等）。由於每一時期的消長總是在前一時期的消長基礎上，並不是同一本質表現的始終自我等同，故而後期語言能力的表現自然與早期的表現漸行漸遠，但是仍有其延續性或連續性（亦即，不是同一性的全然不在、完全被歷史性取代）。

上面這個試論以漢字語言文化（潛能）為中國本質或原理，雖

然能建立中國在語言文化相接合層面的連續或同一性（相對於葛兆光的斷裂說），也捕捉了一般印象中漢字對中國的核心重要地位，但是對由此建立起的中國內容（原理展開或本質表現）所言甚少，是對中國的理論想像之弱勢或最低限版本，畢竟它只從葛兆光所說的五個中國典型特色中「搶救」了一個而已。中國轉向到最後卻還是語言轉向而已（中國語言被假定為滲透到中國的文化社會與自然世界觀中）。雖然漢字語言可能還有在理論思惟方面的特性（例如東方主義傾向的說法認為漢語是不精確的、非線性的，思惟結構不是層級樹枝狀的等等），但是若要有意義的談論中國作為理論，只有中國語言勢必是不夠的，還需要其他中國原則或原理，這些原理彼此交織、且內在有張力或甚至矛盾，這樣便不是靜態的不變本質，而是開展與超克的過程，正如西方現代性範式的開展與超克自身。以下則接著考慮連續性作為中國原理之一。

（三）連續性

一般本質論說下的同一性，總被認為靜態無變化；不過同一性可以被連續性所界定，而維持或保存變化（斷裂）與不變（連續）的張力或動態。因而，連續性可納入對中國的理論想像中而無慣常被指控的不變本質。張志強（2015）曾簡述了張光直的中國文明連續性主張。同樣也是根據張光直，陳宣良（2015）也主張中國文明形態是連續性、而非如西方是斷裂性（9-25）。類似的想法應該不少，也就是將「連續性」作為中國原理之一，而不僅是歷史事實的描述。

中國歷來都面臨著斷裂的危機與延續的努力，例如在目前一些人的意識裡，傳統中國和現代中國有著深刻斷裂，甚至已經沒有共

通內涵、喪失連續性了。這裡需要先澄清的兩點是：一、**連續性的背景總是斷裂性，連續性就是克服斷裂性**，或者能夠壓倒掩蓋斷裂性（反之，斷裂性的背景則是連續性……等等）。連續性不意味沒有斷裂性的同時存在或威脅，反之，斷裂性之下也有連續性潛存，因而有克服斷裂、恢復連續的可能。[20] 二、這個「連續性」不必然是「今昔未變」、「始終如一」、「簡單重複」的連續性——或許「接續」、「延續」是更準確的用詞——但是也不是前後無關的連串**系列性**而已。有種陳詞濫調說「（中國）文化傳統沒有永恆不變的本質」，然而往往這個陳詞濫調所觀察到的恆常變化之「本質」並不是能力或潛能，而只是能力作用的後果，亦即，只是潛能實現層面或發揮程度的變化差異，因此或許忽略了：前後的變化不同卻仍可能有某種程度與方式的連續性。從潛能或能力來講中國連續性，不但包含了連續與斷裂的條件和角力，也包含了**集體與個別的主體能力**，像政治行動或制度創新、理論想像的知識創新等等。這些能力也有歷史性，是接續前一時期的能力及其作用的互動結果。

總之，同一或連續性並不是系列性，而是延續性：前一時期現實或歷史的斷裂甚至可以在後一時期的延續接續努力實踐中，恢復連續性；不只是過去仍存在於未來，在傳統的重新創造中，未來也要征用過去，**讓現代走入歷史**。連續性總是向過去與未來兩端**選擇性**地前進，像家譜中的特定位置，區分親疏，上溯異源、下啟分

---

20 「合久必分、分久必合」道出連續－分裂的往復循環現象，然而這一往復循環本身卻又暗含連續，亦即，分分合合總是會連續不斷的。因而這句話暗含了連續性想法。

流，「源流互質」。[21] 從知識面來說，如果連續性作為中國原理的一環，並不是說中國的連續性因而就是預設的同義反覆（tautology）真理，而是在知識活動中不斷地被挑戰與回應，所以說這是個知識計畫。就像對現代的自我理解可以強化現代、尋求現代之路，對於中國連續性的理解也是一樣。

現代論者（亦即，傳統中國與現代中國的巨大斷裂是無可修復的）不會承認連續性是中國原理的一環，亦即，**連續性對界定中國而言不具有重要性或必然性**。但是，現代論者是否仍可能同時是中派？如果現代中國不只是因為繼承了之前的名稱、地理、人口、文化、政治等等而仍是中國，那麼在什麼意義上、有何其他原理，使得目前中國之所以是「中國」並非偶然？何以中國？這是現代**中國**論者必須回答的。[22] 當然，某些現代論者或寧願根本放棄中派的知識計畫，認為中國就是地理、名稱、人口、文化等的**系列性繼承**，承認中國（傳統）文明已經過去，現代文明是一種新的文明，現代中國也就加入世界主義的洪流，進入多樣現代的世界中。這就是回到西化範式或現代範式的知識體系。

雖然中國的連續性可能斷裂，但是連續性的連續存在，形成了

21　挪用章學誠（via張志強）的話，張志強將之解釋為：在「由源及流」和「沿流溯源」的雙向工作中避免了「起源即正統」，也修正「起源即虛構」（2012：17）；故而創造傳統不是虛構發明傳統。還可以參見張志強關於過去傳統與未來的一些討論（2012：277-279）。還有趙剛對錢穆時間觀的說法（趙剛，2009：147-148）。

22　現代論者恐怕不能接受本文所提出的另外兩個中國原理（漢字文化、大一統），因為這三個原理彼此是交織的：否定連續性原理，也會傾向否定其他兩個原理。

連續性的「**重力**」，就是連續性**自我連續的力量**，例如對於漢字語言文化的承繼，對於「中國」的歷史意識──包括對於連續性的自我意識、對連續性之正面價值的自我認可（從而致力於連續性的努力）。總之，由於語言文化、歷史意識、連續性的自我認可與實踐，都能維繫強化連續性，因此能加重連續性的重力，使之從斷裂中重建連續。連續性「重力」的提法使得連續性不再只是「事實如此」，**不再只是偶然**，雖然不是邏輯必然，但是卻趨向**實質的必然**。

（四）中國特色

然而從幾個原理原則來界定中國（類似葛兆光以五個典型獨特性來界定中國），對於中國作為理論的知識計畫顯然不足，當前知識既專門細微又廣泛雜多，即使能被少數原理概括，也仍然只是走到半路的計畫。就好像西方現代性的原理原則界定不足以成就西化範式，仍需要在各種領域問題中依循或針對西化範式所做的豐富研究。即使某些原理原則就是根據豐富研究所做的概括，但也仍是在浩瀚學海裡指出了方向而已。

尋求中國的原理原則，作為走向中國作為理論的路徑，只是走到半路的知識計畫，另一種走向中國作為理論的路徑（將與尋求原理的路徑在半路相會）則是在各個領域的問題上充分開展「中國特色（模式）」、「中國轉向」、「中國知識位置」的研究，今日已經見到不少這樣的研究；[23] 不過「中國特色」云云因為首先參照了類似或

23　我自己也開始這樣的探索，甯應斌：〈晚明男色小說：邁向「中國派」的性思考〉，「溝通與匯聚：第五屆中國『性』研究國際研討會」主題演講，人民大學性社會研究所主辦，2015年7月4-6日。稍早版本也發表於「性／別廿年國際

相應特色在其他文明(不只西方)的發展,或就其內容、形式、歷程、緣起、呈現、效應、承載、脈絡等等的某一(或某幾)方面,有其差異或獨特性,才能堪稱特色。即便如此,由於**「中國特色」須要透過異己他者眼中所見**,因此所謂中國特色亦不代表對特色的認識已然脫離西方中心論的網羅,其依賴的知識框架可能仍是西化範式。

同時,「中國特色」云云雖然有可能確係獨特性,但也可能具有普世性——被視為特色乃是因為西方在現代化與殖民主義發展過程中,壓抑了自身某些特性(特別是與非西方相似的「保守」元素)、卻同時又張揚另外一些特性(非西方可能也具有這些或類似特性,但是或屬於亞流,然而這些特性在西方也是晚近才冒出的前衛「進步」元素),經由此對比才彰顯出「(非)西方特色」,以此作為優劣或支配的意識。[24]任何中國特色,如果不只是「在」中國的特色,那麼就多少涉及對中國的理論想像,由此走向中國作為理論,與對中國原理的尋求在半路相會。

無論是西方現代性作為理論(西化範式)或中國作為理論,這樣的知識計畫都蘊涵著政治,**這個政治計畫在知識路徑迷惘時能給予選擇方向,但是知識計畫也能讓充滿內在矛盾目標的政治找到實現方針**。因而對於中國派這樣的知識-政治計畫,尋找具有充分政治蘊涵的中國原理至關重要,上述那些論及漢字語言等等原理相形之下便是次要的。在這方面的重要努力,就我所知,有張志強提出的重要論述。

研討會」,台灣中央大學性/別研究室主辦,2015年5月16-17日。

24　Ashis Nandy提示過類似的想法(2012:102)。

（五）大一統

　　張志強（2014）曾在一篇簡短演講文中勾勒出他的「中國（誕生）原理」：因為「中國規模」（疆域、人口等）而對政治秩序的要求（例如大一統）及其（思想）後果——例如天命觀、天下觀、仁的禮治、強勢行政等，是中國何以中國之理。張志強說：「中國的產生其實是來自一個對中國規模問題的政治解決。『中國』是為了解決『中國』規模的問題，從政治秩序的創生中產生出的自我意識」（2014：56）。這個中國規模問題也就是小小的周如何在廣大的人口疆域創建文化政治秩序的問題，由此中國（概念）才誕生了。文明**在**中國甚早就出現，但是直到中國文明的自我意識（因而主體性）出現，才是**中國**的文明。

　　接著，在2014年底「重新認識中國」會議上，張志強展開此論題，發表了意味深遠的宏文（張志強[2015]），同時針對實證論歷史態度、對缺乏理論想像的中國論述提出批評。誠然，當前不乏「中國特色」的許多研究，但是如果只停留在「事實如此」（a matter of fact），而沒有進一步將中國理論化的努力，或者前去接合中國原理原則，那麼終究是半途而廢。以張志強的語言來說，就是未能進行哲學反思，以致於停留在對於被研究客體（對象）與研究主體兩者不動、對立、自然化的狀態。這樣便看不到客體與主體互相影響的過程，以及在其他脈絡下變化的可能，只能停留在事實如此，而無法進一步去解釋預測世界；用我的話來說便是：只有事實性，而無**可能性（潛能）**。然而，**中國作為理論，正是在於「中國」不限於一時一地的「事實如此」**，不只是發生在特殊時空的特殊事件而已，而是內含某些**原理或潛能**（包括主體的能力）能夠在不同脈絡條件下

發揮作用、實現自身。同時，這些原理或潛能則在不同歷史時期因著與其作用結果互動而可能有**延續性的演變**。儘管原理在不同脈絡條件下的實現結果不同，我們的知識計畫卻是要由事實性轉向可能性，**既探索過去對此刻的影響，也自覺此刻對過去的重新認識**，這樣的知識計畫從中國出發，但不限於中國，而走向普世的蘊涵。

對中國（特色）的一般描述是多元一體，如果只停留在「事實如此」，那麼還是只能從歐洲歷史經驗提升的西方現代理論來理解或解釋這一中國特色，而且這個多元一體也只能是偶然性質。本文則認為：多元一體乃是中國原理之一，是中國的潛能，多元一體的政治表達則是大一統。

「一體」的重要政治意義是大一統，趙鼎新（2009）在一篇短文中素描中國大一統的歷史根源，此主題的現象起點通常是：何以近代早期歐洲未能統一、戰國時代的中國卻能？除了強大國家能力與法家制度外，[25] 趙鼎新把秦統一前與後做了頗大的對比，統一前中國缺乏民族主義（民族認同感），西漢開始則因為儒學作為統治意識形態而逐漸在菁英層有共通認同感，中國彷彿是早熟的或原形的民族國家。[26] 儒學與發達官僚體制因此是西漢之後維持大一統的重要

25　許出波（2009）在對比中國與歐洲時，提出了中型理論來解釋，看重秦的國家能力或行政力量（趙鼎新也是一樣），但是也符合一般印象所說的西方是弱國家（強社會）、中國則相反。然而許田波（2009）在解釋何以秦能各個擊破、打破均勢時（68-72），或者秦何以能制定更明智的策略時（86-90），又似乎較訴諸偶然性。

26　雖然東方主義有類似說法，但是現在像王國斌說許多西方現代的觀念和制度在中國並不現代時（轉引自許田波，2009：3），並非負面含意。不過在使用民族（主義／國家）等詞彙來談論歷史中國時，應當意識到已非完全使用西方理論的意義，而是在過渡到不同歷史場景與理論範式的模糊意義。

原因,而儒家可以回溯到周的天命觀與封建宗族的禮治,強大的國家能力則可以回溯到戰爭體制下的法家治國。這些說法雖然簡約地畫出重點,但是還是接近「事實如此」,而未能如張志強對文明主體性的強調。

中國文明早期的「多元」在偽書或儒家的托古改制中被描繪為從來「一體」,因而被疑古者所否定,張志強則認為:雖然應揚棄「一體」從來自在的說法(中國文明自始一脈相傳、一系相承),但此說法乃「事出有因」,不能只停留在疑古派的「多元」之事實如此,而必須探究何以存在對「一體」的追求,用張志強的話來說:「為了更深入也更自覺地理解中國文明何以在多元起源的前提下走向『一統』和『連續』,是自多元政治文化系統的互動當中對『一統』和『連續』的動力和機制給予解釋」(張志強,2015:85)。亦即,需要解釋如何能從多走向一,在此,「政治自覺與政治行動」(2015:92)是必要條件。張志強指出,因著中國規模而創生的中國是特殊的「天下國家」,是天下一統的至大無外的地域秩序的建立:一方面是以中原為中心所形成的地理與文化意識的天下,另方面則是普天之下無遠弗屆的普遍王權。至於不同地方性古國的整合為一,張志強(與戰爭中心論者不同)推測和「水利社會」有關。[27]

總之,儒家所建構的三代「一體」其實是「多元」的,疑古者因而認為儒家虛構而否定之,張志強則從「事出有因」來探究儒家的

---

27 吳稼祥在《公天下》這本有時uneven的著作中提到:這個大一統願景應該是大河流域文明在水利、防守、救災等客觀需求上產生的。同時,吳稼祥也提到像中國規模這樣的概念。吳稼祥:《公天下:多中心治理與雙主體法權》,廣西師範大學出版社,2013。

這種建構或創造所具有的文明和歷史意義，他指出「但三代同時也是作為『大一統』的政治文化象徵而相承連續的，這是歷史事實也是文化政治理想。這是中國歷史最終成為中國文明史的關鍵。」（2015：85）這裡說的「中國歷史」的初始環節只是「事實如此」，但是在中國規模下有了中國概念的創生，同時具有了文明理想。中國概念及其文明理想導引了歷史，進而形成傳統，又在傳統中不斷創造自身，這樣的連續性重力使得多元一體或大一統成為中國原理。

大一統是中國原理的意思之一就是：大一統內在於中國概念。這不是說真正的中國必須是天下國家、普遍王權，因為一統的原理可以有不同的表現或實現，而且這個一體原理本身內涵著多元的張力。同時，在我看來，中國的原理還有漢字語言文化的能力，因著結合外在條件或外來語言的影響，也會在不同歷史脈絡下有不同的表現發揮或實現。此外，中國原理還包括連續性，但是始終有斷裂離心的張力存在，不過因為連續性的重力而成為中國原理。上述列舉的原理恐無法窮盡所有中國原理，而且可能在其他對中國的理論想像中被推翻或修改。最後，除了這些原理，中國作為理論還需要各種中國特色或模式的豐富研究，才能形成新範式的知識計畫。

五、左（派）統（派）

中派這樣的知識計畫，亦即，對中國與世界的認識或解釋之理論乃是「中國」，同時會有其政治蘊涵。目前我們有許多解釋中國與世界的知識－政治範疇（如階級、身分認同、市場、政治、經濟、文化等等），彼此競爭地或互動地去解釋與改造世界，由此形成的

左派、右派、社會主義、自由主義、民族主義、文化保守主義、現代主義……等等都（曾）是中國政治的其中可能環節，在特定歷史時空局勢中，在不同領域中、不同群體或不同問題與層次上，作為動員、鬥爭、團結與治理的有效話語。作為理論的「中國」的功能和上述那些範疇是相似的，如何結合與區分那些範疇以產生統合性話語來區分此時的敵友，是中派的知識－政治問題。正如同西化範式中的西方現代性，中派的中國也是諸範疇互相施展的平台，促進「中國」的理論性。

　　作為非排斥性的平台，中派的政治不同於以「民族」建立起聯合左右的統一戰線，因為在知識計畫競逐起始的這個「中國」要涵納的不只是民族這樣的作用者，至少還有國家、個人與身分群體（階級、族群、性／別等等），而不是一種先天的（民族、國家、個人、階級……）至上論，這才能顧及中國的多元、斷裂等面向。同樣地，中派會警覺像西方範式下常見地以單一、普遍的意識形態（社會主義、自由主義、民族主義、國家主義或女性主義等等）去解釋與改變世界，因為這些主義在其單一普遍性上乃作為普世的現代性化身，也就是西方的化身。故而，即使是中國社會主義、中國自由主義、中國民族主義……等等，也不是單一普遍（西方）理論之應用或在地化（中國化），而是將中國作為理論，因而（例如）中國社會主義……等等是以「中國」來解釋「社會主義的中國化」。中國社會主義與其他社會主義的關係則可能是「普遍性的競逐」（較真）或「特殊性的競逐」（求全）（參看本文第三節末）。

　　中國既然要在中派的知識計畫中被理論化，就必然有多樣爭議的「中國」理論化解析（如中國左派、中國右派……），正如「（西方）

現代性」一樣，有左派、右派的觀點等等。在各種問題或領域中，
起初則可能產生以中國為理論或解釋原理的「中國學派」、「中國模
式」、「中國觀點」等等，這些提法如何藉由參照其他社會及各種意
識形態來將內涵的「中國」理論化，進行普遍性的競逐或特殊性的
競逐，便是中派的知識－政治計畫。

中派與左派有特殊的連帶關係，因為與「中國」不可分而始終
存在的多元斷裂容易造成強大的離心力量，從歷史來看，如果放縱
權貴巧取豪奪，就導致中國裂解或傾覆，威脅大一統與連續性，
因此左派政治往往是中國常見的選擇[28]。然而這不表示左派政治背
後的價值取向（如平等）必然是從屬於或不屬於中派政治的價值取
向，因為中派價值取向問題仍有待辯論，本文未做處理。[29]

中派在知識計畫上競逐的對象不能說就是單純的左派、自由
派……，而是西化範式或緣起無處的左派、自由派……。正如前
述，左派過去往往是以左派解釋中國，中派則是以中國解釋（中國）
左派。這不是忽視那些在情感動員方面有效、但未必符合真實的解
釋方式，然而由於情感－利害的動員不但往往訴諸特定身分認同
（世代、族群等等），而且受到現有西化範式與歷史－地緣處境的支
配；例如晚近二十年流行於台灣的通俗批判意識（有些自我認同為

---

28 實際的左派政治與運動之構成複雜，既可能導致分裂，也未必能促進平等（或
者成為菁英階級的下一代轉換政治資源之工具）。

29 大體而言，中國價值應朝向多元一體的建構，這至少意味著必須「化西」（亦
即，不但接受新價值並轉換舊價值，而且連結傳統原有的多元，以轉換新價
值）。但是我們都承認在價值取向問題上一般的共識，例如價值（如平等）不可
能是普世、能穿越歷史時空的，不可能是絕對或最高而不受限於其他價值，
而且像平等總是與不平等相生共依的，等等。

左派或泛左派），其實深受西方邊緣左派的影響，這些左派主要因為社會主義（國家）實踐失敗而（自我）邊緣化，特別對於國家、民族採取絕對對立的角度，以自居於社會底層的永恆反抗或無政府主義、國際主義而自以為義，[30] 台灣這樣的左派不但是缺乏國家或民族的視角（只有個人或集體身分），而且只是活在西方現代所構築的世界裡，歷史與傳統均與其遙遠，其想像另類世界的知識資源是現實俗民，中國不占有特殊親近位置，這是一種後東方主義。

或者問：為何沒有「台灣左派」？亦即，固然有**在**台灣的左派，但是為何沒有與中派相對稱的、以台灣為理論的台派左派？簡單的回答是：**台灣不是一個文明**。（排除中國的）台灣不足以解釋台灣與世界。當然，中派之所以可能也不只因為中國是個文明。[31] 不過，台灣沒有被理論化的可能，不表示中國就能夠被理論化，還需要知識的努力。

30　我曾說過這種思惟其實是變種的歷史終結論，接受美國霸權或西化範式永續的現實。參見甯應斌（2014：159-160）。另外，許多左派都是自覺或不自覺的現代論者（傳統斷裂論），他們關注的焦點集中於現代（資本主義），他們的國際主義是否就是一種世界主義？

31　文明（文明論、文明分析）曾被某些人視為模糊或可疑的概念，但這只是因為文明（比較）研究所涉及的巨大學養難以掌握，除了文化，也需要從國家（帝國）與社會制度類型著手。近年來我們看到在艾森斯塔特（S. N. Eisenstadt）及其同道的知識計畫下，文明論的再度復興（J.P. Arnason. 2007. Civilizational analysis as a paradigm in the making. *Encyclopedia of life support* (EOLSS)。網路可得。Said Amir Arjomand and Edward A Tiryakian (eds.). 2004. *Rethinking civilizational analysis*. London: SAGE.）。他們大抵都是將現代性視為一種新文明，與歐洲（西方）中心論有著曖昧或雙刃的關連。我則認為他們知識計畫的蘊涵可以是：沒有一種現代性不是文明現代性。

　　以上是從知識面來淺薄地說明中派與左派的關係，那麼從**知識面**又如何看待中派與統派的關係呢？某種程度上和上面的左派討論不可分──「左」「統」有其相連性──下面我想先從連續性談起。

　　如前所述，中國同一性或連續性在一些人的意識裡顯然出現斷裂，這也不是沒有歷史原因的。例如在港台常以「中國」僅僅指著中華人民共和國（簡稱PRC），或者僅僅排除PRC，兩者都表示中國與PRC的斷裂，這個斷裂在1949後強烈反共者意識中是很可以理解的；或者類似的，1949後海外有些人將政治中國與歷史文化中國割裂，這些都有反共、冷戰、分斷體制的背景。清末民初的中國現代化（西化）浪潮也出現了中國連續性的斷裂危機或挑戰；在三千年未有之大變局之下，許多菁英刻意要斷裂中國的同一連續性；當然，一些復古或守舊派也是要斷裂傳統與現代中國的連續性。晚近台灣的「去中國化」其實也是刻意斷裂中國的同一連續性，構成對「中國」的挑戰。在這些挑戰中常採取的觀點是：中國不是什麼有本質的實體，只是個方便概括的名稱，其同一連續性乃近乎虛構的建構發明。那麼，統派如何看待中國的連續性呢？

　　中國同一性（連續性）可以說是中國統一（一個中國）在更一般性層次的抽象表達，這不是說政權分裂時期中國就沒有連續性，而是說我們在面對統一問題時，必須同時思考中國連續性與中國統一的關聯。例如將前三十年（毛中國）與後三十年（鄧中國）對立斷裂，而且忽視中國（連續性）的理論意義，這便可能威脅了中國同一連續性，因此反而是某種程度的損害**中國**統一。更清楚地說，在中國統一問題上，過去只注意統一，卻將「中國」當做自明現成的，不是統一問題的焦點；或者將焦點只放在階級，然而這樣的統一未

必就是「中國」的統一。易言之，所謂統派不應該只是政權國家的統一，而且必須包括中國同一連續性，否則未必是**中國**的統一。另方面，許多統一的反對者也同樣地將中國當做自明現成的。本文則認為，無論贊成反對中國統一，必須先在**知識上**從「統一」轉向「中國」。這便是中派的意見。

六、中國人

「中國人」一般認為是中國邊緣（如港台等）的身分問題，在中國中心的人則順理成章、不假思索地作為中國人，無須被問題化。但是在中國被理論化時，便蘊涵著什麼是中國人、如何成為中國人的問題。如果說不認同中國人身分的分離主義者，與不假思索自己身分的中心中國人，兩者有相同的中國認識與世界認識，那麼後者作為中國人大約就是一種偶然性。偶然中國人與分離主義者兩者靈魂相同、腦袋進步內容一致，只是肉體所在地不同。接下來我想將中國人議題轉化為中派可否另闢蹊徑談中國憲政基礎的試論。

2014年兩岸三地的一些自由主義者齊聚香港，以「左翼自由主義」為號召，其企圖看來是呼籲中國自由主義應揚棄市場的自由放任主義，而採行社會民主主義的重分配政策，因而會訴諸如美國政治哲學家羅爾斯的正義論等等。不過之中劉擎教授所做的主要發言[32]又超越了所謂左翼自由主義的問題意識，以誠懇的態度面對當前自由主義的困境或「頹勢」（姚中秋語），這一頹勢固然可以說是

32　發言記錄起先在澎湃新聞網轉載，但是現在已經取下，其內容大致可以參考劉擎（2013）。

自由主義未能有效地回應來自中國境內左派、儒家、民族主義與國家主義的挑戰，加以全球民主實踐的多個治理不彰或極為失敗案例。但是在我看來，中國自由主義的困境還會來自面對**港台分離主義政治運動**時的「**中立**」態度（對分離目標的不置可否）或「轉移」說法（將目標解決轉移到中國民主化），分離主義以激越的自由主義修辭為策略手段，其分離目標受限於目前國際情勢而無法以民主憲政或選舉手段來實現解決（不過，分離主義的終極目標並非實現民主憲政或自由選舉）。在此情況下，自由主義無論中立或轉移都是放任仇恨抗爭情感的螺旋攀升，仇恨情感則採用惡意卑劣的攻訐不寬容噤聲等**反公民友誼**手段，衝突日益走向撕裂社會的**準內戰**，恰恰摧毀自由主義本身。或曰，分離主義本來就是準內戰，故而分離主義企圖升高內戰熱度（包括產生衝突、心理或身體暴力）乃是理所當然。然而在港台分離主義運動動員中，還來帶著追求自由選舉（如香港）或者追求社會正義（如台灣）為主要目標（或非次要目標）的人群，這些原本是左翼自由主義的對話人群，可以形成分離主義運動之內約束衝突、降低內戰的可能因素，但是自由主義的中立或轉移則使自身在這場以追求自由民主為名的運動中成為尾巴主義。[33]

　　分離主義涉及「中國人」認同，劉擎觸及這個問題時，提出他的自由主義解決之道。首先，劉擎或自覺與姚中秋立場相左，但是兩者都是企圖建立本土的、也就是中國的自由主義。姚中秋（2011）企圖以儒家思想重述自由主義，建立中國的自由主義理據；劉擎

33　尾巴主義的批評當然還可以針對左翼社會運動者，如趙剛關於投名狀的說法。參看趙剛：〈風雨台灣的未來：對太陽花運動的觀察與反思〉，《台灣社會研究季刊》第95期，2014年6月，頁279。

（2013）則在稍早的一篇文章以羅爾斯等人的思考框架來陳述自由主義在面對中國現實的潛力，這個潛力就是能夠面對或處理當前「多元主義的事實」（沒有哪一種意識形態或價值體系可以得到全民共識）；劉擎認為中國在平等主義、個人主義化、生活理想與人生信念的多元化下，已經出現價值與願景的多樣分歧，甚至「今天的中國已經失去了一個同質化的集體認同，**一個凝固確定、明確清晰的『中國人』的統一標準已經不復存在**」（2013：119）。由於羅爾斯的政治自由主義主張國家應該同等地尊重各種衝突的理想價值觀（世界觀、宗教或人生哲學體系），而不是預設其中一種對良善生活的整全性學說（例如儒家），因而劉擎設想自由主義在面對中國社會或**中國人的多元分歧**時，不預設立場地（freestanding）平等對待各方、從而避免國家陷入偏袒一方的指控，有助於公正治理的穩定性，其公平正義的原則則是各方為了社會合作互惠的共同生活所公開論證且自主同意的（未必一致同意，而是有交疊的共識）。[34]

　　劉擎這樣的論述其實轉移了原本羅爾斯的政治自由主義之框架，因為羅爾斯所提乃是一種規範性政治哲學（證明美國政治現狀的正當性、也或要改良美國政治現狀），主張自由主義國家基於道德或平等尊重自主性時所應該採取的治理方式，然而現實的美國政

34　不過，劉擎接著談了自由主義在中國語境下的困境，他認為「現代自由主義的理論幾乎沒有為超越性的情感與精神意義留下足夠位置」（2013：114），因為諸如對於國家神聖性的情感或宗教信仰等前現代（傳統）之精神殘餘物仍然在現代存在，雖被自由主義與世俗化限定在非公共領域，但是卻大有重返之勢，或形成「非理性訴求」（如國家主義）。後面劉擎論及情感與精神的問題，便是他超越「左翼自由主義」問題意識的地方，但是由於和本文主題無關，我不打算在這裡處理，而只集中在他講的政治自由主義對中國的潛力部分。

治未必如此，而且也未必能化解社會多元的分歧，甚至可能（在國家中立的情況下由於內外因素）長久以往愈發分歧，[35]因此政治自由主義是否有潛力處理中國的價值分歧乃未定之數，[36]劉擎卻說得好像政治自由主義實際上可以解決中國的價值分歧。此外，中國是否必須要成為自由主義國家，而不只是國家保持自由主義的中立，才能談得上具有處理社會分歧的潛力呢？可是究竟在中國語境下如何成為自由主義國家？能否成為劉擎所欲的政治自由主義國家？答案還是要回到現實條件與經驗評估，畢竟並不是全民都對中國成為政治自由主義國家（或成為一流強國）有欲望或共識就能實現。

劉擎雖然提出中國語境與自由主義本土化的思考，但是始終未如姚中秋更根本地要建構中國的自由主義理論（至於姚中秋究竟是中體西用或西體中用式地對待西方自由主義基本原則，或者類似本文中國作為理論的提法，尚有待觀察）。針對劉擎所提出的「中國人」問題，我在本文所論述的蘊涵或有另外一種指向，不同於西方自由主義，但是我只能在此勾勒試論如下。

自由主義政治所論述的現代國家之正當基礎核心不脫**社會契約**的想像，締約者則是平等自主之公民，此類現代國家之規範理論被當做普世有效，現代中國國家的正當性或者現代性程度也被此種規

---

35 羅伯特·B·塔利斯（2011）指出：對公共理性審議的中立性限制會使得不穩定性增加，他引用Cass Sustein觀點來說明：若缺乏對立觀點的交鋒（「不爭論」），團體各自的公共討論將會出現兩極化分歧。參看：Cass Sunstein. 2003. The law of group polarization. In Fishkin and Laslett (Eds) *Debating deliberative democracy* (pp. 80-101). Malden, MA: Blackwell.

36 台灣的同性結婚運動與原教旨派基督徒的爭議亦是探究此一問題的重要觀察對象。

範理論來衡量判斷，越接近則越現代進步，越遠離則越傳統落後。
這種規範式的現代(民主)國家的理論並沒有考量中國國家的政治
文化、歷史延續等面向，中國現代民主國家的建構只能以符合規範
理論的理想模式為依歸。在我看來，若立國的正當性規範基礎僅有
西方中心主義之自由主義理論的社會契約想像，將無法擺脫單向地
將西方規範理論套用在中國的困境。故而，必須有社會契約之外的
現代中國之立國基礎理論。

　　欲提出這樣的理論將是頗大的工程，我在此只是勾勒簡單構
想，以下所使用的概念名詞或論點都是初步暫定的。首先，我認為
在社會契約之外，仍需要「**歷史家譜**」的想像，中國人民與國家的
規範關係不只是社會契約而已，兩者都同時是中國歷史家譜中的延
續位置。當前中國國家，正如過往的中國政權或朝代，不論偏安或
正統，都只是中國歷史家譜中的延續位置；歷代中國人民也在外來
融合與流變傳承中占據歷史家譜的延續位置。歷史家譜與社會契約
的二元接合構造才應該是現代中國國家的正當建構基礎，即，現代
中國民主憲政的基礎：社會契約中的中國國家對應著公民，歷史家
譜中的中國國家對應著「**中國人**」。這是一個中國現代國家之兩種接
合的人民身分，即，**中國人公民**(簡稱中國公民)。現代中國建立在
人民主權的基礎上，而這個人民則是二元結合的中國公民。中國公
民因其權利與義務而尊奉中國國家(之社會契約)，但是也因其繼承
與傳續而忠誠中國國家(之歷史家譜)。在今日，一個社會契約下卻
可能有多種(自由主義或非自由主義的)公民認同，同樣的，在一
個歷史家譜下，也可能有多種中國人認同。但是正如西方自由主義
政治哲學家對於正義原則的探究設想，以證成其政治基礎的正當性

且改良之，尋找（交疊）共識而求其長治久安，上述提議的這種中國政治哲學也有同樣企圖，包括在對什麼是「中國人」的合理分歧[37]下尋求共識。既然要尋求共識，就表示中國現代國家不必然追求一種中國或儒家的「良善生活」──歷史家譜或「中國公民」的提法不等於、但也不必然排除「至善論」（即，國家不對人民的道德與價值選擇保持中立，而促進一種良善生活）；不過正如現代國家培養人民作為公民的能力、將民主生活內化成為公民一樣，中國國家要培養人民連續中國的能力，內化中國，做個中國人。

我認為，要建構這樣一種「歷史家譜－社會契約」的「中國公民」政治理論，還必須建立在「中國」被理論化或成為知識對象的基礎上；「中國」與「公民」至少是政治理論中同等重要的理論概念──甚至，套用張志強給我們的提示，[38]理解中國是理解公民的前提。在目前，像中國公民話語裡的「中國」只是中國公民的偶然屬性，公民卻是普世的相同本質，可以脫離中國而獨立自在；像這樣的中國政治哲學，其實是沒有中國的。或曰，目前中國國家就已經是類西方的現代國家，或者政治方面應該被打造成準西方現代國家，因此西方的諸種政治哲學適合中國全部所需，完全毋需中國因素。然而這樣的斷言，已經預設對中國的透澈認識，中國已經是現成的一目了然，但是當前的「中國作為理論」的中派知識計畫認為

---

37 「合理分歧」來自羅爾斯「合理多元主義」的想法，是對多元主義的一種限定，例如對於中國人的多元理解，必須排除一些不合理的理解，**多少依據著中國歷史文化與社會發展的資源。**

38 張志強論及在理解中國及其現代問題上，理解中國是理解現代的前提（《朱陸、孔佛、現代思想》，頁1）。

遠非如此。

引用書目

中文

白永瑞：〈中國學的軌跡和批判性中國研究——以韓國為例〉，《台灣社會研究季刊》第96期，2014，頁95-136。

艾森斯塔特著，曠新年、王愛松譯：《反思現代性》，北京：三聯書店，2006。

安東尼・吉登斯著，胡宗澤、趙力濤譯：《民族－國家與暴力》，生活・讀書・新知三聯書店，1998。

姚中秋：〈中國自由主義二十年的頹勢〉，《二十一世紀》第126期，2011年8月，頁15-28。

陳宣良：《中國文明的本質》，上海：世紀出版集團，2015。

張志強：《朱陸、孔佛、現代思想》，北京：中國社會科學出版社，2012。

張志強：〈「經典時代」還是「子學時代」？——「中國哲學史」的敘述開端與「中國文明的主體性」問題〉，甯應斌主編：《重新認識中國》，台北：台灣社會研究雜誌社，2015年10月，頁55-107。

張志強：〈如何理解中國及其現代〉，《文化縱橫》2014年第1期，北京：文化縱橫雜誌社，2014，頁54-60。

許田波著，徐進譯：《戰爭與國家形成：春秋戰國與近代早期歐洲之比較》，上海人民出版社，2009。

甯應斌：〈人民民主二〇年後的尋思：反公民、反進步、反台灣的知識路〉，《台灣社會研究季刊》第94期，2014，頁157-179。

葛兆光：《何為中國？疆域、民族、文化與歷史》，香港：牛津大學出版社，2014。

趙剛：〈以「方法論中國人」超克分斷體制〉，《台灣社會研究季刊》第74期，2009，頁141-218。

趙鼎新：〈中國大一統的歷史根源〉，《文化縱橫》第6期，北京：文化縱橫雜誌社，2009。

劉擎：〈中國語境下的自由主義：潛力與困境〉，《開放時代》第4期，2014，頁106-123。

羅伯特・B・塔利斯著，陳肖生譯：〈公共理性的困境：多元論、極化與不穩定〉，
　　譚安奎編：《公共理性》，杭州：浙江大學出版社，2011，頁337-353。

Ashis Nandy著，丘延亮譯：《貼身的損友》（*The intimate enemy*），台北：唐山出版
　　社，2012。

英文

Neurath, Otto. 1970. Foundations of the social sciences. In Otto Neurath, Rudolf Carnap
　　and Charles Morris (Eds.) *Foundations of the unity of science*, Vol. Two (pp. 1-53).
　　Chicago: University of Chicago。台北虹橋書店1972年翻印。

（原刊於甯應斌主編：《重新認識中國》，台北：台灣社會研究雜誌社，

2015年10月，頁7-54。）

難以理解的「中國的存在感」
杉山正明的困惑

呂正惠

杉山教授恐怕很難忍受，自安史之亂以後，一直那麼孱弱的中華本土，竟然藉由契丹、蒙古、女真（包括金朝和清朝）三種塞外草原民族的力量，最終形成一個更廣大的中國。那個似乎越來越弱的中華本土，到底何德何能而得到這麼美妙的結果呢？

我們可以確定，杉山教授大概很難體會中國這個世界上最為廣大、時間上延續了這麼長久的農耕國家的文化心態和獨特的統治方式，所以才會有那麼多讓我們覺得不可思議的「奇談」吧。

兩、三年前台灣出版界推出了日本學者杉山正明教授兩本著作的中譯，《忽必烈的挑戰》和《遊牧民的世界史》[1]，引發了台灣媒體的注意，據說書還頗為暢銷。我已經多年不關心台灣的出版訊息，但我的一個學生告訴我這件事，還特意買了送給我。我隨手一翻，就發現書中有許多強烈的抨擊中國「正統王朝」史觀的段落。從五

1　杉山正明著，周俊宇譯：《忽必烈的挑戰──蒙古與世界史的大轉向》，台北：八旗文化出版，遠足文化發行，2014；杉山正明著，黃美蓉譯：《遊牧民的世界史》（增補版），新北市：廣場出版，2013。

235

四以後，中國知識分子基本上已經不會隨意盲從這種史觀，但我還是因杉山教授所使用的強烈措詞而感到驚訝。我首先就判斷，可能正因為杉山教授對中國正統史觀的不滿，導致這兩本書在台灣受到歡迎，因為台灣一直瀰漫著「反中」情緒，因此我就擺開這兩本書不再閱讀了。

很意外的，去年我在大陸的時候，發現這兩本書已經有了簡體版[2]。與此同時，廣西師範大學翻譯了日本講談社出版的《中國的歷史》系列，其中《疾馳的草原征服者——遼、西夏、金、元》[3]也是杉山教授著述的。這樣，杉山教授的三本書幾乎同時在大陸出現，這也讓我有一些驚訝。我把《疾馳的草原征服者》（以下簡稱《征服者》）全書讀完後，實在很難壓抑內心的不滿，很想寫一篇文章大力批駁。我現在終於找到了這個機會。不過，為了慎重起見，我把《征服者》一書又細讀了一遍，這時竟又發現，我好像沒那麼生氣了。因此，我又把《忽必烈的挑戰》和《遊牧民的世界史》兩本書也從頭到尾讀了一遍，這個時候，我又開始佩服杉山教授了。坦白講，《遊牧民的世界史》（以下簡稱《遊牧民》）視野開擴，對了解遊牧民的歷史、了解遊牧民在世界文明發展上的貢獻，這本書寫得簡明清晰，勝於格魯塞的《草原帝國史》。唯一的遺憾是中譯水平實在不高，全書沒有任何譯注、也沒有附任何地圖[4]，對一般讀者而言實

2　杉山正明著，周俊宇譯：《忽必烈的挑戰——蒙古帝國與世界歷史的大轉向》，社會科學文獻出版社，2013年6月；杉山正明著，黃美蓉譯：《遊牧民的世界史》，中華工商聯合出版社，2014年4月。

3　杉山正明著，烏蘭、烏日娜譯：《疾馳的草原征服者——遼、西夏、金、元》，廣西師範大學出版社，2014年1月。

4　台灣繁體版有地圖，大陸簡體版刪掉了。

在很不方便。相對而言,《征服者》一書的中譯水平要好一些(但也不是很理想),附圖非常多,也非常有用。我覺得從《遊牧民》可以看出杉山教授的學術水平和宏觀能力,而《征服者》一書則比較明顯的暴露了杉山教授的偏見。本文主要想對這兩本書所表現的對於中華文明的偏見,加以評論。但我要鄭重聲明,我對《遊牧民》一書是非常佩服的。所以要討論杉山教授的這些偏見,是因為我和杉山教授一樣,都對「中國的存在感」這個問題極為關心,我藉此可以說一說我的某些看法。我主要的關心點是,我們如何理解中華文明的性質,這恐怕也是現在許多中國知識分子都關心的一個問題。

一

《征服者》一書主要的觀點可以簡述如下:中國的歷史不能從「正統王朝」的觀點去認識,必須打破長城的界限,把北方草原地帶和南方農耕地帶連成一體,認清其互動關係,才能真正了解中國的長期發展。這一觀點現在應該說是已成一種常識,1949年之後新中國所大力倡導的「多民族史觀」自然就蘊含著這樣的看法。《征服者》的特色在於:極力強調卓民遊牧民的貢獻,好像中國的逐漸擴大主要歸功於連續不斷出現於北方的遊牧民;在唐代安史之亂後,遊牧民的作用尤其明顯,經過六百年的發展(從安史之亂前後到元代)[5],中國從原來的「小中國」發展成「大中國」(在清朝乾隆年間定型,一直維持到現在)。本書著重敘述耶律阿保機所建立的契丹帝

---

5 從安史之亂(755年)到南宋滅亡(1276年)只有五百二十一年,但杉山正明在敘述這一段歷史時,常常往前追溯,所以他統稱六百年。

國在這方面的開創之功,並總結式的簡述蒙古帝國的恢宏事業。作者認為,如果不是蒙古帝國完成了這項工作,就不可能有清王朝所確定下來的「大中國」。也就是說,本書著重說明,我們現在所熟悉的「大中國」,其實是在本書所敘述的六百年中發展出來的,在這之前,中國還只是「小中國」。應該補充說明,本書對蒙古帝國的成就著墨不多,因為在前面所提到的另外兩本書中,杉山教授已經做了更詳盡的分析,所以本書的前三分之二篇幅都集中於跟契丹帝國有關的歷史敘述之中。

在閱讀本書之前,我已讀過姚大力教授一篇非常精彩的長文[6],此文後半主要從制度層面分析元代和清代如何影響了現在這個大中國的形成。這篇文章非常有說服力,我完全接受他的看法。杉山教授的書,把中國歷史的這一發展,以歷史敘述的方式做了另一種呈現。當然,他的獨特貢獻是,把這一發展的前期準備工作追溯到安史之亂前後到契丹帝國建立的這一歷史時期,應該說,這是相當不平凡的見識。所以姚大力教授在《征服者》的〈推薦序〉中,以非常肯定的口氣說,「本書絕對稱得上是一部好書」。如果杉山教授能夠用一種更嚴肅的方式來分析,也許還可以寫出一本更卓越的著作。

《征服者》一書最大的問題不在於它的正面論述,而在於它的反面論述。為了凸顯北方遊牧民的貢獻,特別是為了表彰耶律阿保機的功業,本書對唐朝、五代的沙陀集團,以及宋朝都極力加以貶低,不時顯露嚴厲批評、嘲諷與揶揄的語氣,態度之輕率頗為出人

6　姚大力:〈多民族背景下的中國邊陲〉,《全球史中的文化中國》,北京:北京大學出版社,2014,頁147-201。

意表。

先看杉山教授是怎麼議論唐朝的。他說，唐朝對內陸亞洲突厥系政治勢力的間接統治只不過維持了三十年左右（頁10）[7]，所以唐朝只能算是「瞬間大帝國」（頁13）。杉山教授沒有具體說明這三十年是哪三十年，不過，他在《遊牧民》中明確的說：

> 唐朝的「世界帝國」狀態持續約二十五年，約相當於長達三十五年的高宗治世（649-683）之中、後期。這是繼承持續三十年「世界帝國」的突厥之後的短暫輝煌（唐朝的「世界帝國」是因為有突厥的「世界帝國」才能出現，這一點是相當明確）。（《遊牧民》，頁247-278[8]）

這裡，「瞬間帝國」只剩二十五年，而且還拿來跟突厥帝國做對比，好像唐朝比突厥不但矮了一些，而且還是突厥帝國催生出來的。中國歷史學家大概很少人會以「唐朝是否建立了一個世界帝國、這個帝國又維繫多久」，來衡量唐朝的成就。按一般的習慣，從唐太宗即位到唐玄宗天寶十四載安祿山叛亂，都可以算是唐代的盛世，時間長達一百二十年以上。按杉山教授的計算方式，唐朝的輝煌也不過短短的二、三十年，而且似乎還不及突厥帝國，兩種看法的強烈對比，實在讓人很不習慣。

杉山教授對安史亂後的唐朝的形容，極富文學色彩，值得一

7　此下正文中凡引用《疾馳的草原征服者》，均在文中直接註明頁數。

8　此下凡引用《遊牧民的世界史》（台灣繁體版），均在文中標明《遊牧民》，再註明頁數。

引。他說，唐朝一邊與眾多的、獨立的藩鎮勢力和解，一邊又必須在名義上保持超越它們的形式，

> 總體上是外面穿著唐的外衣，而裡面是在唐的「招牌」下已經形成多極化的「雜居社會」或「雜居公寓」的狀態，而且處處都在蠢蠢欲動。（頁48）

他不無揶揄的說：唐代後半期那個年代，真的就是「唐代」嗎（頁50）？他還說，名義上的唐「政權」及其名下獨立集團的實體「國家」（按，指各藩鎮），事實上已經轉化為回鶻的庇護國（頁49）。按他的看法，這個還存在了一百五十年的所謂唐朝，所以還有存在的感覺，是因為中國的正史和文獻都是從「中央」的角度和價值取向編寫出來的（頁50）。看到這些說法，我心裡一直在琢磨，杉山教授是真心相信唐朝剩下的一百五十年的「真相」是這樣的嗎？我們當然都知道，從政治上看，這一百五十年是在走下坡路，但這就是唐朝的「全部」了嗎？難道歷史是可以這樣讀的嗎？我只能相信，杉山教授就是想「這麼說」。

再來看杉山教授如何評述宋代。他說，剛建立時（960），北宋只不過是沙陀軍閥系列的一個成員，一直到980年左右，才像個政權那樣穩定下來。如果不是周世宗柴榮打下基礎，又有趙普這個傑出的政權設計師，光憑趙匡胤和他屬下那些粗暴的軍人，是談不上什麼國家建設的。何況，趙普所進行的那些建設工作，不也是從契丹那邊學到很多嗎？（頁188-189）他批評宋真宗想要進行封禪儀式時，還請求契丹皇帝的允準，「真是個卑賤又可笑的人」（頁190）。

而宋代的士大夫，在與契丹和平共處之後，就開始高談闊論。即便在中華的中心地帶，受統治的、不識字的人民是跟文化無緣的。宋代士大夫所以成為文化的熱心宣傳者，強力「兜售」「教化」，大概是因為北宋和南宋都要開發「蠻地」江南乃至嶺南，不得不熱心於「漢化」，而實際上這些南方之民變成「漢族」，是更後來的事情（頁191）。長期以來一味推崇北宋的做法，有必要根本的修正。亞洲東方的十至十二世紀是契丹所主導的時代（頁192），「契丹帝國沒有受到來自任何方面的威脅，一百多年間一直享受著美夢般的生活。」（頁191）

安史軍事集團的興起，孤立來看，好像只是唐朝邊疆將領的坐大，其實遠非如此。陳寅恪在《唐代政治史述論稿》中很詳細的論證了，作為安史餘黨的河北三鎮不只在政治上半獨立於唐王朝之外，而且在文化上也已經遠離中華孔孟之道。杉山正明在敘述安祿山、史思明的故事時，基本上把這個集團視為唐朝、突厥、奚、契丹各勢力在相互交往、對抗過程中所產生的一股「雜胡」勢力。這兩種論述方式，其實是可以互補的。作為唐朝東北邊區最主要的草原勢力，奚和契丹早在武則天時代就已經逐漸壯大。唐玄宗前期的邊區政策是東北和西北並重的，到了後半期，表面上看似乎越來越向西北傾斜，因為吐蕃的勢力逐漸堀起，為了和吐蕃交戰，重兵逐漸移向西北。但如果仔細查看歷史資料，再從安史亂後的情勢加以回顧，就會發現情勢遠非如此。自唐玄宗重用安祿山以後，東北邊疆大致平靜無事，這證明安祿山對奚和契丹的防守是相當有效的，因此玄宗越來越欣賞和信任安祿山。安史之亂表面上平定後，安祿山的餘黨轉化為河北三鎮，從此直至唐朝滅亡，河北三鎮始終是東

北地區最重要的勢力。

　　黃巢攻進長安，中國北方的政治秩序陷入混亂，這個時候興起了朱溫集團和沙陀集團。在兩大集團的鬥爭中，河北三鎮成為配角。當沙陀集團最終消滅了朱溫集團和河北三鎮時，北方又變成了沙陀集團和耶律阿保機的契丹對抗的局面。而當宋朝作為沙陀集團的繼承人的時候，又成了宋與契丹對峙的局面。從安祿山坐鎮東北防備奚和契丹，一直到宋和契丹對峙其實是一長串歷史的自然發展。看起來奚和契丹集團的興起是無法扼阻的，安史集團、河北三鎮在一段時間內起了緩衝作用；當安史集團的力量全部消耗殆盡以後，以契丹為首的東北草原遊牧民的力量，在未來的一千多年內，就成為中華本土的主要敵對勢力了。因為，繼契丹興起的金、蒙古、女真（滿洲）全部來自亞洲草原的東北地區。反過來看西北。廣義的突厥族（包括建立突厥帝國的突厥，還有回鶻，以及其他部族）興起於西北天山地區及其以西之地，然後再稱霸於蒙古高原。在突厥帝國衰亡的過程中，突厥一直往西遷徙。回鶻帝國崩潰後，回鶻餘眾主要也是往西遷徙。從回鶻帝國滅亡至契丹帝國興起，這一段空檔，蒙古高原是沒有霸主的。從這個地方可以看出，中國北方草原地區的歷史，在唐朝後期出現有一個非常大的變化。日本學者和西方學者常常使用的「征服王朝」（遼、金、元）就是這個時候開始的。從中華本土的歷史來看，這個變化的反映是，中國的政治中心從西北轉向東北。作為中國前半期歷史的重心——長安從此沒落了。而東北的政治中心——北京，地位日漸提升，後來就成為金、元、明、清四朝的首都。所以，總結來說，安史集團的形成、回鶻帝國的崩潰、契丹帝國的建立，這一連串事件，確實是中國歷

史非常重要的大轉折。

杉山教授在談到沙陀與契丹的兩次戰爭時，強烈抨擊司馬光和歐陽修偏坦沙陀。其實沙陀和契丹同樣是夷狄，只不過因為沙陀所建立的後唐、後晉、後漢都被列入中華正統，他們就不辨是非。他對歐陽修的一段批評，非常有意思，雖然譯文不是很好，為了避免曲解，我還是如實加以引用：

> 歐陽修顯然試圖宣揚「中華」，就想說北宋是最美好的。作為對內對外的一種政治手段，可以說那是以這種文化政策為宣導的一次演出。由於連後世的人們都要「騙」，他們真是不得了的人物。（頁138）

在作者看來，作為北宋士大夫最優秀代表的歐陽修和司馬光不過爾爾。作者還進一步批評「將北宋捧為文化國家」的傳統說法，他以凌遲這一刑法，雖然產生於五代，在北宋時期很盛行為例，說明「北宋時期還是相當野蠻殘酷的」（頁138）。可惜作者一時沒有想到狀況相同的女子纏足，不然宋代文化的不人道就可以進一步得到強化了。連一向被稱道的文化都不過如此，宋代還有什麼可觀的呢！這大概就是杉山教授所要表達的意思吧。

二

看到中國歷史上一向評價比較高的唐、宋時代，被杉山教授講成這個樣子，老實講，我覺得真是「又好氣又好笑」。看到他說，安

史亂後的中華本土只不過是掛著「唐」的招牌的雜居公寓，我不覺笑了出來，有一點佩服他的文學表現力。杉山教授恐怕很難忍受，自安史之亂以後，一直那麼屏弱的中華本土，竟然藉由契丹、蒙古、女真（包括金朝和清朝）三種塞外草原民族的力量，最終形成一個更廣大的中國。那個似乎越來越弱的中華本土，到底何德何能而得到這麼美妙的結果呢？關於這個問題，大概是杉山教授一直存在於內心的困惑吧。其實，答案就暗藏在他對忽必烈功業的敘述中，只是他竟然輕輕忽略過去了。

忽必烈應該是杉山教授最為佩服的帝王，因為他是歷史上第一個建立真正的世界帝國的人。以大都為中心，透過驛站這一交通網絡，蒙古的軍事武力和穆斯林的商人可以暢通無阻的活動於歐亞大陸各地；從水路又可以透過中國內部的運河體系，連通中國南方往印度洋的航線，從而形成另一交通和商業網絡。這兩條網絡相互為用，就是一個完整的世界體系了[9]。但是，最重要的，如果沒有中華本土作為基礎，忽必烈的事業是不可能完成的。

杉山教授也承認，在蒙哥去世後，阿里不哥才是蒙古大汗正統的繼承者，就此而言，不服的「忽必烈一方就是叛軍」（頁284）。忽必烈最終所以能戰勝阿里不哥，就是因為他占據了更為富庶的漢地。忽必烈禁止往蒙古高原的中心哈剌和林運糧，導致阿里不哥的部隊喪失鬥志。阿里不哥迫不得已只好奪取原本屬於察合台子孫封地的伊犁河谷，從而引發察合台一系的反叛，再加上飢荒接著襲擊

9　參見《征服者》，頁314-317；又，《遊牧民》，頁210-238。《忽必烈的挑戰》一
　　書的第三部對此有更加詳細的論述。

伊犁河谷,阿里不哥的軍隊就這樣潰散。[10]不論是欽察草原、伊朗高原、中亞的河中地、伊犁河谷,還是蒙古高原,都不能提供足夠的經濟實力,長期和據有漢地的忽必烈爭霸。從這裡就可以看出,漢地是忽必烈建立帝國必不可少的根據地。杉山教授還說:

> 忽必烈政權建立後的大元兀魯思將當時世界上最具經濟實力的中華本土納入進來,實行鼓勵國際通商的自由經濟政策,促成了橫跨非歐、歐亞大陸東西的空前的大交流。(頁328)

這樣,真相不是很清楚了嗎?蒙古的軍事武力,穆斯林的商業網絡和世界上最具經濟實力的中華本土,是忽必烈世界帝國的三大支柱,缺一不可。從這個角度看,當時的中華本土只是軍事力量不足,絕對不是個弱者。

一般都承認,南宋在軍事上打不過北方的金朝,但經濟實力絕對超過金朝。蒙古滅金時,由於他們還沒有統治漢地的經驗,中國北方遭到極大的破壞,所以杉山教授所說的極具實力的中華本土,當然主要是指中國南方而言。那麼,我們要問,安史之亂以後的五百年間,中華本土到底發生什麼事,使得它的南方最終成為當時世界最為可觀的經濟體。這個發展結果,當然不像蒙古征服全世界那麼驚人眼目,難道不也是一種了不起的成就嗎?沒有這一項成就,忽必烈還能建立他的世界帝國嗎?所以,最終而言,中華本土並不是光享榮譽而無貢獻的、不成器的「帝國成員」。

10　參見《征服者》,頁285-286。

　　我一直使用《征服者》中譯本「中華本土」這個概念，因為想不出其他表述方法，但我在使用時有我自己的理解方式。我指的是春秋時代以來逐漸形成的、以農耕生活方式為主體，並與「夷」作為對比的「夏」的這個區域。從中國的歷史發展來看，這個區域並不是固定不變的。但不論中華本土如何移動，每一個時代的核心區，其經濟必定是以農業為主體的。譬如在漢朝（包括西漢和東漢），從長城線往南一些，到洞庭湖、鄱陽湖、杭州灣以北，就是核心的農業區。這個核心區，會隨著北方遊牧民壓力的大小而上下移動。譬如，從安祿山叛亂到南宋亡國這一段時間，中華本土的農業區就一直往南移。等到明清時代，農業線又往北移動了，而南方的農業仍然保持住，這樣，中國的農業區就得到空前的擴展。南宋只是偏居一隅，它的經濟潛力就那麼可觀，我們怎麼能不想像，明清時期的經濟力量要遠遠超過南宋、也超過北宋。「中華本土」歷史動力的祕密就在這裡，從春秋以後，它的農業區一直在擴大。當它擋不住遊牧民的壓力時，北方的農業區會縮小，但漢人會往南方發展。當它的力量足以把遊牧民往北趕時，它的範圍又會往北伸展。這樣，持續的一縮一伸，直至明清時代而達到頂點。

　　安史之亂以後，「中華本土」的範圍一直被往南壓縮，但同時農業定居者（我們一般稱為漢人）也逐漸往南移；相反的，原來屬於中華本土的北方，越靠長城線的地方越成為農、牧混合區。可以肯定的是，從755年（安祿山叛亂）到1276年（蒙古兵攻入臨安），也就是中華本土最為積弱不振的時候，北方的漢人不斷的往南遷徙，而中國的農業區也不斷往南發展，同時也有越來越多的南方土著融入漢人群體。只要稍微讀一下南宋文獻，就可以發現，廣東和福建

的主體居民已經是南下的漢人和漢化的土著了。我們不能因為中華本土軍事、政治力量的不足，就忽略了它的農業經濟在範圍上的擴展，以及它在技術上的進步。

元和八年（813年），宰相李吉甫獻上《元和郡縣圖志》時，已經跟憲宗皇帝報告說，當時所有的中央財政收入全部來自南方各州縣。這也就是說，唐朝最後的一百多年，是靠著南方的賦稅維持下去的。我們應該思考的是，「唐」這一塊招牌到底發揮了什麼不可思議的作用，僅僅這樣就能夠維持一個皇權、宦官、藩鎮和士大夫混合而成的統治秩序？我們同時也不能忘掉，唐朝所以還能維持一百多年，主要還需歸功於南方農業經濟的日漸發達。

黃巢攻入長安以後，中國北方一片混亂，成為大大小小軍閥的混戰區，最後形成朱溫、沙陀、契丹三大勢力並立的局面，這就是我們習稱的五代。這個時候的南方，雖然也有各種小軍閥的割據，彼此之間有時也有小規模的戰爭，畢竟還是比較安定，農業經濟在能力和範圍上都在繼續發展。趙匡胤篡立時，基礎確實不是很穩固。但以當時情勢來看，朱溫系已被消滅，沙陀系老一輩的戰將都已死去，新的軍事體系靠著柴榮的整頓，重新恢復了秩序，也增強了戰鬥力；正好這個時候契丹內部有矛盾，無法南侵[11]，新建立的宋朝在太祖、太宗時代很機敏的掌握了時機，一舉奠定大局。杉山教授說，宋朝只有趙普有國家建設的能力，而且有些還向耶律阿保機學習，我是完全不能同意的。耶律阿保機要解決的是，草原和農耕兩種體制如何並存的問題，而宋朝則要解除武將干政的威脅，還

---

11 耶律德光撤軍途中去世後，下三位契丹皇帝的繼承問題都不是很順利。

要實現對南方的統一，工作性質是完全不一樣的。

宋太祖、太宗兩人，都不能算是一流皇帝，但也不算差。太祖能夠不動聲色的「杯酒釋兵權」，這不是一般人能做得到的。另外，他決心放棄交趾，盡量不打沒必要的戰爭，與民休息，不能說他沒有見識，至少他認識到自己軍事力量的侷限，決不輕舉妄動。太宗即位之初，想要建立功業，想要收復燕雲十六州，以證明他有當一流皇帝的能力（因為他深受弒兄篡位傳言的困擾），但兩次北伐都大敗。他從此改弦更張，專力於文治，大量擴充進士名額，打開了庶族地主的仕進之門，由此得到大批新進士的擁護，不能說他沒有政治頭腦[12]。南方既已統一，國家發展有了方向，地主階級擁護新政權，農業繼續發展，我們沒有理由說，宋朝還是一個脆弱的國家。沒有這些基礎，真宗就不可能有力量在澶州逼和契丹。

宋朝重文治而輕武力的政策，當然要付出重大的代價，最後迫使它不得不以金錢來換取和平。根據1004年的澶淵之盟，每年要送給契丹絲綢二十萬匹、白銀十萬兩。四十年後（1044），宋朝與西夏議和，每年要給西夏銀七萬二千兩，絲綢十五萬三千匹，茶三萬斤。稍前又受到契丹的威脅，也增加了歲幣的額度。宋朝本身養兵甚多，好像超過一百萬[13]，因為它的養兵兼有救濟失業之徒的目的。宋朝對士大夫過於寬厚，官員的子弟又可以蔭襲，冗員不少。這種種加起來，宋朝的財政負擔不可謂不大。但整體而言，宋朝的農民好像也沒有過得特別苦。其原因就在於，北宋農業的整體發展

12　參見陳振：《宋史》，上海人民出版社，2003，頁647-648。

13　參見鄧廣銘：〈北宋的募兵制度及其與當時積弱積貧和農業生產的關係〉，《鄧廣銘治史學叢稿》，北京：北京大學出版社，1997，頁81-82。

遠遠超過唐朝，所以，宋朝的文治政策也有其可取之處。

宋朝經濟的發達，學者早已有了定論。應該說，整個農業和經濟，比起唐以前，有了飛越性的進步。到了南宋，雖然退守到淮河和大散關一線，經濟的發展仍然沒有停滯。一、兩代以前，南宋的經濟潛力沒有受到足夠的重視，現在幾乎也是世所公認的。杉山教授自己就說過，「中華所積累的各種各樣的智慧、技術、手段，很多都在蒙古時代得到了進一步的提高」（頁340）。姑且不必細論蒙古時代提高的程度，至少他等於承認，宋朝在各方面是相當進步的。

從宋朝經濟繁榮的程度，我們可以往上追溯中國農耕文明的發展，並由此得出中國農耕文明的特質。杉山教授在《遊牧民》一書中曾經把大型國家及政權，按定居與否分為兩大類，並以農業國家和遊牧國家作為兩種典型的例子。他說，在中亞、西亞及西北歐，僅有極少數者能夠完全符合只有定居型或是農耕國家的形態。這也就是說，在中亞、西亞及西北歐，極少見到典型的農耕國家，這應該是合乎歷史事實的。杉山教授同時也追溯了中國境內歷史上曾經產生過的各政權，一一加以細數，得出的結論卻有一點出乎我的意外。他說：

　　在歷代中華王朝之中，幾乎看不到完全符合我們「共通觀念」的「漢族王朝」或「農耕帝國」等。（《遊牧民》，頁364-365）

從這裡就可以看出，杉山教授對中國歷史認識的盲點了。遠的不說，宋朝除了西南少數民族地區外，難道不可以算是一個典型的農業國家嗎？在一般人的觀念裡，中國第一個長時期的、大一統

的朝代漢朝（包括西漢和東漢），就已經是典型的農業國家了。而明朝，朱元璋建立政權的時候，很有意識的要把它建成一個純農業國，盡可能減少其商業因素，規定田賦都要以食物上繳。可是在杉山教授的標準中，明朝也不能算是典型的農業國家，這真是不可思議。

杉山教授說，從最初的統一帝國秦朝開始，歷經北魏、北周、北齊、隋、唐及五代之中的後唐、後晉及後漢等，統治集團的生計原本是以畜牧或遊牧為主的，他們在將較多數的農耕民納為被統治者後，其國家就變得具有農耕國家的色彩。因為統治者為遊牧型，被統治者為農耕型，所以就不能算是共通觀念下的漢族王朝或農耕帝國。我們就以這一長段歷史來說罷。拓跋政權的代國及早期北魏時代，基本上還是個遊牧政權，但北魏孝文帝南遷以後，這個政權就變成是北邊以遊牧為主、南邊以農業為主了。先不論北齊、北周，後來發展出來的隋、唐政權，一定要以他們所出身的統治集團的祖先為準，認定這兩個政權還是遊牧型——雖然他們的被統治者主要是農耕民，我們還是不能說，這兩個政權是典型的農業政權。我不知道這種邏輯到底能說服誰？就這樣，杉山教授總是企圖把前後有關、發展時間又長的一大群人固定在一個狀態下，所以，不論是拓跋魏還是隋、唐，就都變成了具有混合的性質，這合乎歷史實際嗎？然後他又說，復興「漢族中華」的明朝帝國「事實上也是具備濃厚蒙古時代遺產之多種族混合型社會的面相」（《遊牧民》，頁239），所以當然也不是典型的漢族王朝的農耕帝國。在這一番細數中國歷代各王朝時，不知道為什麼他又忘掉了漢朝和宋朝，所以，他就找不到共通觀念下漢族王朝的農業國家了。

在這裡，我的目的不在於，和杉山教授爭辯「漢族王朝」的純

粹性；我主要想指出，當杉山教授這麼細緻地區分了中國歷史上各政權的性質時，他就把中國歷史上另一個更重要的事實遺漏了，那就是，中國始終維持了一個龐大的農耕區。只有認識到了中華本土始終存在著一個廣大的核心農業區，我們才能解釋，為什麼衝破中華本土防線的各種遊牧民，最後都消失在廣大的「漢族」之中。沒有任何受過教育的中國人，會認為有一個「純正的漢族」。「漢族」本來就是中國歷史長期累積的產物，是北方遊牧民和南方農耕民長期衝突、混融的最終結果。而其關鍵就在於，中國龐大的農耕區始終存在，界線雖然有移動，範圍卻越來越大，其最後結果，就是我們所熟悉的明清時代的那個無限廣大的農業區。

從回顧的眼光來看，杉山正明所謂的「中華本土」，應該是在秦、漢兩朝完成「大一統」工作以後才初步定型的。閱讀《左傳》就可以了解到，管仲輔佐齊桓公所進行的「尊王攘夷」政策裡，所謂的「夷」，北面是指狄，南面是指楚，而齊桓公所要保護的是指中原地區遵循周朝農業文化傳統的中原各國，主要包括魯、鄭、宋、衛等國。當衛國被狄人攻破時，齊桓公幫助衛人從黃河北面遷到南岸，重新立國；當楚國的勢力一直往北方發展時，齊桓公加以扼阻，迫使楚國訂立召陵之盟。這都是齊桓公所進行的「攘夷」工作。孔子稱讚管仲說：「微管仲，吾其披髮左衽矣。」這是說，沒有齊桓公和管仲的功業，中原周文化各國可能就會在狄和楚的夾攻之下亡國，被迫改從「夷」的生活方式。這也可見，在春秋的某段時間內，中原各國的力量是非常衰弱的。在春秋時代的初、中期，狄人在北方的勢力是相當大的，包括周王室、晉國、衛國、邢國的周圍，到處都有狄人，主要由於晉國的努力，北方的狄不是被晉人所吞滅，就

是一直往北遷徙，最終併入更北方即將形成的遊牧政權之中。南方的楚國，也因為晉國的強大，最終形成南北對峙的局面。

　　如果從秦始皇統一六國以後的情勢來看，大一統以後的中國，比起晉、楚爭霸中原的局面，明顯增加了秦和蜀兩塊地方。終春秋之世，秦國一直僻處西陲，與戎人雜處，中原各國一向以「夷狄」視之。沒想到秦國併吞了所有西戎，又滅了蜀國，所以，當秦國最終統一天下時，就把秦、蜀和中原地區融合為一了。就在秦國在西方逐漸擴大時，楚國的勢力也在南方極大的擴展起來。楚滅掉了越國，而在這之前越國已滅掉了吳國，所以戰國時代的楚國已經統一了南方，其北邊疆域已經到達現在的河南省南部和江蘇、山東的交界處。當然，隨著秦國的統一，楚國所有的疆域也都包括在大一統的秦朝之內。

　　我們一般都很容易忘掉一個非常重要的事實，即秦滅亡後，最後統一全國的是楚人劉邦及其集團，也就是說，大一統中國第一個穩定的王朝，是春秋時代還被視為「南蠻」的楚人建立的。劉邦作為漢朝的建立者，竟然把首都定在秦人的中心區長安，表現了深遠的政治智慧。這樣，整個漢朝就把春秋以來所有不同的因素融為一體了。回顧來看，這個大一統的漢朝，既包括一向被視為「蠻」的楚、吳、越，也包括秦和西戎，還包括被春秋時代的晉和戰國時代的趙、燕所吞滅的狄。這所有的地區融匯在一起，就構成其後「中華本土」的基礎，也成為現在所謂的「漢族」最原始的成分。這一切，是在漢朝確立的。由此可見，所謂「漢族」一開始就不是「純正」的，它不但包括了春秋時代的中原地區（即最早的「夏」），還包括了春秋時代所謂的「戎」（西方）、「狄」（北方）、「蠻」（南方）的因

素——東方的「夷」早在商周時代就已併入中原地區了，齊、魯兩國就是建立在東夷之地上的。其後更多的北方草原民族和南方土著民族，不斷的加入以農耕為主體的「漢族」之中。不斷有「夷」的因素加入「夏」之中，反過來也就是說，加入「夏」的每一種「夷」，都對「夏」的形成具有貢獻，就像春秋時代的秦國和楚國，都對大一統中國的形成貢獻良多一樣，而這就是中華文化最本質的因素。像杉山正明那樣，費盡力氣的想要證明，許多漢族因素根本不是來自漢族，實在是有一點小題大作，甚至可以說是無的放矢。

　　綜觀世界各文明史，找得到像中華本土這麼廣闊、人口這麼眾多、經濟發展像滾雪球一樣越來越大的農業區嗎？米索不達米亞兩河流域、埃及尼羅河流域都在外來勢力的幾次衝擊下，變得面目全非，更不要說中亞的河中地、伊犁河谷地和新疆各綠洲了。唯一相似的也許只有印度，印度受到外來遊牧民入侵的次數恐怕遠多於中國，其核心區還能維持印度教的信仰，確實不容易；但它的東、西端兩大塊（巴基斯坦和孟加拉，都是印度歷史上非常重要的地區）還是被伊斯蘭教徒分割了，未能保持住整體面貌，因此還是不能與中華世界相比。

三

　　正如前面所說的，廣大的農耕地區是中國歷史發展的基礎，但是，這個農耕地區，當然不會只存在著經濟領域，它還連帶的產生了相關的社會習俗和文化心態，這一切，構成了我們現在所謂「中華文化」的基礎。從文化面來看，它又由兩大支柱所支撐，一個是

在秦始皇手中完成的統一的漢字，一個是在漢武帝時代確立的儒家思想體系。再縮小範圍來看，這個文化所形成的政治秩序，最後落實為「正統王朝史觀」，而這一點正是杉山教授特別痛恨的，他曾咬牙切齒的說：

> 漢文獻的可怕性，無可比擬……然而作為史料來看，程度如此「性質惡劣」的記載很稀少（即世界少見之意）。對於用歷史文獻的人來說，（這種）記載實在是很難對付的。（頁140）

而這裡，恰如前面所說的「農業帝國」一樣，卻剛好是「中華文化」最基本的內核。

杉山教授在《遊牧民的世界史》一書中，特別以「被中華斷代史觀念遺漏」一節（《遊牧民》，頁205-214）來攻擊中國正史對於「五胡十六國時代」的記載方式。他認為，由《晉書》所誘導出來的「五胡十六國」這個名稱，「會被誤導為好像只有這個時期是周邊蠻族們在中國橫行的時代」。他又說，把《北齊書》、《周書》及《隋書》分開編撰，就會讓人忘記了從北魏經北齊、北周到隋、唐根本就是鮮卑「拓跋國家」的一線傳承。總而言之，「中華正統王朝」這樣的觀念，正是中國的正史所編撰出來的，而實際上，縱觀整個中國歷史，純粹的漢族王朝頂多也只有漢、宋、明這三個朝代（《遊牧民》，頁209）。讓杉山教授感到遺憾和意外的是，把晉朝以降至隋朝為止、架構成正史系統的，竟然是「拓跋國家」出身的唐太宗李世民，而杉山教授一直堅持建立唐代的李氏是「出身拓跋鮮卑的地

地道道的『夷』。(《征服者》,頁52)[14]」那也就是說,杉山教授所特別不滿的「王朝史觀」的正統性,正是「蠻夷」出身的皇帝特別想爭取的。這是「中華文化」所犯的錯誤嗎?這難道不能算是中華文化的特長嗎?

杉山教授這樣批評唐太宗:

> 不僅在中國史,就算是在世界史上也沒有類似李世民般希望自己在後世留下完美姿態的人。殺死兄弟並拘禁父親而掌握政權(玄武門之變)的李世民,確實是唐朝的實際創建者,雖然是這般具有能力的君主,但他在世時卻持續地打造讓自己成為明顯地超越其實之明君形象。(《遊牧民》,頁213)

其實,想當一個偉大的「中華式」皇帝的「蠻夷」,豈只李世民一人,氐族的符堅、鮮卑族的拓跋弘(北魏孝文帝),甚至清朝的玄燁(聖祖康熙皇帝)、胤禛(世宗雍正皇帝)、弘曆(高宗乾隆皇帝),不也都是如此嗎?不論你如何厭惡造成這種現象的「中華文化」,你都不能不承認,這正是這種文化內在所具有的某種本質特色。

由此我們也可以談一下,杉山教授在比較沙陀與契丹時,特別偏坦契丹的那種特殊的態度。杉山教授認為沙陀軍事集團是十分野蠻的,沙陀人的「職業」就是單純的軍事,戰爭是漂亮的買賣(《征服者》,頁136,以下均同出此書)。沙陀人以「養子」方式形成的集團,是粗野殘暴、無法無天者的聯盟(頁137)。沙陀只知一味搜刮

---

14 杉山正明毫無根據的斷定建立唐代的李氏出身鮮卑族,對此姚大力教授已在《征服者》的〈推薦序〉中加以批評。

百姓，作為統治者、管理者完全不合格（頁142）。相反的，耶律阿保機把燕地和山後的老百姓，從劉仁恭、劉守光父子以及沙陀李存矩的暴政下拯救出來，把他們帶回契丹統治區，讓他們會教會契丹人紡織和製作工藝（頁141）。關於這些，史料我並不熟悉，無法分辨是非，但可以指出一個明顯的事實。947年，耶律阿保機的繼承人堯骨（即耶律德光）攻入開封城，改國號為大遼，改年號為大同，顯然想當中華世界的皇帝。然而，杉山教授稱之為「單純素樸、天生武者性格的堯骨」（頁185），卻只能在開封待三個月，不得不匆匆撤軍北返，最後自己在途中病死。而被杉山教授批評為殘暴粗野的沙陀軍人，從李存勗到石敬瑭，卻至少統治了中國北方二十多年（923-946），連那個完全不會當皇帝的李存勗都可以在開封待到兩年六個月（923年10月到926年3月），由此可見，沙陀人比契丹人更了解擔任中華世界皇帝的方法。其祕密就在於，沙陀皇帝知道要把一般政務交給中華官僚管理（這也是馮道能當四朝宰相的原因），而耶律德光連這一點都不懂。事實上，沙陀人進入中華世界（雖然一直處在邊緣地區）已經超過三代，而契丹則始終居於塞外。因此，我們能說，建立在大農業體系上的文化傳統不重要嗎？杉山教授似乎以「中華化」程度的深淺來決定他對沙陀與契丹的好惡。

　　杉山教授一直想要把中華世界的統治集團和被統治的人民加以割開，這也證明他對中華世界的了解不夠透澈。只要稍微閱讀《貞觀政要》，就能看到唐太宗治國時的戒慎恐懼。他一再說，「水能載舟，亦能覆舟」，因為從隋末到唐初河北、山東地區的農民在竇建德、劉黑闥等人的領導下一再起義的事件，讓他印象非常深刻。古代的中國農民既不可能關心政治，也沒有機會關心政治，但任何

統治者都不能掉以輕心。他們人數眾多，只要有較大範圍的飢荒出現，任何統治者都會難以處理。在隋文帝統治下看起來堅固異常的隋朝，在隋煬帝統治不到十四年就冰消瓦解，這種教訓讓唐朝的建立者難以忘懷。

再說到宋朝，前面已經提到，宋朝太祖、太宗兩代，非常重視與民休息，讓長期處於戰亂的中國農耕區恢復活力。因為自東漢以來逐漸形成的門閥士族在唐朝後半期的衰亂中已完全消失，宋太宗藉此大量增加進士名額，對地主階級大開仕進之門，這就鞏固了統治基礎。有人統計過，兩宋時期考上進士而有家庭資料可查的，其中55%來自平民階層。[15]這也就是說，在公元十一世紀的時候，中國基本上已經沒有了貴族這個階級，作為宋朝官僚體系基礎的進士基本上來自平民階層。只要稍微了解一下當時世界各大政權、國家的狀態，就可以認識到宋代社會的絕對特殊性，因為，它主要從平民階層中選拔文官，讓文官成為國家的基礎，而讓武將屈居其下，這樣的體制基本上為明、清兩朝所繼承。

再說到被杉山教授極力嘲諷的宋代的教化（已見前），這絕不是如他所說的要開發南方的蠻地，而是因為科舉所開啟的大門讓較富庶的地主對教養子弟產生極大的興趣。同時我們知道，宋代的士大夫重新復興了儒學，而儒學又非常重視「仁政」；不論進入仕途的士大夫在實踐方面做到什麼地步，他們對不識字的農民階層至少不會那麼窮凶極惡。這樣，從皇帝到士大夫，再從士大夫到一般農民，那種統治與被統治的關係，和草原征服者與農耕的被統治者的關係

15　王水照、朱剛：《蘇軾評傳》，南京：南京大學出版社，2004，頁16-17。

是不能相提並論的。就從杉山教授一再強調的所謂「拓跋國家」來說，唐朝政權與廣大的被統治的農民的關係，和北魏剛統一北方的時候也是不一樣的。杉山教授似乎比較偏愛邏輯推理，而不考慮歷史事實層面的千差萬別。

關於蒙古帝國，特別是忽必烈帝國的政權性質，杉山教授已經分析得很清楚了，簡單的說，這是由蒙古軍事貴族維持政治秩序，由穆斯林商人理財，穆斯林商人再把他們用各種手段得來的財物，交給蒙古軍事貴族，供他們使用（享用）。這種維持國家機器的方式，很難適用於中國廣大的農耕地區。蒙古軍事貴族突然崛起於蒙古高原，在這之前，他們幾乎沒有接觸過漢地。在把金朝趕往黃河之南以後，他們就進行了西征。他們以回鶻為師，以穆斯林商人進行管理，因為這是他們最早接觸的其他文明。當他們滅掉金朝，開始管理北方漢地的時候，他們就把穆斯林的管理方式引進來，這種方式當然不能完全適用於中國北方，於是不得不調整。在他們滅掉南宋以後，他們對南方的管理又採取了新的方式。但整體而言，蒙古軍事貴族主要還是借重於穆斯林，而中國式的士大夫只是作為一種輔助。這種統治方式很難管理中國，這就是他們統治中華世界無法超過一百年的真正原因。

建立明朝的朱元璋，出身於貧農家庭，完全了解蒙古統治的弊病。他企圖取消蒙古人所帶進來的商業因素，又厲行海禁，而且還規定農民以實物繳稅，就是想要把中國倒退到純農業社會。從這方面看，朱元璋的治國方式完全是根據廣大的農耕區來設想的。而為了保衛政權，他又另外設計了獨立於農業之外的軍戶制。他的軍戶制應該有受到蒙古制度的影響，但我們還是必須承認，明朝主要還

是一個農業國家。杉山教授否認明朝的農業國家性質，實在令人不解。實際上，清朝的統治方式完全是一個改良版的明朝。

朱元璋的治國另一個特色，來自於他可能非常熟悉的地方戲曲[16]。他制定了嚴密的政策，管理全國的演戲活動，規定戲曲的內容一定要教忠教孝。從明朝以後，不識字的中國農民，也可以從無處不在的戲曲演出中學到被封建化的儒家倫理。這種風氣自明朝傳承到清朝，甚至傳承到民國時代，影響極為深遠（五四新知識分子對此非常熟悉，又非常痛恨）。從以上兩點來看，把明清兩朝視為古代農業中國的結束，是非常正確的。他們實際上都是宋朝從皇帝到士大夫，再從士大夫到農民那種政權形態的繼承者。但是，中國的農業經濟從宋朝至明朝、再從明朝到清朝，商品化的趨勢日漸加強，不可能再去阻擋。如果沒有西方勢力的入侵，而清朝是以傳統中國的歷史邏輯壽終正寢，中國的下一個朝代會是什麼樣子，實在引人深思。根據以上所說，我們可以確定，杉山教授大概很難體會中國這個世界上最為廣大、時間上延續了這麼長久的農耕國家的文化心態和獨特的統治方式，所以才會有那麼多讓我們覺得不可思議的「奇談」吧。

杉山教授難以理解中華文明，可能還跟他的某些基本史觀有關係。他說，西方近代國家都是軍事政權，這一點我個人是同意的。但他所以能看出西方近代國家的軍事性質，主要還源於他獨特的歷史觀，在《遊牧民》一書中，他特別寫了「被過低評價的軍事·

16　戲曲在金、元統治的北方比同時南宋統治的南方發達，應和遊牧民占領中國北方有關係，此事論者已多。如果說朱元璋受到蒙元文化影響，他對戲曲的喜好也可算一例。

政治力量」一節（《遊牧民》，頁251-253），他認為，從經濟層面進行歷史解讀，只能是一種當代現象，表面上好像非常有效，但並不相等於對歷史的理解。他說，「當然越接近近現代，作為人及時代轉動的原因，經濟所占的比重確實是越來越高。但甚至是在現代也相同，經濟以外的重要因素、特別是借由軍事力量及政治力量而讓世界轉動這件事，也是毫無疑問的事實。（《遊牧民》，頁252）」我個人閱讀他三本著作的印象，感覺到他對草原遊牧民的英雄人物由衷的讚佩，這種態度在歷史學家中並不少見，法國的格魯塞也是如此。杉山教授喜愛契丹，厭惡沙陀，但他還是不能不佩服沙陀的戰鬥勇氣，特別對於李存勖這樣的爆發式的英雄人物，他還是相當喜歡的。反過來講，中華式的農業型的緩慢發展，以廣大厚實來逐漸抵消草原遊牧民的進攻，甚至在失敗之後也還能把進入農業世界的遊牧民最終加以吸納，這種生存方式，杉山教授當然不能欣賞，也無法理解。

杉山教授也知道，槍炮發明以後，草原遊牧民無敵於世界的時代已經過去了。歐亞大草原，其西面被俄羅斯帝國所包圍和限制，其東面受制於清朝，這種歷史發展當然是遊牧民的悲哀。從另外一方面看，當西方國家能夠把槍炮架在船艦上開往世界各地，從海岸炮轟任何文明世界的時候，世界也只好屈服於這種軍事武力之下。對於西方世界的擴張，杉山教授曾慨乎言之：

　　鎮壓挫敗各種美洲原住民的社會及文化，盡可能地進行扼殺、磨碎及無限殺戮，進而強迫征服。事實上，在人類史方面，最大的征服應該就是這個時期西歐對於南北美洲大陸的征服行

動。這也同時是人類史上最為惡毒、殘暴及野蠻的征服行動。這是個直接單純的嚴肅事實。無論如何是無法用西歐風格之人道主義來掩飾。包含歐美人在內，我們必須要更直接地正視這個事實。(《遊牧民》，頁373)

對於西方國家在十九世紀之後的征服全世界，他還說：

在產業革命及近代社會之外也以強力槍炮及海軍力量進行軍事化的西歐國家，將亞洲眾多國家解體，並企圖在地球上各區域殘留的土地進行殖民化及擴張自己國家利益而展開大大小小的戰爭。雖然有許多說法，但總之近代西歐國家就是軍事國家。(《遊牧民》，頁373)

相比而言，草原遊牧民縱橫於歐亞大草原，無意中溝通了東西兩方的各文明，而其高明的騎射技術比起西方的槍炮和船艦來，不是更據有「人」的味道，而較少機械性質的遍及生靈的殺戮性嗎？強調西方的文明性而譴責遊牧民的殘暴，這樣的人，很難理解他們是怎麼看待人類歷史的。像這一類的議論，是我佩服杉山教授《遊牧民》一書的原因。

在當今世界，以其先進的軍事科技肆無忌憚地從遠方攻擊不聽話的國家，以其強大的金融體系干擾、破壞他國的自主的經濟發展，像美國這樣的世界少見的軍事強權，恐怕杉山教授也是同樣會加以譴責的。在這樣的世界大勢下，一個幾乎遭到瓜分的、曾經陷入極度貧困的、人民幾乎無以為生的、古老的文明國家，中國，能

夠自力發展，先是保衛自己，讓自己的人民可以吃飽穿暖，然後再成為世界工廠，進而以其雄厚的經濟力讓周邊亞洲國家也跟著發展自己的經濟，因而也形成一種世界力量，平衡美國那一種「唯力是尊」帝國主義，對世界的和平發展來講，不也是一種貢獻嗎？中國這個巨型國家，讓杉山教授困惑不已的這個存在，應該也是人類文明史上的一個非常突出而巨大的現象。遺憾的是，杉山教授對這個文明的存在似乎一直感到不解，甚至有一種厭惡。我很希望，杉山教授能夠重新思考這個問題。

2015.4.7-10

作者簡歷（依照文章順序排列）

趙剛

任教於東海大學社會學系，《台灣社會研究季刊》顧問、《人間思想》共同主編。著有《小心國家族：批判的社運‧社運的批判》、《告別妒恨：民主危機與出路的探索》、《四海困窮：戰雲下的證詞》、《知識之錨：當代社會理論的重建》、《頭目哈古》、《求索：陳映真的文學之路》、《橙紅的早星：隨著陳映真重訪台灣一九六〇年代》。譯有《法國1968：終結的開始》。

汪暉

思想史家，北京清華大學中文系、歷史系雙聘教授，北京清華大學人文與社會科學高等研究所所長。1988至2002年任職於中國社會科學院文學所，1996至2007年擔任《讀書》雜誌執行主編。代表性著作《現代中國思想的興起》（四卷本，2004）曾獲得「2013 Luca Pacioli Prize」、《亞洲週刊》2004年度「華文十大好書」等獎項。其他代表性作品包括《亞洲視野：中國歷史的敘述》、《短二十世紀：中國革命與政治的邏輯》、《去政治化的政治》、《東西之間的「西藏問題」》、《反抗絕望》等十多種。眾多作品被翻譯為英文、日文、韓文、西班牙文、義大利文、德文、斯洛文尼亞文等等，其中英文著作包括 *China's New Order, The End of the Revolution*、*The Politics of Imagining Asia*、*China from Empire to Nation-State*、*China's 20th Century* 等等。

劉紀蕙

國立交通大學社會與文化研究所教授，《文化研究》主編，台聯大文化研究國際中心主任。1984年獲得美國伊利諾大學比較文學博士學位。返台後，分別於1994年創設輔仁大學比較文學研究所，2002年創設交通大學社會與文化研究所，先後擔任輔仁大學英文系主任，輔仁大學比較文學研究所所長，交通大學社會與文化研究所所長，台灣文化研究學會理事長。專門研究領域包括東亞現代性、精神分析與批判理論、政治哲學、台灣文學與藝術。專書著作：《心之拓樸：1895事件後的倫理重構》、《心的變異：現代性的精神形式》、《孤兒‧女神‧負面書寫：文化符號的症狀式閱讀》、《文學與電影：影像‧真實‧文化批評》、《文學與藝術八論》，另有多篇學術論文刊登於國內外期刊與專書。理論譯著：劉紀蕙、廖朝陽、

黃宗慧、龔卓軍翻譯:《拉岡精神分析辭彙》(Dylan Evans, *An Introductory Dictionary of Lacanian Psychoanalysis*),台北:巨流出版社,2009;劉紀蕙、林淑芬、薛熙平、陳克倫翻譯:《歧義:政治與哲學》(Jacques Rancière, *La Mésentente: Politique et philosophie*),台北:麥田,2011。

瞿宛文

美國Stanford大學經濟學博士。現為中央研究院人文社會科學研究中心研究員,台灣大學城鄉所與經濟系兼任教授。研究領域為後進地區經濟發展,尤其著重台灣與東亞的發展,近來也開始探討中國大陸經濟相關議題。曾任《台灣社會研究季刊》主編與社長。著作包括與 Alice. H. Amsden 合著的《超越後進發展——台灣的產業升級策略》、《全球化下的台灣經濟》、《經濟成長的機制》、《公與私之間——台灣經濟發展的另類思考》。

鄭鴻生

現從事寫作,著有《青春之歌》(2001)、《踏著李奧帕德的足跡》(2002)、《荒島遺事》(2005)、《百年離亂》(2006)、《母親的六十年洋裁歲月》(2010)、《尋找大範男孩》(2012)等。

甯應斌

美國印第安那大學哲學博士,中央大學哲學研究所教授,中央大學性／別研究室成員。早期專長分析哲學、科學哲學,之後社會批判理論、政治哲學與性／別研究,近期涉足當代中國思想。著有《民困愁城》(與何春蕤合著)、《賣淫的倫理學探究》、《性工作與現代性》。

呂正惠

1948年生,台灣嘉義人。台灣大學中文系學士、碩士,東吳大學中文系博士。台灣清華大學、淡江大學榮譽教授,重慶大學高等研究院客座教授。著有《杜甫與六朝詩人》、《小說與社會》、《戰後台灣文學經驗》、《殖民地的傷痕》、《台灣文學研究自省錄》、《CD流浪記》、《詩聖杜甫》。

我們需要什麼樣的「中國」理念 / 趙剛等作. -- 初版.
-- 臺北市：人間, 2015.11
266面；14.8 x 21 公分
ISBN 978-986-6777-95-0（平裝）

1. 社會運動 2. 學運 3. 文集

541.4507   104019360

我們需要什麼樣的「中國」理念

作者	趙剛、汪暉、劉紀蕙、瞿宛文、鄭鴻生、甯應斌、呂正惠
執行編輯	蔡鈺淩
校對	陳莉雯、陳良哲、蔡鈺淩
版型設計提供	黃瑪琍
封面設計	黃瑪琍
排版	仲雅筠
發行人	呂正惠
社長	林怡君
出版	人間出版社
	台北市長泰街59巷7號
電話	（02）2337-0566
傳真	（02）2337-7447
郵政劃撥	11746473・人間出版社
電郵	renjianpublic@gmail.com
定價	320元
初版一刷	2015年11月
初版二刷	2016年4月
ISBN	978-986-6777-95-0
印刷	崎威彩藝有限公司
總經銷	聯合發行股份有限公司
	新北市新店區寶橋路235巷6弄6號2樓
電話	（02）2917-8022
傳真	（02）2915-6275